粟種與火種

鹿憶鹿——著

與

臺灣原住民族的
神話與傳說

感謝東吳大學戴氏基金會海外移地研究補助
感謝國科會（今科技部）多年來研究計畫補助

自序

　　出生在澎湖離島，一直到小學畢業，天天見到的都是門外的汪洋大海。而生命中最幸運的是，在某些恰當的點，遇見一些精彩的人。失明、不識字的外婆，從不苛責子女的安靜母親，讓我學會自尊自重，學會傾聽與寬容，相信人與人之間的核心價值，學會不自私自利，要堅強、冷靜而熱情。父親是我小學六年的級任導師，他引領我認識了胡適、福樓拜，歌德，於是有了另一扇認識世界的窗。那個小學已廢校，島嶼面目全非，然而有汪洋的遠方他界一直留在心底，像一首詩。

　　碩士、博士的兩位指導教授則鞭策我進入學術的花園中，始終保有追求的熱情。畢業於廣島大學，在日本大學任教三十幾年的王孝廉老師從未放棄敦促我前進，我曾多次住在老師的書房，天天請益，駑鈍的自己才得以對神話有粗淺的認識。而著作等身的戲曲院士曾永義老師，則讓我時時跟隨他精彩的學術盛筵，一面把酒言歡，一面論書談文。原來學術的追求並非寂寞，是有趣味的，是可以相析相賞，而致愉快人間的。

　　喜歡旅行，喜歡朋友，在讀博士班期間就多次往來雲南、四川、北京與日本、韓國。看過大江大河，看過許許多多的美術館、博物館、圖書館，能夠讀一點點書是何其幸運，可以體會置身東京大學、劍橋大學、海德堡大學的美好感受。

　　許多的講座給我機會認識更多年輕聰慧又熱情的生命，復旦

大學、北京大學、山東大學、廈門大學、北京師大、華東師大，
在演講中參與討論的人都成了好朋友，常常通音問、論讀書，那
是分享的愉悅。當然，在與東京大學、復旦大學、北京大學、東
北大學等地的教授朋友交流中，也時時策勵自己，要不斷向前。
其中，在中央研究院史語所當訪問學者六個月，在日本當交換研
究員三個月，在北京師範大學當客座教授一個月，是生命中最難
得又愉快的時光，熟識許多優秀的學者朋友，提升了自己的視野
高度。

臺東的撒布優部落，與頭目在他的小米田看小米，他盛裝，
要去參加婚禮。撒布優在排灣語中是寂寞的地方，並非是原來所
居。對人來說，原來的聚居地可能更好，移居遷徙恁地難堪，只
要是異鄉異地，天涯海角都是寂寞的所在。在寂寞的所在聽祭典
的祭辭：這是靈魂的居所，敬上三滴小米酒，一滴敬神靈，一滴
敬祖靈，一滴敬給不幸諸亡靈。對神靈祖靈崇敬，也對「不幸諸
亡靈」有敬畏憐憫。神聖的小米酒澤被萬靈。

去臺東太麻里找撒可努，他是荒野山林走風的人，帶我們去
都蘭海邊，看全世界的星星都擠在那一片連著大海的天空中。撒
可努的全名是亞榮隆撒可努，排灣族語裡，亞榮隆是雷聲，撒可
努的意思是萬物的奔馳從來不曾停止，萬物的生長從未間歇，他
住在那個太陽升起的地方太麻里。後來，我和撒可努還一起去了
內蒙古，我們聽蒙古詩人朗誦詩歌，那個夜裏，大家都醉了。

之前出版過《洪水神話》一書，前陣子閱讀小南一郎先生的
大作，多處引用《洪水神話》一書，有些感動，就像一個偶爾上

台跑一下龍套的臨時演員，突然被人發現一樣，多年來默默的付出，一下子有一些回饋。小南先生一向是我那樣尊敬的學者。

原先任職於臺大人類學系的尹建中先生曾執行相關的計畫，在1994年整理《臺灣山胞各族傳統神話故事與傳說文獻編纂研究》一書，這些資料二十年來提供教學研究許多便利。這也是一段學術因緣，素昧平生的尹先生當時慨然贈書兩冊，不意接到書未久，卻聽聞尹先生因病猝逝的噩耗，追憶往事，難免有人生無常之感。可與言而未能與之言，失人；俱往矣。

此書經過漫長的醞釀增減、塗塗改改的日子，曾經獲得國科會（科技部前身）的幾年研究計畫補助，關於臺灣原住民族洪水神話、粟種神話、火種神話以及小黑人神話、女子國神話的幾個母題才得以深入探討；也特別感謝東吳大學的戴氏基金會提供赴國外移地研究時的補助，讓人歡喜地來來回回於原住民族的部落與國外的圖書館當中，才有這本小書的出版。

創作、學術、閱讀、書寫，都是一輩子的事。每次的停留、駐足，都是階段，總還會有下一次。在蒐錄與論述的過程中，疏漏、滯礙的地方屢屢出現，就像人生中的坑疤，留待往後努力去補填。一本小書是一個生命歷程的紀念，書中還有自己來不及或無力去處理的雜亂無章的部分，就當成是可以再往前努力的契機吧！

指導過的學生黃昭敏、林逢森、楊宜靜、游蕙菁，他們做的論文都與原住民族的神話有關，也在我研究寫作的過程裡面，提供了很多協助。沈明謙、趙惠瑜、于千喬、范玉廷都長期擔任過

研究計畫的助理，到最年輕的施政昕、楊晴雅，都與這本書的出版結下了因緣。

從研究生一直到教授的這些歲月，劉錫誠、馬昌儀兩位老師始終鞭策、鼓勵，我在他們身上看到真正知識分子的典範。還有一路相挺的多年知交，毫無保留提供資料與意見，是永遠的嚴苛匿名審查教授，此生無以為報，看來應不是一句玩笑話。

密克羅尼西亞島上的神話講述，有一個人偷了一顆星星，那是神的眼睛。神怒了，以海水淹沒大地。蘭嶼作家夏曼藍波安有一部作品《天空的眼睛》。在蘭嶼的達悟族語意裏，「天空的眼睛」就是指星星，夏曼藍波安說，從達悟族的觀點，每個人的靈魂都住在某一顆星星裡面。

神話一直是詩人的題材，無獨有偶，阿根廷作家波赫士也喜歡星星這個象徵，他說，我希望化為夜晚，以千萬顆眼睛溫柔地深情地，凝視著你。

神話是夢，也是詩。

鹿憶鹿　2017年小寒於臨溪路70號

目 次

緒論

神話學肇始於上一個世紀的歐洲，到十九世紀末二十世紀初發展到達鼎盛；而臺灣原住民族的神話研究似乎也正在這個時候引起注意。

1918年，英國弗雷澤（J. G.. Frazer，1854-1941）出版*Folklore in the Old Testament*一書。1923年出版此書的精簡本，刪去非常多的資料，前些年亦出版過兩個中譯本。[1]1930年出版《火種起源神話》。弗雷澤此兩書都收了臺灣原住民族的神話，包括阿美族、鄒族與布農族的洪水神話與火種神話。而書中特別提及相關的資料是由日本友人石井真二所提供。

因為日本曾經殖民過臺灣，日據時期，為了殖民臺灣，研究原住民族神話的學者幾乎都是日本人，以人類學者的採錄為主。而這樣的相關研究有三個重要時期：第一個為鳥居龍藏（1870-1953）、伊能嘉矩（1867-1925）、森丑之助（1877-1926）三位先驅者的活躍時期；第二個為習慣法的調查時期；第三個為以臺北帝國大學設立的土俗人種學研究室以及言語學研究室為中心，進行的《高砂族系統所屬的研究》、《原語による臺灣高砂族傳說集》調查研究時期。有關原住民族神話研究，日據時期日本學者佔有舉足輕重的地位，末成道男曾對日本學者對原住民族的人類學研究做過清楚的統計、分析。[2]

---

[1] （英）弗雷澤著，童煒鋼譯：《《舊約》中的民俗》（上海：復旦大學出版社，2010）。（英）弗雷澤著，葉舒憲、戶曉輝譯：《《舊約》中的民間傳說──宗教、神話和律法的比較研究》（西安：陝西師範大學出版社，2012）。

[2] （日）末成道男著，麻國慶譯：〈日本對臺灣原住民的人類學研究〉，《世界民族》2001年第3期、第6期。

　　首先是開拓時期（1895-1902）。主要是三位人類學家鳥居龍藏、伊能嘉矩、森丑之助的調查成績。鳥居龍藏在1896年至1900年間，曾四度被派遣至臺灣從事調查研究，留下許多珍貴的資料，而鳥居的成績主要是關於達悟族的研究，著有兩部巨著：《人類學寫真集・臺灣紅頭嶼》（1899）、《紅頭嶼土俗調查報告》[3]（1902），並且把臺灣原住民族和其他民族做比較。[4]伊能嘉矩的研究傾向於歷史文獻，1900年和粟野傳之丞合著了《臺灣蕃人事情》[5]。他最為多產，發表了三百篇左右的論文。[6]伊能嘉矩、鳥居龍藏在《東京人類學會雜誌》上發表原住民族神話的一系列調查資料，其中包括各族的族源神話、火種神話、地震神話、小矮人神話等等，都是後來學者研究取資的對象。森丑之助在日據時期是和原住民族關係最近的學者，在日本佔領五個月後就來到臺灣，鳥居1900年用九個月的時間從南到北做原住民族的田野調查，森丑之助是他的翻譯兼助手，受到鳥居的影響而開始吸收人類學的方法和思考方式。森丑之助在臺灣居住三十年，從1909年到1919年間，發表一百篇左右的論文。[7]森丑之助還花近三十年的時間，用鏡頭記錄原住民族的風采，在1915年出版兩巨冊

---

[3]　（日）鳥居龍藏著，林琦譯：《紅頭嶼土俗調查報告》（臺北：唐山出版社，2016）。

[4]　（日）鳥居龍藏著，楊南郡譯注：《探險臺灣》（臺北：遠流出版社，1996）。

[5]　（日）伊能嘉矩、粟野傳之丞：《台灣蕃人事情》（臺北：臺灣總督府民政局文書課，1900）。

[6]　（日）伊能嘉矩著，楊南郡譯注：《臺灣踏查日記》（臺北：遠流出版社，1996）。（日）伊能嘉矩著，楊南郡譯注：《平埔族調查旅行》（臺北：遠流出版社，1996）。

[7]　（日）森丑之助著，楊南郡譯：《生蕃行腳》（臺北：遠流出版社，2000）。

的《臺灣蕃族圖譜》。[8]

　　第二階段是習慣法調查的時期（1909-1923年）。這個時期具有官方資料的民族學價值，由總督府出版兩部調查報告書：佐山融吉所編《蕃族調查報告書》8卷，小島由道、河野喜六、安原信三、小林保祥所編《番族慣習調查報告書》8卷；這兩份調查報告，90年代末，中央研究院民族學研究所陸續重新整理出版。大西吉壽與佐山融吉合編的《生蕃傳說集》收錄豐富的原住民族神話資料，給研究者許多取資上的方便，此書大部分採自佐山融吉的《蕃族調查報告書》，另外也參考兩三種同類書籍。據大西吉壽所言，《生蕃傳說集》中另附的平埔族資料差不多都是依伊能嘉矩的報告，而相關南洋諸島的神話傳說則是抄譯J.G. Scott.（1851-1935）*Indo—Chinese mythology*（*The mythology of all races. Vol XII*）以及R.B.Dixon（1875-1934）《大洋洲神話》*Oceanic Mythology*。[9]

　　第三階段是臺北帝大（臺灣大學的前身）土俗人種學研究室以及言語學研究室時期（1928-1945年）。土俗人種學研究室最重要的成果是出版《臺灣高砂族系統所屬的研究》這樣的大作，當時最主要的學者是移川子之藏教授及助手宮本延人，特別要提的是學生馬淵東一（1909-1988），關於臺灣原住民族社會的主要部分幾乎都是由他一個人獨立完成，加上他以英文發表自己獨立的

8　（日）森丑之助著，宋文薰譯：《臺灣蕃族圖譜》（臺北：南天書局，1994）。
9　（日）大西吉壽、佐山融吉：《生蕃傳說集》（東京：杉田重藏書店，1923）。

見解，對布農族的幾種調查整理出非常詳細的資料。[10]而言語學研究室的成果更非凡，由兩位教授小川尚義、淺井惠倫編成《原語による臺灣高砂族傳說集》，並於1935年由東京刀江書院出版。後來陳千武所翻譯的《臺灣原住民的母語傳說》就是根據此書摘錄而來。

鹿野忠雄（1906-1945）《東南亞細亞民族學先史學研究》一書其中有對南島民族穀物分布情況的深入比較，可以見到鹿野對南島民族的系統研究。[11]

李卉、何廷瑞等人則開始對原住民族神話作比較的研究，李卉，〈臺灣及東南亞的同胞配偶型洪水傳說〉的論文以傳播的觀點為主軸，專對各族洪水神話做比較，她的論文不只是先驅者，也迭有創見。[12]其中又以何廷瑞1967年印第安那大學（Indiana University）的博士論文*A Comparative Study of Myths and Legends of Formosan Aborigines*最引人注目，將原住民族與東南亞各民族或南島語系民族的神話作比較。

俄羅斯學者李福清（1932-2012）研究原住民族神話，採用的也是比較研究法，他的《從神話到鬼話—臺灣原住民神話故事比較研究》一書包括〈人類起源神話比較〉、〈從黑龍江到臺灣——射太陽神話比較研究〉、〈從阿爾泰山到臺灣——失

---

[10] （日）移川子之藏、馬淵東一、宮本延人：《台灣高砂族系統所屬の研究》（臺北：臺北帝國大學土俗研究室，1935）。
[11] （日）鹿野忠雄：《東南亞細亞民族學先史學研究》（東京：矢島書局，1946）。
[12] 李卉：〈臺灣及東南亞的同胞配偶型洪水傳說〉，《中國民族學報》第1期，1955。

去文字的故事〉、〈從古代希臘到文學——女人部落神話比較研究〉等。他認為，臺灣原住民各民族中許多部落都有自己的人類起源神話，且與其他民族不同。同時，也可以把幾個住在同一個地區、一個國家、一座島上的民族神話故事互相比較，如此，則可查明每個民族的神話故事之特點，或幾個民族神話故事之共同性，然後再把臺灣原住民族神話故事與鄰域，如菲律賓、中國大陸等國家民族神話故事做比較，更可以查明哪些情節只在臺灣原住民族才有，哪些是與大陸或南洋共通，這稱作地理比較法，另外也可做歷史階段的比較研究。[13]有關臺灣原住民族神話故事之比較研究外，李先生也從事原住民族神話傳說資料的實地採錄工作，除臺灣原住民族之資料，並涵蓋歐洲、南美洲、北美洲、南洋群島、大洋洲、印度、中國、東北亞……幾乎包括任何可能觸及的地方，為神話的比較研究提供了廣泛的基礎。

特別要注意的是，李福清並未比較原住民族習見的洪水神話、火種神話、粟種神話與矮黑人神話母題，他未特別鑽研原住民族神聖的小米文化信仰，未比較原住民族獨特的洪水後取火神話情節。筆者本書所論，有一部分似乎是李先生給我的機會，他留下了一些空白空間。

喬健先生《臺灣南島民族起源神話與傳說比較研究》則由原住民族種種起源神話與傳說所顯示的特質，將原住民族略分為三大系統，即一、泰雅系統（包括賽夏）。二、鄒系統（包括布

13　（俄）李福清：《從神話到鬼話——臺灣原住民神話故事比較研究》（臺中：晨星出版社，1998），頁19。

農）。三、排灣系統（包括卑南、魯凱、阿美等族，而以排灣為代表）。臺灣東南海外蘭嶼島上的達悟族以其自成一格的神話內容，也許可另立為達悟系統。對臺灣南島民族起源神話與傳說作系統分類、並對其反映之原住民族初期歷史與文化比較分析。[14]

　　近年來學者所蒐集整理的神話傳說資料，又以尹建中（1941-1998）先生在1994年所編《臺灣山胞各族傳統神話故事與傳說文獻編纂研究》最為完備，書中匯集日據時代以來日本、歐美學者搜集採錄的材料，也包括1955年到1993年臺灣學者田野採錄的口傳神話資料，為研究者提供一個很好的索引方向。[15]

　　浦忠成先生為鄒族學者，他近年的力作給原住民族文學的研究提供許多方便，特別要關注的是他的《臺灣原住民文學史綱》。[16]

　　比較神話學的背景或基礎是人類學，而人類學的神話學也必然是比較的。它面對的是整個人類及其（神話學）文化，不能不是跨民族、跨國界和跨語種的，不能不進行比較和比較之後的「整合」。跟「比較文學」（Comparative Literature）一樣，20世紀的比較神話學以法國、德國為代表的「古典」學派，他們注重在「播化論」啟示下的「影響研究」（或稱交叉研究），認為遠古─上古的神話可能在鄰近的民族或人種、語言「同源」的族群之間或直接、或間接地交流、傳播。[17]所謂「播化學派」的神

14 喬健：《臺灣南島民族起源神話與傳說比較研究》（新北：行政院原住民委員會編印，1999），頁151-152。
15 尹建中編：《臺灣山胞各族傳統神話故事與傳說文獻編纂研究》（臺北：臺灣大學人類學系，1994）。
16 浦忠成：《臺灣原住民文學史綱》（上下）（臺北：里仁書局，2009）。
17 蕭兵：《神話學引論》（臺北：文津出版社，2001），頁214-216。

話學，還跟人類學──民族學的「文化圈」與「文化區」研究相聯繫，「環太平洋文化（區）」學派的研究成績輝煌，凌純聲、陳奇祿、文崇一等學者的論文都具有代表性。[18]他們將原住民族的相關研究與整個環太平洋文化區聯繫起來，討論彼此的直接、間接傳播情況，也比較他們的異同。

大林太良（1929-2001）的《稻作の神話》[19]、《無文字民族の神話》[20]，山田仁史的《首狩の宗教民族学》[21]，對原住民族與南島民族的穀物神話及獵頭神話、信仰都做了很深入的比較研究。

根據學者的研究，南島語族（Austronesian），分布於中太平洋及南太平洋諸島，和印度洋中的島嶼以及東南亞的兩個半島（中南半島和馬來半島）；北起臺灣，南至紐西蘭，東到南美洲以西的復活島，西至近非洲東岸的馬達加斯加島（Madagascar），中間包括菲律賓、印尼、馬來西亞、新幾內亞等地，總人口約兩億。一般說來，還要補上越南山地的幾個南島語族，如Jaraj、Rhade、Cham等族。而這是現在的情況，可能在五、六千年，亞洲大陸也住有南島語族。有的學者就以為泰（壯、侗）語族即大陸南方民族如壯、布依、傣、仡佬、黎族等，及越南的泰族、儂

---

[18] 凌純聲：《中國邊疆民族與環太平洋文化》（臺北：聯經出版公司，1979）。
　　凌純聲：《臺灣與東亞及西南太平洋的石棚文化》（臺北：中央研究院民族學研究所，1967）。
　　陳奇祿：《臺灣土著文化研究》（臺北：聯經出版公司，1992）。
　　文崇一：《中國古文化・亞洲、北美及太平洋的鳥生傳說》（臺北：東大圖書公司，1990）。
[19] （日）大林太良：《稻作の神話》（東京：弘文堂，1973）。
[20] （日）大林太良：《無文字民族の神話》（東京：白水社，1985）。
[21] （日）山田仁史：《首狩の宗教民族学》（東京：筑摩書房，2015）。

族等祖先與南島語族都有親屬關係。[22]臺灣的南島語族即我們一向所稱的原住民族。

　　臺灣原住民族在五六千年前至一千年前之間，分批進入臺灣，由於臺灣的特殊地理歷史位置，原住民族在來臺灣以後，一直到漢人大量移入為止，都很少與外界接觸，因此原住民族獨能保存最純淨的南島文化。陳奇祿先生、李福清先生等學者也都認為，在這個意義上，原住民，在東南亞和太平洋文化的研究中，具有相當重要性。而學者們對原住民族神話研究正是為了瞭解他的歷史文化，正是在凸顯神話在沒有文字的原住民族中的重要意義。

　　本書所關注的主題有幾個部分，原住民族的始祖神話、粟種神話、洪水神話、取火種神話、小黑人神話與女子部落神話。始祖神話或稱人類起源神話，因為原住民族神話很少論及全人類起源，比較著重在本民族、本部落的起源問題，故筆者以為稱「始祖神話」較合適。

　　書名何以側重在粟種與火種，是因為原住民族的文化可以說是小米的文化，生活信仰與祭典儀式，全與小米有關，而其粟種神話可能是每個部落都普遍流傳的，是他們最為重要的神話母題。而取火種都與洪水神話連結在一起，都會提到山羌、水鹿或是鳥類的取火母題，是非常素樸的神話意象。粟種與火種，也常與原住民族的遠方他界、地底的小黑人或者與女人島相關。粟種與火種是最適合觀察比較整個南島語族神話的母題。

22　（俄）李福清前揭書，頁45-46。

始祖神話與信仰

——以石生、蛇生、壺生神話為例

Chapter 1

前言

　　各民族的創世神話通常會包括人類起源與天地起源（或宇宙起源），而臺灣原住民族神話罕見天地起源的神話，習見的是各族群各部落普遍流傳的族群起源神話。李福清認為，一般較原始的民族無創造宇宙或解釋宇宙結構神話，只有人類起源神話，如較原始的澳洲原住民有人類起源神話，但缺乏全宇宙起源神話，也沒有天地起源神話。宇宙起源神話的產生要求水平較高的思維及抽象的概念；較原始的民族有時只有宇宙成分神話，如太陽、月亮、星辰起源神話。臺灣原住民族中只有排灣與雅美兩個族較有系統構造整個宇宙的概念，排灣是原住民族中社會最發達、民間文學較複雜的民族，而雅美族特別接近菲律賓北部的伊丹IVATAN語之民族，菲律賓山地民族的文化比臺灣原住民族發達一些，神話情節也比臺灣原住民族神話複雜。[1]

　　人類起源神話是創世神話的一部分，許多民族的神話常將人類起源、族群起源或部落起源一起敘述，並不容易區分，或者有些原始初民就將族群起源或一個部落的起源當成全人類的起源。許多民族的自稱都有「人」的意義，如布農族Bunun就是人，而日本的Ainu、西伯利亞Ket族等等，民族的名稱也是「人」的意思。[2]

---

[1] （俄）李福清：《從神話到鬼話——臺灣原住民神話故事比較研究》（臺中：晨星出版社，1998），頁70-73。

[2] 同前註，頁70-73。

　　臺灣原住民族的神話中或述族群起源或述部落起源，不一而足，為方便起見，都以始祖神話概括。許世珍及陳國鈞兩人的探究，臺灣原住民各族的始祖創生神話中，數量最多的則是「石生」、「太陽卵生」、「天神降為始祖」等。[3]

　　李福清先生曾對原住民族人類起源神話做過討論，對其中的石生人、竹生人、葫蘆生人、蛋生人、糞生人、樹葉變人等各式各樣神話母題（motif），有全面性的比較。[4]而浦忠成先生也曾針對排灣族、魯凱族的蛇生神話做過剖析。[5]

　　筆者試圖在前面學者的基礎上，對原住民族神話中流傳較普遍的石生人、蛇卵生人、陶壺生人做較深入的觀察，希望能窺探原住民族神話在南島語族中的異同，一併解讀神話中所反映的石頭、百步蛇或陶壺崇拜信仰。臺灣原住民族創世神話中的始祖神話，以石生人、蛋生人、陶壺生人的例子最多，而這樣的神話敘事所以比較普遍，當然緣由習俗信仰的反映，神話是一種信仰祭儀生活的方式。

---

[3]　許世珍：〈臺灣高山族的始祖創生傳說〉，《中央研究院民族學研究所集刊》第二期（臺北：中央研究院民族學研究所，1956），頁163-191；陳國鈞：《臺灣土著社會始祖傳說》（臺北：幼獅書店，1964），頁119-123。

[4]　（俄）李福清前揭書，頁67-118。

[5]　浦忠成：〈蛇生神話與文化圖像：以排灣、魯凱族為例〉，中興大學中國文學系主編，《通俗文學與雅正文學—文學與圖像第五屆全國學術研討會論文集》（臺北：新文豐出版社，2005）。

一、石生神話

　　臺灣許多民族的部落有石生人神話，如泰雅族十多個部落都有這個神話；排灣族四個部落七社也有石生人神話；魯凱、卑南、阿美、達悟及布農族都有相似的說法，但不太普遍。根據大西吉壽、佐山融吉的《生蕃傳說集》，石生人的神話在泰雅族是最基本和主要的。

泰雅族

　　泰雅族的始祖神話以石生神話為主，而石生神話也以泰雅族流傳最普遍；泰雅族的石生神話中較特別的是，最初第一對男女的生殖之道通常由蒼蠅的動作得到啟示。《生蕃傳說集》中蒐集許多泰雅族的石生神話資料，以下的資料都來自此書。

　　泰雅合歡蕃說太古時從石頭出現最初的兩個人，其中一個人頭髮像浮草，波狀地飄動著，一隻鳥飛來啄他的頭髮，轉眼之間依序地，頭伸了出來，肩膀露出來，終於現出了全身。第一個生出來的是男子，第二個生出來的是女子，後來有蒼蠅飛來作了一些動作，兩人才開始知道交媾的方法。

　　馬拉可彎蕃說一顆巨石自動裂開，出現兩男一女，受到金蠅的啟示，三人試著互相交媾，生了一子，子孫繁衍後成為各蕃社

的祖先。

北勢蕃說巨石裂開出現男女兩人，金蠅飛來使人學會交媾，人口因而增殖。當時前往平地的人，成為現在臺灣人、日本人的祖先，現在的北勢蕃、南勢蕃原來也是同一祖先所傳的。

南勢蕃說從高山大石出現男女，不久他們又生了男女二子，子孫逐漸繁榮，現在的稍來社和白毛社就是從那裡分出來的，進到平地的，就成為臺灣人了。

哈茲庫蕃說石中出現男女，散佈到現在的合歡、南澳溪頭等地方。

西卡雅烏蕃說石中出現兩個男女，成為溪頭和南澳蕃的始祖。

沙拉馬喔蕃說巨石中出現男女，不久生出幾個孩子，以紋身來和平地人區別。這則始祖神話也說明泰雅族紋身習俗的起源。

南澳蕃說巨石裂開出現男女。

溪頭蕃說石中出現男女，以播植粟米過活。

卡拉帕伊蕃說石頭裂開生出男女，老鼠帶來粟米使他們能夠耕種，兩人結為夫妻，因為蒼蠅的動作而瞭解男女交合之道，生了一男一女。另一則為巨石裂開，出現一個女子，經一陣涼風吹進胯間懷孕。

帕司可哇朗蕃說石頭裂開生出男女，經過種種苦心，才發現生殖的方法。帕司可哇朗蕃的另一則神話說斷崖突然裂開兩個洞穴，生出男女，再從蒼蠅學得交合生殖之道。

西雅卡拉烏蕃說最初的男女由大壩尖山山頂的石頭生出。

汶水蕃說石中小孔生出男女。

太湖蕃說石頭裂開生出男女。

基那吉蕃說石頭裂開生出男女，從蒼蠅學得交媾的方法。

內太魯閣蕃即現在太魯閣族也說，石頭裂開生出男女，因蒼蠅才了解媾合之道。[6]

始祖神話也說明族群的紋身習俗、粟米耕種，神話中許多情節都強調蒼蠅讓族人學得交媾的方法，也有像女人部落神話中的女子因吹風而懷孕的情節。

宜蘭大同鄉泰雅族流傳有兩則石生人故事：

> 我們的祖先最早是從南投仁愛鄉的石頭中生出來的。一開始有一男一女，後來人越來越多，有三兄弟走到了思源啞口，大家就各自解散去找可以生活的地方。大哥到了新竹、苗栗；老二到南投；老三就到這裡來了。這邊的祖先本來只到思源啞口下方一點，後來打獵的時候看到有一塊平坦的地方就遷下來，就是南山，南山就是陽光照射的地方。[7]

> 在南投馬利巴這個地方，有一個石頭迸出兩個人，繁衍了四代，就是泰雅族的祖先。我們的祖先就是從南投馬利巴那邊分支過來的，先遷往桃園，然後再遷到宜蘭。從馬利巴分出來的有三支，由雅屋、嘎嚕、德布達三名男子往外

6　（日）佐山融吉、大西吉壽：《生蕃傳說集》（東京：杉田重藏書店，1923），頁37-64，頁72-74。

7　劉秀美：《臺灣宜蘭大同鄉泰雅族口傳故事》（新北：中國口傳文學學會，2007），頁4。

遷移。雅屋往桃園，嘎嚕往新竹，德布達往花蓮。這三名男子分別前往三個地方開墾定居，然後再把他們的妻小帶過去。[8]

花蓮縣秀林鄉景美村三棧有賽德克族的石頭生始祖的神話，也提及紋面的習俗或血統的神話：

> 我聽南投老人說，南投奇萊山附近的道魯灣是我們族群的發源地。聽說最早的時候，在奇萊山附近道魯灣的地方，有一顆石頭裂開，走出來一對裸身的男女，後來男的在額頭、下巴各劃一線，女的在臉頰的兩邊各劃一條線，表示是不同的人，紋面就是這樣開始的。他們紋面之後彼此結合，共同生活，後來生了孩子，孩子們長大後，男女要結婚，就紋面表示雙方不是同一個血統，不是同一個家族的人，所以現在太魯閣、都達的紋面都是劃一條線，而布里剝的人劃三條線，主要就是要識別家族、血統的差異。
> 現在在埔里的山裏，還可以看到用石頭蓋的石板屋，那是因為賽德克族的祖先是從石頭中出來的緣故。[9]

現居秀林鄉新城村的李牧師，敘述石中生太魯閣的始源神話：

8　同前註，頁5-6。
9　許端容：《臺灣花蓮賽德克族民間故事》（新北：中國口傳文學學會，2007），頁46。

太魯閣族是從道魯灣那邊的一顆大石頭出來的，傳說當時太陽晒裂了這顆大石頭，出來了三個兄弟，老大往埔里跑，後來他們的子孫往苗栗，一路北上到臺北；老二往梨山那邊跑，後代有的住新竹、南澳或東澳，他們全都是泰雅族；而老三就是我們太魯閣族的祖先。我的父母親說，他們分開的原因，主要是因為獵區的關係，當時人口愈來愈多，獵物不夠吃，兄弟之間為了和睦、不打架，就分開各自尋找新的獵場。現在那顆大石頭還在南投縣仁愛鄉靜觀村道魯灣的地方，道魯灣是我們太魯閣族的說法，泰雅族他們則說是bom bom。[10]

排灣族

《生蕃傳說集》也蒐集有排灣族的石生人神話。

古時候「帕那帕那央」的地方出現女神，右手拿著石頭，左手拿著竹子，女神把石頭拋出去後，裂開出現一個神，成為馬蘭（巴朗）社的祖先；後來又將竹子豎在地上，從上節出現女神，下節則出現男神，這兩神就是卑南（匹攸馬）社的祖神。太麻里蕃說太古時有一顆巨石，石中出現一個女子與大南社的男子成

---

[10] 同前註，頁47-48。

親。塔拉馬卡烏社說古時有一巨岩，岩中出現兩個男女。他們向神學得交合之道，結成夫婦。[11]

有的神話敘述，大石裂開生出男女二人，兩人相婚生下許多子女，第一胎是蛇，其次是瞎眼，再次是單手、單腳或無頭的，最後才有完整的兒女，因為地方窄小，一部份北上到知本社為卑南之祖，其餘南下成排灣族的祖先。[12]神話中卑南與排灣同源關係。

魯凱族

屬於排灣群的魯凱族的石生人神話資料也不少。

魯凱蕃說山頂有一顆大岩石，有一天裂成兩個，岩中出現一個男子，後因尋找食物與一女子成親。大南社西方有一個湖，相傳湖南邊是大南社始祖由石中出生之地，還有一個女人由地下出生，二人結婚，生一男二女。[13]

高雄縣茂林鄉是魯凱族聚居的地方，據說魯凱族的祖先是從石頭生出來的。不同的部落有不同的始祖起源傳說，萬山村民說她們的祖先是從深洞裡生出來的。[14]石生祖先的神話應是石頭崇

[11] （日）佐山融吉、大西吉壽：《生蕃傳說集》，頁17-18，頁125，頁159-160。
[12] （日）小島由道編：《蕃族慣習調查報告書》第五卷・排灣族 第一冊（臺北：中央研究院民族學研究所，2003），頁119。
[13] （日）移川子之藏：《高砂族系統所屬の研究》第一冊（臺北：臺北帝國大學土俗研究室，1935）
[14] 范織欽：〈歐布諾伙的故事〉，《山海文化雙月刊》，1996年9月號，頁16-17。

拜信仰的反映，後來萬山岩雕的發現，更提供排灣群石頭崇拜信仰的佐證。

卑南族

而卑南族的石生人神話則常有與竹生人結合現象。

卑南族知本社說，太古時有一顆巨石裂成兩個，出現一個奇怪的女子，從她的腳踵生出一個女孩子，小女孩長大後與大南社的男子結婚。另一則神話則說，太古時有一女神從海裡面出來，把茅草摘下來作為枝，插在海岸上，枝上生出根，根上生竹子，後來竹子分裂，竹子的上節生出男人，下節生出女人。另外，又有從石頭中生出卑南族與阿美族的說法。[15]

太古之時，女神右手持石，左手持竹，他將手中的石頭擲出，石破生出一人，此人是馬蘭社的祖先。他又將竹子豎立在地上，上節生出一女，下節生出一男，兩人即是卑南的祖先。[16]竹子的上節或下節生男生女，似乎並不一致。

上古時代，在海岸邊湧現海潮的泡沫，之後產生了如塵芥般的東西，後來變成石頭，石頭裂開來出現人形模樣的東西，兩膝上長著眼睛，前後都有臉孔，總共有六隻眼睛，在右足的小腿

---

[15] 宋龍生：《臺灣原住民史卑南族史篇》（南投：臺灣省文獻委員會，1998）。

[16] （日）佐山融吉編：《蕃族調查報告書》第一冊‧阿美族、卑南族（臺北：中央研究院民族學研究所，2007）。

肚裡懷著小孩，後來生下一男一女。他們成婚後生下了石頭，石頭裡生出女孩，後來他們來到大武山，又生下石頭，這次石頭生出男孩，從這個時候才開始有真正的人類。兩人結婚後生下兩姊妹，招贅了阿美族男子，這就是知本社的祖先。[17]

遠古時，有一塊岩石的外型有個頭及脖子，當人們要為它取名時，它卻開始冒起了泡沫，當停止時出現了人。又有一說，在洪水浩劫餘生的五個兄弟姊妹，飼養著魚蝦蟹和鳥，並照料著黑、紅、綠、黃、白色等五粒石蛋，黑色石蛋生出兩個人，後來的人類就是那些蛋以及兩人的子女[18]。

達悟族

達悟族始祖神話與卑南族近似，都有石生與竹生結合的現象。

伊馬烏魯茲魯社的神話敘述，古時有一顆很大的石頭，裂成兩半出現一位神，後來大竹也裂開出現另一位神，兩神都是男神，並枕而臥時膝蓋相擦，右膝生出了男孩，左膝生出了女孩，這兩個男女就是人類的遠祖。伊莫羅魯社說古時神降到山上，碰到一顆大石頭，立即從石頭中出現一個男子，其次碰到竹子時，從竹中出現另一個男子。兩個人在山上過日子，從石頭出來的男

---

[17] 宋龍生：《臺灣原住民史卑南族史篇》（南投：臺灣省文獻委員會，1998）。

[18] Alton quack編，洪淑玲譯：《老人的話知本卑南族發展史中的傳說》（上）（臺北：中央研究院民族學研究所，1988），未出版。

子蹲下來，把陽物放在腿間摩擦，右腿生出男子，左腿生出女子，結成夫妻。[19]

阿美族

阿美族的石生神話則會談到卑南、魯凱、排灣與達悟族，可見神話敘事可見出族群間的葛藤。

阿美族的祖先和卑南族的祖先，共同由石頭生出。[20]

太古時代蘭嶼島上有一大岩石，不知何時裂開從中出現人類，其中有成為原住民，也有成為臺灣平地人和日本人的，但只有原住民族的祖先永久住在島上。[21]

據St.Thompson的母題索引A1245石生人母題出現在古希臘文獻中，在中美及南美洲印第安人流行，但在南洋群島即印度尼西亞最普遍。B.F.Kirtley在他編的南洋諸島故事母題索引提供一些新搜集的材料，如Pukapura島、Guam及Tokelau。巴布亞人也有石生人神話，Banks群島文化英雄Kata也是石生的。研究美拉尼西亞神話的著名民間文學理論家E.Meletinskij教授以為美拉尼西亞石生人神話與當地普遍的石崇拜有關：美拉尼西亞人相信石頭是神居地，這些神常變成蛇。同類的信仰可說普遍在整個南洋諸

---

[19]　（日）佐山融吉、大西吉壽：《生蕃傳說集》，頁16，頁201。
[20]　（日）移川子之藏：《台灣高砂族系統所屬の研究》。
[21]　（日）佐山融吉編：《生蕃調查報告書》第二冊・阿美族，頁213。

島及非洲東南印度洋中的馬達加斯加島，因為那裡的馬爾加甚人也是南島語系的民族（約1-10世紀移入馬達加斯加島）。[22]

婆羅洲Dusun族神話，太古時海中只有巨石，當時無土地，巨石開其口，出來一男一女。[23]

美拉尼西亞紐布利天的神話說，天地開闢之初，只有日月，沒有任何一物。於是日月交會，生出石頭和鳥，後來石頭變成男子，鳥變成女子，兩人就是人類的始祖。

石生人神話反映石頭崇拜信仰。石頭或有生殖功能，或象徵母親，或有性器象徵，或有靈石崇拜，或有不死象徵，學者的論述言之成理，自成一家。在亞洲，巨石文化有兩個中心，一是亞洲南部和馬來群島，一是日本、朝鮮、中國大陸沿渤海黃海區。[24]臺灣原住民族的石頭崇拜信仰文化無疑是在前一個中心區域的，普遍流傳的石生人神話正是此種文化信仰的反映。

大家熟悉的臺東卑南文化遺址就是石生神話信仰的最好活見證。為卑南遺址留下最早紀錄的是日據時期的日本學者鳥居龍藏。鳥居四度來臺進行人類學調查，曾為卑南遺址的地表石柱拍攝兩幅照片。而鹿野忠雄是第一位將卑南遺址當作考古遺址加以研究的學者。他在1930年發表的文章中敘述，有數不清的板岩石柱豎立於地表上。鹿野採用鄰近卑南族的傳說，推測這裡曾存在一個古代部落，石柱是居屋的殘留。日據時期，學者注意的焦點

---

[22] （俄）李福清前揭書，頁75。

[23] Ho Ting-jui, *A Comparative Study of Myths and Legends of Formosan Aborigines*, Taipei, The Orient Cultural Service, 1971, p. 242。

[24] 馬昌儀、劉錫誠：《石與石神》（北京：學苑出版社，1994），頁8。

主要是地表的立石立柱。1945年，金關丈夫、國分直一兩位日本
學者首次對最大立石的周圍進行挖掘。近年來，宋文薰、連照美
兩位教授，進行搶救考古，才呈現更明確的石柱、石棺的巨石文
化信仰面貌。

二、蛇生神話

世界許多民族有宇宙蛋之概念，即萬物生自宇宙之蛋，如盤古神話。根據St.Thompson母題索引蛋生人母題，中國大陸、印度、大洋洲、南洋諸島（包括印度尼西亞）及美洲印地安人神話都有。臺灣原住民族有卵生人之神話，但是此卵不是鳥卵，而是蛇卵、太陽卵，蛇卵或太陽卵。卵生人的神話普遍流傳於魯凱族與排灣族。即使是太陽卵生，排灣、魯凱兩族也常敘述太陽產卵於陶罐，或太陽照射百步蛇卵而生人，可說太陽卵生神話與百步蛇、陶壺生人神話是一體兩面，在在都牽涉到原住民族的百步蛇或陶壺信仰。

八瑤衛蕃古時山頂有紅白兩顆蛋，卵中生出兩個男女，後來他們成親，生了很多子女。胡濟悠魯蕃斯帕伊彎社說我社的祖先是從太陽所產的卵生出來的。潮州蕃說古時太陽下來，在屋簷上產了兩顆卵，不久孵化生出兩個男女，兄妹相婚。喔波喔波將蕃說古時有一根竹子，很快就長得高高地，竹中積滿了水，最後脹破那根大竹，竹中滾出四顆奇怪的卵。白天那幾顆卵接受太陽的光線時，五六天後出現蛇形的男女。帕利佳利佳喔蕃說社裡有一根竹子，竹中出現一條靈蛇，不久就化成男女。[25]

或有排灣神話敘述，兩個太陽所生的蛋，從中孵出一男一

---

[25]　（日）佐山融吉、大西吉壽：《生蕃傳說集》，頁129-130，頁147-156。

女，兩人結為夫妻，生下畸形的子女，子女彼此間又結婚，所生子女仍然不正常。後來，第一代的男人與第三代的孫女結婚，終於生下正常的小孩，一共四男一女。這便是祖先的由來。[26]

又有神話敘述，日神降地生蛋，忽然出現一隻蛇將蛋吞入，於是日神第二次生蛋在木缽內，擱置在鞦韆上，濫五天後孵出一女子，後又生一枚蛋，孵出一男子。男子長大後，到平地成為日本人的祖先。女子則與蛇生下一男二女。所生男孩長大後下平地為平埔族之祖，長女生瑪家社祖先。[27]

有的神話敘事蛇生與竹生結合。昔日，有一根竹子，竹中出生靈蛇化成男女二人。二蛇神生二子，為人之祖。又說：有男女二人，由竹子生出，為我社的祖先。[28]

排灣族稱百步蛇為vorovorog，即長老之意，因為他們相信百步蛇為蛇的長老，是貴族的祖先。陳奇祿先生就說，百步蛇在排灣群的文樣中出現是具有宗教和社會意義的，與具有圖騰的民族對圖騰的敬畏頗為相似。[29]陳先生並不特別強調蛇是排灣族的圖騰，倒是鍾宗憲先生肯定排灣族有明顯的圖騰，除了百步蛇，他的例子還提到龜殼花。[30]

[26] 許功明、柯惠譯：《排灣族古樓村的祭儀與文化》（臺北：稻香出版社，1998）。

[27] 許世珍：〈臺灣高山族的始祖創生傳說〉，《中央研究院民族學研究所集刊》第二期，頁163-191。

[28] 許世珍：〈臺灣高山族的始祖創生傳說〉。

[29] 陳奇祿：《臺灣排灣群諸族木雕標本圖錄》（臺北：國立臺灣大學印行，1978），頁160-161。

[30] 鍾宗憲：〈圖騰理論的運用與神話詮釋——以感生神話與變形神話為例〉，《中國民間文化的學術史觀照》（哈爾濱：黑龍江人民出版社，2004），頁106-142。

何廷瑞則認為，蛇紋在排灣族諸群的雕刻、紋身、織繡、珠工、嵌鑲及陶壺上都能見到，花紋的起源，臺灣土著諸族的傳說是與蛇、人有密切的關係。同樣的形狀在婆羅洲Kayan族也存在著，蛇紋以百步蛇身上的三角形斑紋為主，而演變成成各種花紋如曲折線紋、半圓形紋、叉紋、網紋、菱形文等。臺灣原住民諸族中，以百步蛇為祖先化身或不該殺的禁忌，這樣的崇拜與百步蛇身上的花紋有關。要說崇拜蛇，臺灣的蛇何止百步蛇，他們選百步蛇必有與他蛇不同的特質，就是因為身上的三角形紋。排灣族說的百步蛇，身材縮短，最後變成老鷹，可見兩者的聯想不在形而完全在雙方身上的三角形紋。[31]

　　何廷瑞進一步說明，太平洋上某些島的女性於生殖器上邊有刺三角形紋的習俗，三角形紋是一種極原始的花紋，排灣族是以三角形紋表現女性生殖器及斑蛇紋，也許與女性多產的魔術意味有關。常見的還有十字形紋，排灣族認為象徵太陽或眼睛，這種花紋也分布於琉球諸島、密克羅尼西亞。何廷瑞認為這也是一種極原始且具有某種宗教或魔術意義的。[32]蛇紋是一種原始且具有某種宗教或魔術意義的觀點，頗值得參考。

　　據施翠峰於1980年在屏東霧臺鄉調查，在Kavalayan社見到魯凱族大頭目的太太，她盛裝所穿是一件長袖婦女服，腋下縫交處有蛇紋與蜘蛛紋，後面下擺還有三組百步蛇繡紋，紋飾在在地

---

[31] 何廷瑞：〈臺灣土著諸族文身習俗之研究〉，《國立臺灣大學考古人類學刊》15期、16期，1960年。

[32] 同前註。

說明其為貴族階級（頭目夫人）。排灣族也是一樣，甚至有過之而無不及。魯凱族與排灣族都有獨特的貼布繡，魯凱族貼布繡傳統的圖形，以粗大的萬字形較多，1960至1970年，在排灣族內文社部落所見大頭目一家的衣服，幾乎都是以黑絨布為底，縫上蛇紋、人紋的紅色貼布。蛇紋的排列方式變化不少，或兩隻蛇直立並排，其下半身彎曲，一隻轉右，一隻轉左，或一頭雙身百步蛇紋，或一頭四身百步蛇紋，都是貴族專用紋飾。[33]

多納村落的入口處豎立著一根水泥柱和一棟石板屋，柱面浮雕著身穿傳統黑色衣底和百步蛇圖案的魯凱族人，上端除了菱形、三角形圖紋外，最頂端放置著代表魯凱族陶甕。[34]這樣的場景似乎在魯凱與排灣部落都是極為常見的。

人像紋及百步蛇紋可以稱得上是臺灣原住民族最具代表性的圖紋象徵，從較早期的浮雕、刺繡，到現代廣泛地使用於各種藝術品或原住民族風味的器物、衣飾等，都離不開這兩項重要紋飾，同時也有泛族群應用的趨勢。[35]

魯凱族與排灣族對百步蛇十分尊敬，以百步蛇為題材創作的器物和工藝品相當多，以浮雕為例，那些攀爬呈捲曲狀的黑白色蛇紋，就是百步蛇的紋樣變化，外界也將它視為排灣或魯凱族的象徵。[36]

---

[33] 施翠峰：《臺灣原住民身體裝飾與服飾》（臺北：國立歷史博物館，2004），頁56-58。

[34] 林建成：《臺灣原住民藝術田野筆記》（臺北：藝術家出版社，2002），頁221。

[35] 同前註，頁228。

[36] 同前註，頁229。

而布農族、賽夏族、阿里山鄒族也都有關於百步蛇的神話傳說及信仰。

　　布農族人居住區域一向在高山叢林，自然和百步蛇的關係密切，傳說中過去族人可以和百步蛇講話，也以百步蛇花紋作為編織圖案或做成服飾和創作。[37]布農族巒社群就認為其男性胸袋的圖樣就是仿自百步蛇圖紋。[38]

　　賽夏族在進行paSta'ay歌舞祭儀就有一個「百步蛇的意象」，依據胡臺麗的田野調查，賽夏族人說舞隊就像百步蛇。南庄尚有百步蛇鞭，以pasal樹皮編製，分公母兩種，輪流使用，歌舞祭時拿到會場中央，由幾個男子輪流抽打，以求祝福；或以蛇頭狀的米篩，沾泥漿，塗擦體弱多病的婦女身上，可以治病。[39]這樣的儀式應是緣由百步蛇的崇拜信仰而來。

　　阿里山鄒族稱百步蛇族為ba'e fkoi，意為「祖母之蛇」、「祖母神蛇」，認為其有別於其它蛇類的靈性，相傳曾有老人在其房內隱密處飼養百步蛇（傳統巫者會飼養），他告誡家人千萬不可私下打開房內隱密處偷窺百步蛇，否則會發生意外。[40]

　　排灣族中心區域以「蛇生」與「太陽卵生」的神話為主，「蛇生」是排灣族原始神話中蛇卵生的典型情節，「太陽卵生」

---

[37]　同前註，頁232。

[38]　內政部營建署玉山國家公園管理處編：《布農族傳說故事及其早其生活習俗》（南投：玉山國家公園，1995），頁71。

[39]　胡台麗：《文化展演與臺灣原住民》（臺北：聯經出版社，2003），頁205-209。

[40]　巴蘇亞‧博伊哲努（浦忠成）：《臺灣鄒族的風土神話》（臺北：臺原出版社，1993），頁200。

則是另一系統的「箕模人」的神話。[41]排灣魯凱兩族有相似蛇紋藝術造型與圖案，同時也有敬畏蛇靈的習俗，以及與蛇婚配的故事。[42]浦忠成先生認為，排灣、魯凱兩族在祖先蛇生的觀念上極為接近，只是在排灣族的部落中蛇生情節描述得較為細膩，而魯凱族則相對淡化，並無祖先蛇生的神話。[43]其實，排灣、魯凱兩族的祖先蛇生神話都極普遍，也都有蛇紋藝術造型與圖案、敬畏蛇靈的習俗，蛇圖案在排灣物質文化的具體呈現是在雕刻、紋身與衣飾圖紋上：雕刻的圖案分布在頭目階級家屋屋桁柱、壁板和木製器物如木杯、雙口連杯、木臼、桶形木箱、木桶、木匙、煙斗、占卜道具箱、祭罐（陶壺）；隨處都可見到百步蛇的蹤跡。[44]

　　排灣族人也深信：人死後魂先至中界為蛇，頭目階極者化為百步蛇，所以認為百步蛇乃是頭目祖先的化身，故遇百步蛇死亡時，應以捲姿將其埋入土中，並採兩塊石頭如遮陽的屋頂一般搭蓋其上。此種為神聖百步蛇所立的石製祭壇（lungari），是為了避免日後人們路過該地，不小心褻瀆神靈受罰。[45]

　　文崇一先生曾經廣泛的搜集各地區有關太陽與卵生的傳說，有〈亞洲東北與北美及太平洋的鳥生傳說〉一文，肯定這些民族

[41] 劉寧顏：《重修臺灣省通志》卷三 住民志同冑篇 第一冊，（南投：臺灣省文獻會，1995），頁610。

[42] 許功明、柯惠譯：《排灣族古樓的祭儀與文化》（臺北：稻香出版社，1994），頁58。

[43] 浦忠成：〈蛇生神話與文化圖像：以排灣、魯凱族為例〉，《通俗文學與雅正文學──文學與圖像第五屆全國學術研討會論文集》（臺北：新文豐出版社，2005），頁341。

[44] 陳奇祿：《臺灣土著文化研究》（臺北：聯經出版社，1992），頁103-168。

[45] 許功明、柯惠譯：《排灣族古樓的祭儀與文化》，頁121。

都具有鳥圖騰的信仰。[46]王孝廉先生的態度卻比較保留，他認為鳥生和卵生的傳說廣泛地分布於世界各地，而許多民族固然有鳥生或卵生的神話說，卻未必全是以鳥作為自己部屬的圖騰，比如中國《山海經》所見的『其民皆卵生』的卵民之國，南太平洋諸島如臺灣、緬甸、菲律賓，都有太陽產卵而生人類始祖的神話，但是這些具有卵生神話的民族，似乎也不全是以鳥作為自己的祖先。[47]這樣的論點似乎也適合拿來討論排灣群的蛇生神話，如果魯凱排灣的蛇生神話就是以蛇為圖騰，那麼龜卵生人是否以龜為圖騰？石生、竹生、壺生的民族又如何解釋？

---

[46] 文崇一：〈亞洲東北與北美及太平洋的鳥生傳說〉，《中央研究院民族學研究所集刊》第12期，1961，頁75-106。

[47] 王孝廉：《中國的神話世界——東北・西南族群及其他創世神話》（臺北：時報出版社，1987）頁91。

三、陶壺生人神話

　　神話是信仰儀式的反映，原住民族的始祖神話正可以見出原住民的崇拜信仰。在臺灣原住民族中，排灣、布農、魯凱、阿美與平埔族的西拉雅人，都有「祀壺」的宗教習俗，他們以陶罐為祖靈所寄的神聖器具，絕對禁止與外人接觸，並且分陶罐為男女二性，高雄的平埔族撻拉魯社有女性神罐與太陽神結婚而生人類的神話，而排灣族、魯凱兩族普遍流傳有太陽產卵於陶罐，孵化而為人類始祖的神話。李福清以為，陶壺生人神話似由祀壺信仰發展而來。[48]李亦園在《臺灣平埔族的祖靈祭》論文中，舉東南亞婆羅洲及菲律賓呂宋島各地的土著民族，以陶罐為祈求豐收、消災拔厄、狩獵、祖靈等祭儀有關的神器，可知原住民族所見的陶罐崇拜，也是東南亞文化中所流傳的「祀壺」習俗的一環。[49]

魯凱族

　　魯凱族的陶壺生人神話大都與百步蛇結合，這一點由他們現在所存的陶壺上的百步蛇圖案可見一斑。

---

[48] 李福清前揭書，頁92。
[49] 李亦園：《臺灣土著民族的社會與文化》（臺北：聯經出版公司，1982），頁42-22。

相傳，魯凱族人多，如果沒有貴族來統治恐難團結，於是在茄苳樹下放置陶壺，神明就把一粒卵放到其中，早上的陽光照射到陶壺中的卵，最後孵化成人類，就便是大頭目卡拉瓦蘭。[50]

現在的阿禮社，當時只有神祇而無人類，因太陽與陶壺結婚而生下一個女性的卵。這個卵又與從岩石出生的男子結婚，生下一個孩子，後來他又與百步蛇結婚，生下兩個兄弟，弟弟就是阿禮社的頭目。[51]

古代有一青年在山谷中抱回一個古甕，甕中有一枚百步蛇蛋，每天因為陽光照射而孵化出一個男嬰，是百步蛇之子，他長大後與一個下凡的女神結婚，從此魯凱族一代一代繁衍。[52]

魯凱神話說，太古時，一人家中藏有男性陶壺，而在另一人家中則藏著女性陶壺，相傳todna社的祖先，就是這對男女陶壺所生。[53]

排灣族

排灣族的陶壺生人神話也極為常見，與魯凱族類似，陶壺與卵生、百步蛇的母題結合，許世珍先生採錄的資料就是一則典型

---

[50] 奧威尼・卡露斯：〈貴族生命的標誌──低倫〉，《臺灣時報》1993年10月27日。
[51] （日）移川子之藏：《高砂族系統所屬の研究》。
[52] 施翠峰：《臺灣原始宗教與神話》（臺北：國立歷史博物館，2000）。
[53] 任先民：〈臺灣排灣族的古陶壺〉，《中央研究院民族學研究所集刊》第9期，1960，頁163-224。

的例子，古時有一個女陶壺，此陶壺受陽光照射，孵出了一個女性的蛋，此蛋與Pocoan家一個男性的靈魂結婚，生下了一女人，此女子又和山裡百步蛇結婚，生下二男孩。

托庫普魯社說太古時太陽光線變得細細地照在山上，人們覺得好奇，去山上一看，有一個壺，壺破生出一個男孩子，就是馬卡匝雅匝雅社巴布魯岡家的始祖。帕利拉央社說在山上看見一個罕見的壺帶回家後被日光照到突然破裂，有兩個小孩爬來爬去，成為我社的始祖。從石頭生出來的人爬到山上，看見一個小壺從天而降，受到太陽照射後，不久壺中就出現兩個小孩。[54]

魯凱族稱陶甕為Iirong（排灣族語tidotan），它是祖靈的化身，過去要製作祖靈「分身」，需要由部落頭目的允許而且是限量出產，其珍貴的程度由此可見，因此被當成是傳家寶或貴族婚嫁中不可或缺的聘禮。魯凱族的傳說中，遠古時期有一名勇士上山打獵，無意中撿獲了兩顆蛋，他將蛋帶回放在甕裡，並且找了當時最凶猛的百步蛇來負責守衛，保護蛋的安全。後來因為太陽強烈的照射，甕因高熱而崩裂，兩顆蛋也誕生了一對男女，這即是魯凱族的祖先。後人也就對陶甕想當然爾的理解，以實用性功能導向，不是用來儲小米酒就是插花的用途。而後魯凱族人為了紀念百步蛇「護駕」有功，也將百步蛇紋浮雕在甕體上，以表達其感恩之意，這也是目前所看到魯凱族或排灣族陶甕的傳統形制。

若以等級來區分，魯凱甕則共分七級。其中一至四級屬貴族

[54]　（日）佐山融吉、大西吉壽：《生蕃傳說集》，頁125-159。

所有，這些高貴的甕通常上端浮雕了百步蛇或人像紋，至於五至七級是一般平民所擁有。最明顯的是沒有浮雕任何圖紋。光滑表面的陶甕才是常民百姓每天要使用的生活器皿，用來裝水、小米酒等。至於甕的造型有菱形、圓形和花瓶型，浮雕上的圖紋則包括有蛇形、人形、太陽形、圓圈形和三角形等。

　　傳統上一般平民要擁有貴族甕是不可能的，除非透過「買花」、「結盟」等儀式，和貴族通婚取得身分，或者是部落裡表現傑出的勇士等才有資格在家中擺設一個尊貴的陶甕。[55]

　　南臺灣許多平埔族各社群，也依舊保存拜壺習俗，以及若干特殊姓氏，移川子之藏、吳新榮、國分直一、宮本延人等都曾採錄研究過，1957年，劉斌雄的〈臺灣南部地區的阿立祖信仰〉對南部平埔族各社群及部分洪雅族族社的平埔族祀壺信仰有完整的研究。[56]

　　除泰雅和賽夏外，各族均持有陶器，而鄒族、布農、阿美和雅美諸族至晚近仍有陶器的製作。[57]

　　神聖古陶壺的形制，大致上有圓形及菱形二種，而其外的紋飾母題又可分為五類，其中以飾有百步蛇最為尊貴，與有蛇紋的尊貴陶壺之形象不謀而合；魯凱族人的陶藝製作，會在陶罐上畫上兩條百步蛇圖紋，而圖案上的圓圈代表團結，三角形則代表山脈，橫紋則代表河川。[58]

[55] 林建成：《臺灣原住民藝術田野筆記》，頁78-79。
[56] 石萬壽：《臺灣的拜壺民族・自序》（臺北：臺原出版社，1990）。
[57] 陳奇祿：《臺灣土著文化研究》（臺北：聯經出版社，1992），頁92。
[58] 達西屋拉彎・畢馬：《魯凱族神話與傳說》（臺中：晨星出版社，2003），

陶壺的文化象徵在排灣族中還有繁衍的象徵，在排灣故事的孵化過程中，怕蛇會來偷食，因此要置於晃動的木盆或陶壺中。[59]

日本小南一郎教授的研究：在中國大陸（尤其是南方民族）基本上壺與葫蘆有同樣的機能[60]，兩者都疑似祖靈（穀靈）容器。馬昌儀女士認為，魂瓶、懸壺、葫蘆與古陶壺都是生命母體的象徵，大陸南方許多民族有同樣的信仰，排灣族不只有陶壺生人的神話，也有不少傳說敘述陶壺是繁榮的保證。如有人遷移他處，因為頭目沒有贈給他陶壺，所以他家裡的人連續死亡；或頭目女兒嫁到臺東帶了很好的陶壺，所以他們的子孫，一直繁衍到現在。[61]

王孝廉先生認為臺灣原住民族所見的陶壺生出女子的始祖傳說，應該是源於原住民的生殖信仰，在諸多卵生或太陽產卵的傳說中，太陽是被當作男性（父神）的象徵，因此，在太陽與陶壺（太陽產卵於壺中）的始祖傳說中，陶壺可能即是女陰（母神）的象徵，產卵於壺喻兩性結合而生人類。而在瓢中出現男子、壺中出現女子的上述布農族的例子，應該也是以瓢為男性，以陶罐為女性的原始信仰。[62]太陽是否為男性（父神）的象徵，陶壺是否為女陰（母神）的象徵，而產卵於壺是否比喻兩性結合而生人

頁30。

[59] 王馨瑩：《排灣與魯凱族圖騰故事研究》，國立臺東大學兒童文學研究所碩士論文，2003，頁30。

[60] （日）小南一郎：〈壺型的宇宙〉，《東方學報》，1989，61集，頁189-191。

[61] 馬昌儀：《中國靈魂信仰》（臺北：漢忠文化公司，1996），頁394-409。

[62] 王孝廉：《中國的神話世界──東北・西南族群及其他創世神話》上冊，頁324。

類？這樣的說法似乎還有討論空間。傳統魯凱族的陶甕分類也分級，以甕為主的文化階級十分明顯，依類型分：公甕、母甕和陰陽甕三種，公甕表面浮雕百步蛇圖紋，母甕是浮雕「乳針」，即一種凸起，上端也點有圓孔狀象徵女性，陰陽甕則結合兩種圖紋。[63]

　　排灣、魯凱族人心目中，結婚時最重要的聘禮仍然以陶甕最為珍貴，知本部落一位年輕的陶藝家曾文財就專門製作結婚禮物，他自己創新了一種叫做「公母甕」的陶藝品，很能符合現代婚禮的需求。以他擅長的陶藝製作陶甕的形式，他從母親的文化中找出主體，加上阿美族的陶罐靈感，創作了一種新的造型，他稱為「公母甕」，有別於排灣族的「陰陽甕」，因為陰陽甕只是在甕體上，同時出現象徵女性的凸起乳丁及百步蛇紋而已，而他的公母甕，則是兩只大小甕體堆疊起來。[64]可見壺或甕都有公甕、母甕和陰陽甕三種，而神話中也有男女陶壺結合的情節，或許並無所謂陶壺或陶甕象徵女陰的問題。

63 林建成：《臺灣原住民藝術田野筆記》，頁78-79。
64 同前註，頁87-88。

結語

　　將臺灣原住民族放入南島民族中討論，可以見到臺灣原住民神話的區域獨特性，族群與族群間的始祖神話自成區域，或者是神話口頭敘事的變異情況，也許原來都屬同一母題，在遷徙、流傳過程中與人文或自然環境結合而產生變異。稍微檢視一下其他南島民族的始祖神話當能更幫助我們了解原住民的情況。

　　南島民族也有卵生人神話，說的是鳥卵、龜卵，罕見蛇卵生人，更遑論百步蛇，其他的南島民族的百步蛇崇拜信仰或許並不普遍，因此少見蛇生人的神話敘事。

　　美拉尼西亞阿多密拉魯特神話說一隻鳩生了兩個東西，一是鳥，另一是人，但人和母親鳩結了情緣，又生了很多的人類。這便是人類的始祖。另有一說龜生了十顆卵，但只八顆是龜，兩顆孵出男女人類，這兩人結婚成為人類的始祖。美拉尼西亞斐濟神話說古時一隻鳥生了兩顆卵，但由大蛇孵化，一顆孵出男孩，另一則孵出女孩，他們就是最初的男女。[65]

　　菲律賓神話說鳥在小河的上下游產卵，不久從卵中孵出男女。下游生出男子，有一天他在沐浴時，有長長的頭髮流來纏住他的腳，男子溯流而上找到女子，兩人結婚。菲律賓芒達亞人的神話中，男人和女人則來自一只大鳥的兩枚蛋。[66]

---

[65] （日）佐山融吉、大西吉壽：《生蕃傳說集》，頁746-747。
[66] 史陽、吳傑偉：《菲律賓民間文學概論》（菲律賓華裔青年聯合會，2003），

菲律賓蘇祿人的神話把兩種情節合二為一，第一個男人從鳥蛋中孵化了出來，然後他在一個竹節中發現自己的伴侶─第一個女人。[67]

　　菲律賓的民族或部落起源神話中，大致有三種起源：一、天降型，族人以某種方式從天堂或天上來到地面上；二、孵化型，最初的族人從竹節中、蛋中出來；三、神造型，天神或他的助手用泥土或其他物質創造了人。[68]

　　菲律賓的人類起源神話大都說的是民族、部落的起源，甚至有些只是一個特定的人群或家族的起源，比較少論及全人類的出現。[69]這樣的始祖起源神話與臺灣原住民族的情況近似，大都未涉及全人類的起源，比較傾向於本民族或部落的起源情形。

　　與臺灣距離最近的其他南島民族當屬琉球群島島民，其神話中普遍存在始祖神話，並且與該流傳地區之祭祀、信仰有密不可分的關係。就內容而言，有敘述最初人類的誕生的，即始祖創生型神話；也有敘述最初人類的滅絕的，即再造人型神話；也有複合形式，即始祖創生結合再造人類型的。而其中的始祖創生神話也以祖先天降神話最普遍，根據大林太良先生蒐集資料，十五則始祖創生神話中天降型的母題就佔了十則。[70]可見祖先天降神話

　　頁43。

[67] 同前註。

[68] 史陽：《菲律賓洪水神話》，北京大學外國語學院東語系碩士論文，2004，頁51。

[69] 史陽：《菲律賓民間文學》（銀川：寧夏人民教育出版社，2011），頁37。

[70] （日）大林太良：〈琉球神話と周圍諸民族神話との比較〉，日本民族學會編《沖繩の民俗學的研究──民俗社會と世界像─》，1973，頁318。

母題在菲律賓群島與琉球群島的南島民族中都極普遍,而臺灣原住民族中這樣的母題則以阿美族較典型。

沖繩古宇利島出現一對男女,他們不知道男女交合的方式,有一次看到海馬交尾,才了解男女交合之事。慢慢地,他們漸漸對裸身感到羞恥,便用蒲葵的葉子遮住下部。現代沖繩三十六個島的人都是他們的子孫。[71]

另一則古宇利島的神話則敘述天降兄妹二人到這個地方來,有一天看到海鳥交尾而習得交合之道,才有了現在的人類。[72]

宜野灣市的神話則說最初的姊弟降到此地,他們見到一對雌雄蝗蟲交配而習得人類交合之道。[73]

泰雅族的石生人神話中的男女多從蒼蠅習得交合之道,而琉球群島各島的天降人類神話中,第一對男女則從海鳥、海馬、海龜或蝗蟲處習得人類之道,二者有異曲同工之處,只是後者更表現出島嶼民族的特色。

神話往往是一種信仰儀式敘事;它的故事性、程式化特性,都是同信仰儀式相關連的。以原住民族為例,各族群為人所知的小米祭、豐年祭、矮靈祭等祭儀,都是某種信仰儀式程序的反映,而這樣的信仰儀式也反映在始祖神話的各種母題中。石生、蛇生與陶壺生人是否有所象徵?是否與陽具、女陰象徵有關?原

[71] (日)伊波普猷:《伊波普猷全集》第一卷(東京:平凡社,1993),頁299-300。譯文見林淑莉:《琉球神話與臺灣原住民神話研究——以兄妹始祖神話為中心》,頁15。

[72] (日)大林太良:〈琉球神話と周囲諸民族神話との比較〉。

[73] 同前註。

住民族是否有百步蛇圖騰？也許，都需要更充分的證據。神話的
原貌是否真有那麼多、那麼繁複的象徵或圖騰，或許還該持保留
的態度。

粟種神話

Chapter 2

前幾年一直頻繁地出入原住民的各個部落間，認識了許多原住民的長輩與年輕朋友，看到小米長大結穗收割，吃了許多小米飯，喝了一些小米酒，當然更聽了一些關於小米的神話傳說，才發現，原來研究室外是更開闊的學術天地，做研究要與人連結，要植根於文化。

　　採錄原住民的小米神話傳說，讓我重新去思考中國典籍中極有趣味的一面，有許多小米從書本中探出頭來；而考古學、農業史，也進到我的探索領域。

　　臺灣原住民被公認是南島（Austronesia）語族的一部分，神話中可以看出南島語族原有的主要作物栽培情況與特徵，還有極相似的農耕禮儀與穀物起源神話諸現象。相關問題，延森Jensen A.E.、岡正雄、大林太良等民族學學者都提出精闢的見解，其中，尤以大林關於作物起源神話的觀點給筆者最多啟發。

　　大林認為死體化生型神話是南島語族的基本作物起源神話，而且廣泛分佈著。他所歸納的東南亞穀物起源神話，屬於死體化生類型的族群很多。而盜穀種神話也是一種重要的類型，不只流傳于東亞、東南亞，也廣泛分佈于非洲、美洲的農耕民族。[1]大林對此有一些闡釋：從人的屍體或活人體內長出栽培植物這種神話主要是廣泛地分佈在世界熱帶地區，如印尼、美拉尼西亞或美洲等，非洲也有一些例子。大林的老師法蘭克福大學教授延森把

---

[1]　（日）大林太良：〈東南アジア神話〉，《無文字民族の神話》（東京：白水社，1985），頁57-87。

這種神話看成是薯類和果樹栽培民文化的特徵。[2]死體化生型在原住民神話中屬罕見，原住民的粟種起源神話以盜來型為主，是某個人誤入他界盜取粟種。而原住民的穀物起源或許說明他們原是粟種栽培民，神話敘事中強調粟種來自遠方他界，是強調粟種的神聖性。

大林太良認為不能將臺灣欠缺死體化生型認為有多大的意義，臺灣的死體化生型原先應該存在，可能被後來流傳普遍的作物偷盜型神話取代。[3]

引人興味的是，在廣泛流傳死體化生型作物起源神話的南島語族中，臺灣原住民流傳的是被稱為普羅米修士型的盜穀物神話，筆者希望對此能再提出一點個人的意見。

---

[2]　（日）大林太良：《神話學入門》（東京：中央公論社，1966），頁140。
[3]　（日）大林太良：〈オーストロネシア語族の作物起源神話〉，中尾佐助、秋道智彌編：《オーストロネシアの民族生物學：東南アジアから海の世界へ》（東京：平凡社，1999），頁245-263。

一、古籍文獻與考古文物中的粟

《山海經》、《詩經》、《論語》等書中不斷出現粟這個詞。

「丹粟」在《南山經》出現一次,到《西次三經》中即出現七次。《南次二經》:「英水出焉,西南流注於赤水,其中多白玉,多丹粟。」郭璞云:「細丹砂如粟也。」細砂如粟,可見粟在《山海經》時代早已是隨處可見之物了。大家都讀過蘇東坡〈前赤壁賦〉:「渺滄海之一粟」,歷年來大都注解粟為小米,應為滄海中的細砂才對,用粟來代表微小的砂在宋代似也有例可尋。粟在中國人的生活中隨處可見,鼓勵人讀書求功名,要以「書中自有千鍾粟」來引誘。曾經聽過郭中一教授的演講,一鍾粟是一千兩百顆,千鍾粟似也不太多。而陶淵明自言「貧無儲粟」,可他不願為「五斗米折腰」。

筆者曾做過一番檢視,從《詩經》、《論語》等典籍開始,粟在很長的時代中都有不能忽視的位置。

《詩經‧小雅‧黃鳥》:「黃鳥黃鳥,無集於穀,無啄我粟。」粟很早就當主食了。

《莊子‧外物》:「莊周家貧,故往貸粟於監河侯。」

晁錯〈論貴粟疏〉:「方今之務,莫若使民務農而已矣。欲民務農,在於貴粟。貴粟之道,在於使民以粟為賞罰。今募天下入粟縣官,得以拜爵,得以除罪。」

秦漢時期,秦朝設置治粟內史一職,主管國家財稅,並輔有

兩丞分別掌管田賦和錢布。漢景帝時將治粟內史更名為大農令。《史記‧淮陰侯列傳》記載：「與語，大說之。言於上，上拜以為治粟都尉，上未之奇也。」《史記‧秦始皇本紀》又載：「百姓內粟千石，拜爵一級。」治粟內史是官職的一種，納粟也能拜爵。

《論語‧雍也第六》：「子華使於齊，冉子為其母請粟。」「原思為之宰，與之粟九百，辭。」粟成了俸祿的代名詞。瀧川龜太郎的《史記會注考證》在〈伯夷列傳〉一篇引村尾元融的說法：「義不食周之粟，謂不仕周而食其祿也，非謂不食周地所生之粟也。」伯夷叔齊不食周粟，周粟是指周的俸祿，可見粟成為俸祿的代稱已慢慢普遍。

《孫子算經》中的「粟」是一種單位。「稱之所起，起於黍。……量之所起，起於粟。六粟為一圭，十圭為一抄，十抄為一撮，十撮為一勺，十勺為一合，十合為一升，十升為一斗，十斗為一斛。斛得六千萬粟。」

典籍上的記載反映出，中國很早就有小米文化的存在。

中國古籍中對小米有粟、稷、黍等不同名稱，因為顆粒小，故俗稱為小米。小米品種繁多，有白、紅、黃、黑、橙、紫各種顏色，也分糯性與非糯性兩大類。中國北方黃河流域，有許多原生種小米的繁殖，是中國古代最主要的糧食作物，從歷史與成語典故裡可見一斑。可以說中國古代即屬於「粟文化」。中國考古學家最近在內蒙古赤峰市挖掘出興隆溝遺址，是新石器時代早期的遺址。從遺址土壤的浮選中，發現粟和黍等栽培作物的孢粉。

興隆溝文化中期的年代距今約8000-7500年之間。因此，這一發現成為目前確定的在中國北方地區發現的最早栽培作物。早年一般學者認為，中國北方先民的主食小米是來自黃河流域。興隆溝文化的發現，改變了傳統的觀點，卻似乎證實了何炳棣院士（1969）和張光直院士（1959）早年分別提出的「新石器華北核心區」觀點。[1]

關於東亞「小米」（Panicum miliaceum）是否起源於印度的爭議，何炳棣院士很早就指出該作物在梵語中是cinaka，而梵語中帶有cheena，cina等字首的詞，均是指中國，如「桃子」是"cinani"即「來自中國的水果」，而「梨子」是"cinarajaputra"即「來自中國的王子」。[4]換言之，何院士是從語源學中找出另一種證據，來說明Panicum miliaceum實際上是起源於中國然後傳播到印度，而非從印度起源而後傳到中國。

不只中國典籍中處處可見小米痕跡，日本的《古事記》、《日本書紀》中都記載神的身體中長出來小米，而四國有許多地名都與小米有關。另外，在琉球群島有一個粟國島的地名起源應也與小米相關。小米從中國起源再到亞洲其他地區。

許多學者推測，原住民可能在很早以前就將小米帶到臺灣。

陳奇祿先生認為，臺灣原住民各族對小米的重視，可以作為推定其移入年代的一憑據。在西元前2000-1000年，臺灣和大陸間有頻繁的民族和文化接觸，臺灣的許多史前遺址的年代也都屬於

---

[4] 何炳棣：《中國農業的起源》，（香港：香港中文大學出版社，1969），頁130。

這段時間。臺灣西岸的三個重要史前文化——北部的圓山文化、中部的黑陶文化和南部的龍山形成期文化——都開始在西元前的第二個千年，而延續至西元初期乃至於五世紀左右。西元前的第二個千年正是中國的夏商周三代。三代的農業是山坡地的「刀耕火種」農業，主要的農作物是稷、黍、粱、粟之屬。在三代的時候，中國民族不斷南遷。這一民族移動也將粟黍和陸稻的耕作帶入於臺灣。[5]

張光直院士也有類似的分析，原住民小米種植可視為是「龍山形成期」一個地區文化的發展，其中包括了仰韶文化、龍山文化與華邊文化交錯影響下的各種成分。龍山形成期文化向南穿過杭州灣到河姆渡的領域及更南到東南海岸，稍後則是福建的縣石山與溪頭文化和臺灣的鳳鼻頭文化。[6]

前幾年在南科遺址發掘出全臺至今唯一的一批距今四千五百年碳化的小米穀粒，有數千顆之多。主持發掘的臧振華教授表示，這批小米的遺存，可能很難藉由抽取DNA來鑑定其種屬，目前只能做形態學的比對。大坌坑文化層（菜葉期）出自南關里和南關里東兩處遺址，年代約距今4200-4800年前左右，當時已有相當定居性的聚落，栽培稻米、小米等穀物。此外，牛稠子文化層中的牛稠子期約距今3800-3300年左右，農業遺留有稻米、小米和豆類等農作物。臧振華指出，南科園區考古遺址是臺灣現今少數

[5] 陳奇祿：〈東南亞區的主食區和主食層——兼論臺灣土著諸族農作物的來源〉，《包遵彭先生記念論文集》（臺北：國立歷史博物館等編印，1971），頁131。
[6] 張光直：〈論中國文明的起源〉，《文物》2004年第1期。

出土小米的地點,而其中南關里東遺址的年代也是最早者。針對灰坑土壤進行篩洗的過程中,獲得多種植物種子,如稻米、小米及豆科等。[7]

胡兆華教授曾研究過,臺灣東海岸及南端恆春半島山上的小米,不但品種變異豐富,且成為討論中國北方粟品種的相對事例。因為在臺灣東海岸及中央山地的濕潤氣候能產生美麗的品種,卻也使一些學者相信華北8000-5000年前是要比現在的氣溫高而潮濕,如同臺灣現在可種植粟品種一樣。臺灣原住民屬於南島語族,他們的農耕儀禮在種植粟之前必虔敬舉行,而種稻則較不重視或不舉行,因而推測粟是他們最原始種植的農作物。[8]據筆者在原住部落採錄的觀察,原住民有些部落已受外來文化影響改種稻米,卻仍進行相關小米的農耕儀禮,根本沒有種稻的相關耕種、收穫儀禮。

黃樹民先生認為,臺灣原住民的小米文化,是根植於東亞地區的原生農業文明,有著悠久的歷史傳承。而這個小米種植傳統,似乎在很早以前,就已在臺灣原住民文化中發育、滋長。其後,當東亞地區受到外來引進農作物的衝擊下,原有的小米種植已逐漸被新作物所取代時,惟有臺灣原住民社會還保有豐富、完整的小米文化傳統。[9]學者們的觀點容或有不同的角度,卻都一致

[7] 臧振華:《先民履跡——南科考古發現專輯》(新營:臺南縣政府,2006),頁70-151。

[8] 胡兆華:《人類發展的過去現在及未來——農耕、文化、生態》(臺北:興大文教基金會,2000),頁198。

[9] 黃樹民:〈東亞小米文化源流〉,中央研究院《知識饗宴》系列(4),2008年6月,頁75-103。

地認為臺灣小米文化屬於東亞地區的原生農業文明，而且在各地的小米種植已逐漸被取代的今天，仍保留相對完整的小米文化傳統。這樣的小米文化傳統正是在普遍流傳的神話傳說中顯現無遺。

二、穀種神話的類型

　　穀物起源的神話類型很多，有許多學者對相關穀物起源的神話做過歸納討論。

　　李子賢先生將雲南少數民族的穀種起源神話類型，大致分為九種：1自然生成型。人類之初大地上長滿了各種糧食供人享用。2飛來稻型。3動物運來型。這是廣泛流傳於雲南少數民族中的一種穀物起源神話類型。4死體化生型。死體化生型穀物起源神話在亞洲的分部區較為廣泛。印度尼西亞以及琉球群島等地區也有此類神話。5英雄盜來型，又稱普羅米修斯型。6祖先取回型。此類穀物起源神話講述某一祖先到遠處某地取回了穀種。7天女帶來型。8鳥把穀物種子帶到人間的穗落型。9神人給型。[10]李先生引用大林太良說法，以為天女帶來型流傳於原住民，然而這一型並非原住民常見，原住民的穀物神話與雲南差異性應是很大的。

　　劉付靖先生則將東南亞民族的稻穀起源神話歸納為五種：1.死體化生型。2.動物運來型。3.飛來型。4.天神賜予型。5.英雄盜來型。[11]劉先生只論稻穀起源，未提及其他雜糧或粟類起源神話，原住民常見的幾乎是粟類的起源神話。

[10]　李子賢：〈雲南少數民族穀物起源神話類型與多元文化〉，《探尋一個尚未崩潰的神話王國》（昆明：雲南人民出版社，1991），頁249。
[11]　劉付靖：〈東南亞民族的稻穀起源神話與稻穀崇拜習俗〉，《世界民族》2003年第3期，頁69-70。

英雄盜來型

英雄盜來型又稱普羅米修斯型，講述從前人類沒有穀種，穀種有的由各種動物盜取而來，根據楊利慧等人所編著的《中國神話母題索引》，盜取穀物的動物有狗、老鼠、麻雀、螞蟻、蒼蠅、螞蟥，而有的是由文化英雄去盜取穀種。文化英雄也會從天上盜取穀種，將盜來的穀種藏在頭髮、耳朵、嘴、指甲、肚臍眼、腳丫子、肛門等器官中。[12]原住民神話的穀種起源應是較為特殊的，幾乎都是在偷盜時藏於男性生殖器，這樣的情節在廣大的中國各民族分布裡，是很少見的。

這一類型神話，一般都是違背天神旨意或者欺騙天神而從天上偷了作物的種子，藏在頭髮、牙齒、尾巴中帶回了人間。在中國一些地方流傳的「孫悟空從天上盜得大蒜，藏在肛門中帶到下界」的說法，也可見到盜取型農作物起源神話的痕跡，這類傳說的釋源性結尾往往用以解釋「大蒜為什麼有異味」。[13]

在中國各民族中，流傳著許多盜取穀種的神話。其中盜取穀種的文化英雄，有的是人，有的是神，有的則是動物。例如，廣西省龍州縣壯族人中流傳的〈穀種與狗尾巴〉：

---

[12] 楊利慧、張成福編著：《中國神話母題索引》（西安：陝西師範大學出版總社有限公司，2013年），頁508-511。
[13] 楊利慧：《神話與神話學》（北京：北京師範大學出版社，2009），頁95。

在古老古老的時候，人間還沒有穀米，人們餓了就拿野果
野菜充飢。後來，人越來越多，能吃的東西漸漸少了，大
家常常挨飢受餓。那時候天上已經有了穀子，地上還沒
有。天上的人害怕地上的人有穀米吃了，繁殖太多，會來
天上，占領他們的地方，就一直不讓一粒米一顆穀種落到
地上來。沒辦法，地上人就派了一隻九尾狗到天上去找穀
種。九尾狗來到天上，看見天上的人在天宮門前曬穀子，
便彎下九根尾巴，黏曬穀場上的穀粒，黏滿就跑。不料，
被看守人發覺了，他們邊喊邊趕，邊用斧頭砍。狗的尾
巴，一根根被砍斷了，但狗忍痛繼續跑。最後，只剩下一
根尾巴黏著幾粒穀種逃回了人間。人們拿狗尾巴上的穀種
去種，人間從此才有了穀種。以後，狗就只剩了一根尾巴
啦。人們為了報答狗，就把狗養在家裡，吃白米飯，而穀
種長出來的穀穗，都像狗尾巴，就是這個緣故。[14]

　　雲南省西盟縣的佤族神話中，提到取穀子的動物有老虎、豹
子、豬、馬鹿、麂子、狐狸、兔子、蛇，全部都失敗，最後是斑
鳩將穀子吞進嗉袋飛走，被一對夫婦用箭射下來，剖開斑鳩的嗉
袋將穀粒取出，丟在地上，後來就有了穀子可吃，而因為斑鳩有
「咕！咕！」的叫聲，把穀物取名叫穀子。[15]這樣的神話中顯示

---

[14] 陳建憲選編：《人神共舞‧神話篇》（武漢：湖北人民出版社，1994），頁
160-161。
[15] 陳建憲選編：《人神共舞‧神話篇》，頁163-165。

文化英雄也是由鳥類扮演的情況。

　　東印度尼西亞地區的一則神話中同時提到稻種與火種。一個獵人外出打獵，來到了一個山谷，發現山谷裡的人會種稻，但是不會使用火。獵人在那裡定居，教會了當地人使用火，他自己也學會耕種。獵人回家的時候帶回一白一紅的兩粒稻種，從此家鄉的人們都慢慢學會了耕作。[16]

　　流傳於印度尼西亞蘇拉威西島的一則神話提到，一個男子到天上，第一次看見了稻子。男子想了個法子。晚上借宿時，請人讓他不要睡在床上而睡在樹皮製的米櫃上，然後解開頭髮，在頭髮內藏了許多米粒。但是要回去時，因被發現而失敗。後來他巧妙地利用腳上的傷口，把稻子藏在傷口裡，帶回了世間。稻種便在人間保留下來。[17]

　　在蘇拉威西島的首府萬鴉老也流傳英雄盜來型穀物起源神話，叫杜米冷的人和兩個朋友順著接天的大樹來到天上，他們在天上偷到十二粒稻種。但是，他們的行為被天神發現，杜米冷三人使用法力擊敗了天神。沒想到，天神使用詭計騙杜米冷把稻穀種在石榴樹下，結果稻穀長不大。杜米冷一氣之下砍斷了通天的大樹，從此人和天神再也不能來往。[18]英雄從神那兒偷穀物是在人神可以來住的階段，而天地可通的想像應是很多族群或部落都流傳的神話。

---

[16] 陳崗龍、張玉安等著：《東方民間文學概論》第三卷，頁538。

[17] （日）大林太良：〈東南アジア神話〉。大林太良：〈オーストロネシア語族の作物起源神話〉。

[18] 陳崗龍、張玉安等著：《東方民間文學概論》第三卷，頁539。

飛來稻型

飛來稻型穀物起源神話，廣泛流傳於印度阿薩姆，東南亞的緬甸、老撾、泰國，以及中國的雲南、貴州及廣西等地的傣族、哈尼族、基諾族、瑤族等少數民族族群，臺灣原住民的流傳也極其普遍，。

雲南少數民族中流傳的飛來稻型穀物起源神話，內容大同小異。古時，稻穀顆粒很大（像雞蛋或蘿蔔一般大），會自動飛入穀倉。後來，穀粒被一懶婦人用木棒打碎，才變成今日顆粒很小的樣子，也不會飛了。景頗族的飛來稻型神話說，由於人心不好，從前顆粒很大的稻穀（或穀魂奶奶）見了生氣，便飛到天上。後來，人們只好請狗到天上，將穀子接回人間，可是太陽神已給穀子穿上了衣裳（穀殼），從此穀子變小，也不能再飛。瑤族的飛來稻神話則講到：碩大的穀子被一懶婦女人追打之後，只得逃到天上。人們無奈，便派貓、狗、老鼠、麻雀到天上去尋找稻穀。老鼠終於銜回了穀子，可是穀子卻被老鼠咬碎，從此變小，再不能飛。瑤族的飛來稻型神話，同樣揉進了動物運來型的內容。[19]瑤族的神話中，老鼠去取回穀物，後來穀物變小。

傣族民間不但有穀子的傳說，西雙版納勐罕緬寺（佛寺）裡供奉著一顆像蘿蔔那麼大的木製穀子叫香稻米。據說香稻米不但

---

[19] 李子賢：《探尋一個尚未崩潰的神話王國——中國西南少數民族神話研究》（昆明：雲南人民出版社，1991），頁240-241。

原來是像蘿蔔那麼大,而且成熟後自己會飛進穀倉中。可惜後來因為有一個懶婆娘的穀倉太破爛了,香稻米不願前往,「嗡嗡」地往懶婆娘的樓上飛,打擾了她安靜的睡眠,她氣得將香稻米打得破碎,再沒有一顆完整的。從此,香稻米就變得很小,而且成熟以後也不在自己飛進穀倉了。[20] 穀子大如瓜、大如蘿蔔,有翅膀會飛,甚至會講話,都是將穀子神性化,表示先民對穀子有崇拜信仰存在,因此才有民間將木頭穀子供奉在佛寺的情事。[21]

布朗族的穀種神話,和傣族幾乎無異,老鼠也扮演了一個重要的角色。有篇史詩《沙卡呃》中唱穀子的來歷,寫布朗族的穀子原先像南瓜或雞蛋那麼大,而且自己會飛進倉庫。有個老寡婦來不及蓋穀倉,穀子直向她身上飛撞,她拿起棍子就敲穀子。穀子很傷心,飛到海裡變成金魚,金魚後來成了穀神「牙班豪」。牙班豪把被敲碎的穀子灑進地裡,所以現在的穀粒都變得細小了。類似的說法還有,人間原來沒有穀子,只有一個叫「牙枯索」的女人有穀子。牙枯索懷孕,來不及蓋穀倉,穀子便飛來了,塞滿她的屋子。牙枯索生氣了,拿起棍子便打。穀子四處逃竄,飛到沒有人住的地方去了。後來,老鼠把穀子啣到地裡,發芽出穗,人們才知道種穀子。另一則神話則說,能人帕亞薩木底與帕亞猛拉上天去,向虹討糧食不得,下地來向鱷魚、大象和雞討糧食,也沒得到。最後,老鼠給了一粒穀子,人間才有飯吃。[22]

---

[20] 馬宏德等講述,李喬、李嵐整理:〈一顆蘿蔔大的穀子〉,《民間文學》1956年11月。

[21] 鹿憶鹿:《傣族敘事詩研究》(臺北:臺灣學生書局,1996),頁139。

[22] 同前註。

印度阿薩姆的阿奧‧那加族的飛來稻型神話，沒有傣族流傳的這類神話那樣古樸、完整：在黃金時代，阿奧‧那加族無需把沉重的稻穀背回村去，人們只需把稻子割下，回到村裡一呼喚，稻穀就會從高空中飛來，自動進入穀倉。可是到後來，稻穀總是飛進富人的穀倉，而不飛進窮人的糧庫。從此，黃金時代就永遠結束了。這則神話沒有講到飛來稻原來有多大，當然也沒有稻穀如何變小的情節，但卻觸及了貧富的出現。老撾寮族的飛來稻型穀物起源神話，則與傣族的此類神話大體一致：原始時期，穀子像南瓜一樣大，成熟後就會自動從田裡滾到主人家的穀倉裡，有一天，一個懶惰的寡婦還沒有清理好穀倉，穀子就不斷地從田裡滾來，寡婦見狀大怒，便將穀子趕回田裡去。從那以後穀粒就變小了，再也不會自己滾進穀倉了。大林太良先生在其《南島稻作起源傳說系譜》一文中說，像老撾寮族這種被稱為印度支那型的飛來稻神話，在馬六甲北部及菲律賓的聖佩德羅也曾發現過。他還指出：鼠（犬）從水裡取來穀物種的神話形式，與飛來稻的神話形式，都分佈在稻作起源地區的內部和周圍。[23]

老鼠在取穀物的過程中扮演重要角色，不管在雲南或東南亞的少數民族都可見到，原住民也不乏有老鼠取來穀物的情節，而老鼠在原住民的洪水神話中有時也扮演重要的退水角色。

---

[23] （日）大林太良：〈南島稻作起源伝承の系譜〉，渡部忠世、生田滋編：《南島の稻作文化》（東京：法政大学出版局，1984），頁160-190。

死體化生型

八世紀左右的《古事記》一書，記載日本神話中的神被殺後，頭生出蠶、兩目生出稻種、兩耳生粟、鼻子生小豆、陰部生麥、尻生出大豆。[24]而《日本書紀》中的保食神被殺後，神之頂化為牛馬、額生粟、眼中生稗、眉上生蠶、腹中生稻、陰生麥和大豆小豆。[25]這是屬於死體化生型穀物起源神話的形式，解釋的是多種穀物的起源，尤其是粟類的起源。

觀察各種穀物起源的類型，也稍稍比較東南亞或同屬南島語地區的穀物起源神話，可以約略窺出原住民的穀物起源神話有其特色。原住民的穀物起源有幾種類型，最普遍的敘事方式大概是從地底盜來或從遠方異地盜來，而所盜穀物幾乎都是小米，見出原住民在南島語族中的特色。

死體化生型的穀物起源神話，又可分為神、人或神物死後化生出穀物的型態。目前在中國西南彝族、哈尼族及佤族中流傳著，楚雄彝族文獻中講述，阿普獨莫死後，「鬍子變糧食」；阿普為爺爺，老者，獨莫是洪水後人間剩下的唯一男子的名字。神話中籠統地講到糧食，並未明確指出具體的農作物。哈尼族的神話中雖然基本上屬於英雄盜來型（普羅米修斯型）穀物起源神

---

[24] （日）太安萬侶著、倉野憲司校注：《古事記》（東京：岩波書店，1958），頁80。

[25] （日）舍人親王等著、大井家坂等校注：《日本書紀》（東京：岩波書店，1967），頁103。

話,但又兼有死體化生型的內容,神話中瑪麥及帶他上天盜穀種的小金馬,從天上取到穀種返回人間時,被仙女以神劍追殺而摔於地上。從他們的屍體中摔出穀種撒向大地。此外,紅河一帶的哈尼族還流傳著兩則由魚的屍體中化生出穀物的神話。第一則:世界之初,大地上什麼都沒有,諸神要為大地創造各種生命,便四處找尋,終於發現在一條大魚中藏有各種生命。神們便捕捉到這條大魚並將其殺死,從其腹中找到了人種、各種動物及五穀種子。第二則,洪水時,世間的人類、動物及穀物均被洪水淹沒。洪水後,人類又重新繁衍起來,便到處尋找穀物,終於從一條大魚的腹中找到。原來,洪水時被淹沒了的五穀,都被這條大魚吞入腹中。這兩則講述屬於水族的魚化生穀物種子的神話。[26]

死體化生型穀物起源神話在亞洲的分佈區較為廣泛,印度尼西亞以及琉球群島等地區都有此類神話,其中,流傳於奄美大島有兩則神話,其中之一說有位男子在外旅行,投宿之處只有一老婦人,男子飢餓難忍,請求老婦人為他做晚飯。後來,青年發現老婦人正在用她的齒垢、鼻涕、眼屎、耳垢做飯菜,非常生氣,將老婦人殺死。此時,由老婦人嘴裡生出米,鼻中長出麥子,眼睛裡生出野菜,耳朵裡長出甘薯。第二則講當地漁民在一個海邊淺灘捕捉到各種魚類,並在魚的肚子裡發現了稻穀。[27]

流傳在北婆羅洲的神話講到:從前一對夫妻將他們的嬰兒殺死並切成碎片,埋進土裏,死嬰的血液長成稻米、頭中長出椰

---

[26] 李子賢前揭書,頁244-245。

[27] (日)大林太良:〈南島稻作起源伝承の系譜〉。

子，從指頭生出檳榔，兩腿則長出玉米，皮膚化出葫蘆，從喉嚨生出甘蔗，自膝蓋長出芋頭。[28]

印尼阿洛島西北的神話講述兩個姊妹被自己的哥哥殺死，從她們的身體裏各長出了稻米和玉米。阿洛島的西南另一個神話的情節，是一個老婦人，要求兒子殺死自己，她的身體在田裏面長出了稻米，而從牙齒長出了玉米。[29]

西爪哇的神話說，至高神巴塔拉・古魯（濕婆神的化身）忘乎所以，一心想娶義女斯莉為妻。眾天神為維護天堂秩序，只好將斯莉殺死，埋在人間。隨即，從斯莉的頭部長出椰樹，眼部長出稻穀，胸部長出糯稻，腹部長出桃椰樹。[30]

中爪哇的神話則說，至高神巴塔拉・古魯收養了兩個孩子，一個是男孩，叫薩達納；另一個是女孩，叫斯莉。哥哥成年後執意要取妹妹為妻，義父極力阻止無效，便將薩達納咒死。妹妹思念哥哥，終日哭鬧不止，義父發怒，又將斯莉咒死。不久從斯莉的墳墓上長出稻穀和幾種其他農作物，而薩達納的屍體則變成了幾種野生動物。[31]

在東部印度尼西亞塞蘭島上的韋馬萊人中，流傳這樣一個為民族學家極為重視的典型神話：

---

[28] Mabuchi, Toichi ''Tale concerning the Origin of Grains in the Insular Areas of Eastern and Southeastern Asia.'' *Asian Folklore Studies* 23(1), 1964, Society for Asian Folklore, Tokyo. pp. 52.

[29] 同前註，pp. 70.

[30] 陳崗龍、張玉安等著：《東方民間文學概論》第三卷，頁541。

[31] 同前註，頁540-541。

　　從前，在聖地塔麥勒住著九個家族。一天，一個叫阿梅塔的小夥子外出打獵，獵獲一隻野豬，發現野豬的獠牙上掛著世界第一顆椰果核。當晚，阿梅塔得到神祖的啟示，讓他將椰核種入地裡。阿梅塔照辦。三天後，一顆高大的椰樹破土而出。又過了三天，椰樹綻開了花朵。阿梅塔情不自禁地攀上巨樹，擷取椰花，不慎被樹枝劃破手指，鮮血滴落在花萼上。九天後，一位纖巧迷人的姑娘在花萼上赫然顯現。阿梅塔驚喜萬分，深情地稱她為「海努維勒」，意思是「椰子枝」。海努維勒生來就有排洩瓷器、銅鑼等寶物的異常功能，因而遭到全體村民的嫉妒。一日，九族村民相聚跳舞，連續九日通宵達旦，狂轉不停。他們把海努維勒維在中間，逼著她把寶物分給村民，海努維勒慷慨應允。可是，到了第九天，妒火中燒的村民們還是把海努維勒推入土坑裡活活埋掉。阿梅塔得知消息，急忙趕來尋找姑娘的屍體。他接連在地上插九片椰葉，使姑娘的頭顱和鮮血顯露出來。隨即他把姑娘的屍體挖出，切成碎塊，分散掩埋在許多地方。不久從這些地方長出各種農作物，其中最多的薯類，即當地人用作主食的甘薯。[32]

---

[32] 同前註，頁541-542。

三、原住民的盜穀種神話

　　臺灣原住民各族幾乎都有小米的神話傳說。而小米神話傳說的採錄調查從日據時期就開始了，一直到現在都持續著，還是有些老人家能夠講述。以下就是各族的小米神話傳說。

排灣族的小米大都來自天上

　　排灣族的粟種起源神話流傳極為普遍，大都傳說小米、芋頭等作物是祖神特別從天上或地下取來的，在取穀的過程中，就會出現許多偷盜的情節。學者的採錄，幾乎許多落部都有粟種神話。

　　上calisian番芒社、墩仔兩社流傳：最初我們的祖先男女兩人，從池底的石頭生出時，吠叫使水退去的靈犬不知從何處取來粟種授給我們的祖先，此即本番有小米的來源。[33]其中提及狗取粟種神話。

　　drekai番paridrayan社所傳：父對瓢歌唱，就長出小米及稗等的種子，拿給其子讓其播種，據說此即為本社小米的起源。[34]這樣的作物起源神話極為特別，對著瓢唱歌即長出小米及稗，充滿

---

[33]　（日）小島由道主編：《番族慣習調查報告書》第五卷排灣族・第一冊，（臺北：中央研究院民族學研究所，2003），頁124。

[34]　同前註。

作者在排灣族的小米田（拍攝者：莊美芳）

一種天真詩意的想像，在其他族群中很罕見。

ravar番paridrayan社所傳：昔時我們的祖先在tavalan從大岩石的裂縫生出，並無食物可吃，便嚼岩石過活。然而cauv（始祖）之女kulali從其友muakai得到少許小米及芋頭的種子，藏在頭上歸來並種在tavalan。[35]值得注意的是，粟與芋頭藏頭上的情節。

Vaculj番下paiwan社所傳：最初本社的祖神saljimlji到地下界得到粟種數粒歸來，將其播種在屋簷下，不料收成很好。乃取其中一小粒放入鍋中煮，竟成為滿鍋的飯，試食後因其味美，便分給眾人。這就是今日我們做為主食的小米之起源。[36]此為祖先取

---

[35] 同前註。
[36] 同前註。

回型，且提到一粒小米可煮一鍋飯的神奇。

Vaculj番puljti社所傳：據說粟種是最初saljimlji到地下界取來。[37]此也為祖先取回型。

Vaculj番kulaljuc社所傳：往昔本社的主神salamadang以客人的身分降到地下界盜取各種作物的種子，拿回來傳給地上的人。據聞他當時在鼻中藏樹豆，指甲間藏小米，頭布下藏一種豆，耳朵則藏另一種小豆，兩手拿著藜、芋頭及番薯的種子歸來。[38]這則神話是罕見的多種雜糧起源的說法，粟種藏於指甲中。

北paiwan番kuavar群社所傳：太古時，本社的祖神在山上做一大柵欄，將很多的骨片種植在地上，並祈禱曰：「請趕快發芽成長」，結果從該骨片生出山豬、鹿、山羊、羌等云云。據說小米、芋頭等農作物亦是祖神歌唱創造的。[39]

Kuvulj番各社所傳：據說在太古時，神人以歌唱創造人類後，造出小米、芋頭、稗等之種子，在本群也有煮一粒小米就變成滿鍋的傳說。[40]歌唱創造小米、芋頭，甚至歌唱創造人類，這樣的情節似乎是排灣族極為特殊的。

paliljauz番sabdiq群社流傳的神話極為典型：

> 往昔本族中某人在天上界有一個朋友，因天界小米、芋頭都很豐盛，乃求取其種子，但朋友吝惜不給。於是那人上

---

[37] 同前註，頁125。
[38] 同前註。
[39] 同前註。
[40] 同前註。

天竊取小米、芋頭的種子，將其放入陽物之穴中，然後降到此sabdiq之地來，將其播種土中，此為我社農作物之起源。當時一粒小米就能使四、五人飽腹，因此番丁們外出時各自把數粒小米藏在食指指甲縫而行。又當其用餐時，取其一粒烹煮，增加成為滿鍋的飯。故在狩獵等時，只要帶四粒去即可過三夜。然而有一孕婦，將其簸箕中的小米取出，同時投入開水中，結果鍋破裂，熱水迸出而小米四散，孕婦被此噴中而死亡了。從此以後小米若不煮多就不足以飽腹。[41]

以上這則神話是粟種神話中常見的，上天偷小米、芋頭種子，為了怕被發現，藏於生殖器中。而小米是有神奇性的，一粒米可以煮一鍋飯，可以讓四五個人飽腹，小米也可藏於食指的指甲中。後來，小米的神奇性因故消失。

筆者到屏東來義鄉古樓村採錄一則資料，故事中講述小米是天上女神所給的：

有個女神從天上下凡，看中一個男孩，帶他上天五天，當他要回到人間時，就給他小米種子、地瓜、palinana、豬骨頭，並告訴他小米要種在石板接縫的地方就能生長，而骨頭就放在養豬的地方。第五天放骨頭的地方了出現一

---

[41] 同前註，頁126。

公一母的豬，而小米也長出來。那時，一粒小米就可以煮一鍋飯，上山工作時就將一粒小米放在指甲中。地瓜葉也會長出很多地瓜。女天神與男子完成工作後就結婚了，生了五個孩子。第一個和第二個孩子都是女孩，後來成為巫婆；第三個是男的，擔任祭司的工作；第四個是女孩，也是巫婆，全身盛裝、亮晶晶的，可以像小鳥一樣飛到天上，把東西獻給天神。第五個是女孩，也當巫婆。天神交代，四個女兒如果生小孩，要將採收的小米獻給天神。母親吃了小米之後，奶水會增多；孩子長大可以說話後，小米要當作成年禮食物；結婚時，要釀小米酒、做米糕。小孩結婚後，男方要帶兩頭豬給女方，一大一小，那是神給排灣族小豬的意義。在屋頂宰豬、烤豬時煙要達到天庭，告訴天神。豬肝、豬舌要給頭目，大豬的雙腿要分配給男女雙方家長。要製成小米酒需要三種藥，三種花藥放入小米酒，會使小米酒很香醇。製作方式是將三種花藥川燙後揉進小米中，再曬乾，放入甕中，一星期就可以喝。小米可以磨成粉，做小米糕、饅頭、湯圓、小米粽。嬰兒祭時，煮好小米後，一粒一粒放在榕樹葉上，二十片就放二十粒。祭祀過天神後，給產婦吃榕樹葉上的小米飯，會有奶水。小米要在祭拜過後才能採收，用豬骨去祭祀，才能在採收小米時越採越多。[42]

---

[42] 講述者：范秀娥，87歲，受日式教育，以排灣語講述；邱芳雲翻譯，67歲，小學畢業，鹿憶鹿於2009年7月16日屏東來義鄉古樓村採錄。

小米田（拍攝者：莊美芳）　　　小米收穫祭（拍攝者：莊美芳）

　　筆者曾多次到屏東太麻里拉勞蘭部落、撒布優部落的小米田，當地種小米的情形還相當普遍，尤其是拉勞蘭部落，每天都有小米收穫祭的儀式，筆者已經去參加多次的小米收穫祭活動。

　　阿美族神話中，小米也常與天上的神有關。古時候，天上兩個神到地上來，生下兩兄妹。兩兄妹隔著打過洞的山羊皮發生關係，他們有了五個孩子。有一次，母親病了很久，覺得耳朵癢，抓了一抓，結果有小米冒了出來。孩子們就決定種這顆粟，但父母認為此事必須向天上的神報告，二神就教授粟的栽培法、收割法及相關的祭祀細節。[43]

　　粟種來自天上當然顯現某種神聖性。

[43]　（日）小川尚義、淺井惠倫：《原語による臺灣高砂族傳說集》（臺北：南天書局，1935），頁447-448。

魯凱族、鄒族等部落的小米大都來自地下

魯凱族與排灣族神話中都提及小米藏指甲中,也同樣包括一粒小米煮一鍋飯的神奇情節。

Vaculj番kulaljuc社所傳:

> 往昔本社的主神salamadang以客人的身分降到地下界取得穀菜的種子,拿回來傳給地上的人。據聞他當時在鼻中藏樹豆,指甲間藏小米,頭布下藏lenguin(豆之一種),耳朵藏kavatjang(小豆之一種),兩手拿著藜、芋頭及番薯的種子歸來。[44]

精彩的地底偷小米神話情節,魯凱族的作家奧威尼《神秘的消失》中有詳細的記載:

> 矮小的一對夫婦,從村落西方一處往地底下的通路。狹窄的路,只有矮小的人才能進得去。起初他們剛進去時,他們倆夫婦沿著黑漆漆的臺階緩緩走下去,走了一段曲折的路,慢慢感覺出口的一小點燈光,愈走愈明。他們來到出口,豁然是另外一個燦爛的世界,再走一段便是一處

---

[44] (日)小島由道編:《番族慣習調查報告書》第五卷排灣族・第一冊,頁125。

大樹，是當地的人休息的地方。從大樹那裏可以眺望一
望無際的層層疊疊的山嶺，在肥沃而蓊鬱的叢林間，他
們以過人的智慧想要甚麼就能創造出豐富的糧食，因此
是社會祥和幸福的國土。據到地底下羅糧的人說：「所有
的房子都是石板打造的，路面也都是用石板鋪成的，每一
間石板屋和每一條路都是精心製作的。那裏的人所說的話
和他們的語言不太一樣，可是他們倆夫妻懂得一點，所以
跟他們說話可以了解。他們都很好客，家家戶戶都在邀請
他們來到自己家裡一起吃禮餐。那裏家家的檐桁都有雕刻
（……）。他們的五穀雜糧特別豐富，應有盡有，兩夫婦
很想帶一些種子回家，可是他們沒有帶要來交換的東西，
即使一兩件，都是沒有交換的價值。失望之際，他們想出
一套方法，偷偷把小米、高粱、灰藜的種子塞進他們的指
甲縫，樹豆塞入耳朵裡，長豆塞進鼻孔裡，大豆莢則塞進
肛門，這是這種豆子吃了之後，之所以有一種人糞發酵酸味
的原因。他們倆親切的向當地人一一話別之後，就朝原路回
去，他們快到人間最後一個臺階時，他太太懷著孕頂著大肚
子，把手中的苧麻線塞在她腰褲說：「我好累啊！」這麼一
說，她突然變成石頭把往地底下和平王國的通道堵住，只
剩她的丈夫回到人間，把偷來的種子給族人種植生產。[45]

---

[45] 奧威尼・卡露：《神祕的消失——詩與散文的魯凱》（臺北：麥田出版社，
2006年），頁148-149。

魯凱、鄒族、拉阿魯哇族、卡那卡那富族都強調小米是從地底偷來的。

阿里山的鄒族神話中談及他們的地底人有穀物。從前，當人們還居住在新高山時，不僅不懂種栗，也不知種稻，所以經常獵捕熊、鹿以及豬等獸物為食。某日，一名男子發現山芋，知道那是難得的食物，就沿著山芋的根部往下挖掘，可是這個山芋實在太長了，挖掘過的地方竟然形成了一個數十尋深的洞穴。社人們看到這個洞穴，紛紛議論：「哎呀，這個洞實在太深了，誰敢走進去看看呢？」此時，某個善解人意的男子說：「我進去看看好了！」於是拿來一條長藤，沿著藤蔓爬下洞穴。但進入洞穴之後，男子又發現了一個更大的洞穴，還看到裡面有許多人在用餐。他好奇地湊近查看，才發現那些人都沒吃堅硬的食物，只吸著食物冒出的蒸氣。男子無法理解這是怎麼一回事，就問他們，到底是什麼東西的蒸氣，對方回答是米的蒸氣。男子立刻要求對方分送一些給他，他們很爽快地答應。於是，男子把米裝入袋子，再度沿著藤條爬出地面並且把地底的遭遇告訴大家。眾人聽了以後都覺得很稀奇，紛紛跑到地洞旁邊觀望，也有很多人準備到地洞裡去看看。不過，後來再也沒有聽說有人真正進去過洞裡，也許是進洞後就不想再回來了吧。無論如何，我們現在所吃的米，就是當時從地底拿出來的。現在山上有一種草名叫suppi，據說，從前每當米糧不敷使用時，皆種此草來替代。[46]

---

[46] （日）佐山融吉編：《蕃族調查報告書》第三冊 鄒族，頁101。

荖濃溪的拉阿魯哇族神話情節差不多。從前，有對男女前去挖掘山芋，當他們沿根部挖下去，挖出一個大洞。兩人為探究竟因此收集了許多鹿角，用繩子綁成梯子，沿著洞口爬入地裡。一到洞底，只見四周放著許多物品，都是他們未曾見過的。原來這兒是地底人吃飯的地方，兩人覺得稀奇，伸手便抓了許多東西。男子將小米塞入指甲縫，而較大的東西塞進肚臍眼，更大的東西，無處可藏，則置於頭頂當斗笠。而女子於下身私處藏入許多東西，因此肚子鼓起，連爬樓梯都很困難。他們一步步地往上攀爬，最後回到地面。當來到某處懸崖時，兩人大力地吐了一口氣，不料懸崖卻突然崩塌，女子不幸遭壓死。男子無可奈何，只好單獨返家，並把偷來的東西植於院中。不久，小的種子生出小米，大的種子長出豆子，而當斗笠使用的東西竟結成芋薯。第二年，男子有了足夠的種子，遂開闢出一塊園地，專門種植那些植物。今天我們有小米食用，全是男子的功勞。但是，每當族人經過斷崖時，都不敢大力吐氣，以免遭逢意外。[47]

　　卡那卡那富族的神話說，從前社裡有個男子，某日挖掘山芋時，發現愈挖地洞愈大，於是好奇地放了一個梯子，欲探究竟，結果發現洞內有屋，還住著一個人。男子到地下人屋裏，初次見到用粟做的麻糬，咬了一口，咀嚼之後，覺得味道很好，於是要求帶一些粟回去。地下人立刻送給他一些粟、大角豆以及樹豆等。男子回到地上以後，就把那些種子播種下去，今天番社才有

---

[47] 同前註，頁163。

這麼多的粟和豆類種植著。所以，現在的人在割粟祭時，都會祭拜地神。[48]

偷盜與藏穀

　　弗雷澤在《舊約中的民俗》提到阿美族的神話，包括有懷孕中的婦女耳朵長出小米的情節。洪水時，兄妹躲進了一個木臼裡倖存，倖存的兄妹婚配，妻子懷孕時，從她的耳朵裡長出小米。[49]阿美族的神話情節一再出現在學者的調查中，並非懷孕女人的耳朵長出小米，而是生病後耳朵癢的女人耳中長出小米。穀種藏於指甲是普遍的，不過，原住民的神話中，偷盜穀物的過程中藏於生殖器還是比較常見的。

　　伊莫羅茲多社的達悟族神話中則敘述，古時，紅頭嶼沒有粟，可是聽說在臺灣本島有，於是便有男女數人到臺灣取種子，一個機智的女人將粟種藏在陰部，所以順利帶回，此為島上有粟的開始。[50]

　　小米都是從遠方異域所偷來的。神話中有的講述女人偷粟失敗而男人成功，有的只講男人偷粟，而有的則強調是女人偷粟成功，共通點是，藏粟都是在生殖器中，可見生殖器是身體中較隱

[48] 同前註，頁214。
[49] J.G.Frazer, *The Great Flood*, Macmillan and Co. Limited St. Martin's Street London, 1918, pp. 226-227。
[50] （日）佐山融吉、大西吉壽：《生蕃傳說集》，頁286-287。

密之處。

臺灣南島語族的偷粟種神話都隱藏在生殖器中，尤其以男人的生殖器為主。南太平洋的南島語族則大都將穀種隱藏在身體其他部位，玻里尼西亞和臺灣一樣也出現了隱藏生殖器母題的神話。[51]

薩摩亞群島有個偷取芋頭的神話。一個男人和他的家人去了一個地方，將魚和爬蟲類的神從芋頭田趕出去。後來雙方議和，男人雖然約定不能接觸到芋頭，但是他偷到一顆芋頭，並把它藏在自己的尿道中帶回地上種植。之後，男人又和地上的人打鬥，獲得了用於料理芋頭的火，並學得取火法後，再回到地上。[52]

宮古島的神話講述，天神將女兒降落到宮古島讓他進行島的開創，天神給了女兒各種各樣的穀物，但唯獨不給黍，於是女兒將曬在院中的黍藏於褲中並盜回島上，女兒與小矮人相會，並成為他的妻子，一同開創了宮古島。大林太良特別提及宮古群島與臺灣天女帶來型神話有一定聯繫，大概同屬南島地區古代雜糧栽培神話的一部分。[53]其實，我們在原住民的神話中罕見天女帶來型。

四川省阿壩地區的藏族，也有天女將穀物藏于身體各部的說法，某青年承鳥的指教娶天女為妻，天神給了他們油菜和無根的種子，天女的姐姐們給了他們青稞大麥、麥、蕎麥、蠶豆和豌豆

[51] （日）大林太良：〈オ─ストロネシア語族の作物起源神話〉。
[52] 同前註。
[53] （日）斧原孝守著、郭永斌譯：〈雲南和日本的穀種起源神話〉，《思想戰線》，1998年第10期，頁43。

的種子，天女將青稞大麥和麥含在口裏，將蠶豆和豌豆分別塞在耳朵裏和鼻孔裏，將蕎麥藏於指甲縫中帶回人間。[54]這個在身體上藏穀的母題，與偷盜母題並不吻合，也不屬於死體化生型，反映的似乎是多種栽培作物的現象，與臺灣東部的排灣族Vaculj番kulaljuc社神話近似。

菲律賓的納波里人神話中，天神把一位老人帶到天堂，並用米飯招待他，老人覺得很好吃，但神並不打算給他，於是臨走時他偷偷拿了一把稻穀，藏在口中帶回了人間。[55]

穀種如果得來不易，幾乎都要偷盜，偷盜時都以藏在身體中為主，而原住民的粟種大都以藏在男性的生殖器為主。生殖器或許與生殖並無關係，或許並無任何象徵意思，並不用搬出佛洛伊德來解釋一番，生殖器只是身體的一部分罷了。至於為何都是男人去偷盜？可能與男人的出外獵捕有關。

---

[54] 同前註。
[55] 史陽：《菲律賓民間文學》（銀川：寧夏人民教育出版社，2011），頁45。

四、粟種的黃金時代

　　從往昔學者的記錄到近日筆者的採錄，排灣族的神話中小米都是來自天上，而小米的祭儀也是天神指示，並且原先的小米有其神聖性，一粒小米可以煮一鍋飯。在枋山、枋寮等地所採錄的排灣族資料中，都有關於小米神聖性的神話。排灣族各部落都講述小米來自天神，而一粒小米能煮滿一鍋飯也來自天神的指示，這是小米神聖性最好的說明。

　　天神有一日交代地神要好好照顧土地及人民，作物收成時也得向天神報告，到時天神會告訴人們祭祀的儀式，並且人民要五年奉獻一次。之後，便賜數十粒小米（vago）種子給他們，並交代收成之後只能吃一粒。果然時人只要煮小米一粒就能煮滿一鍋。但有一孕婦，她偷偷煮了一把小米，結果被燙死。天神知道後大怒，罰他們工作勞苦，有天災和疾病，從此煮小米也要煮很多才夠吃。現在，排灣族孕婦的禁忌也特別多，其中就包括不能用手抓小米，不能煮飯。地神後來嫁給了Saloorlor，生有三女及一子，其子Bularelen為巫之始祖，也是排灣族的祖先。[56]

---

[56] 龍寶麒：〈排灣族的創始神話〉，《邊政學報》第3期，1964年，頁21。

　　神話中常說，從前一粒小米就可煮出滿滿一鍋飯。因此，人們外出狩獵時，就在指甲縫塞進幾粒小米。可是，有個孕婦有次竟然放入許多小米烹煮，惹怒天神，從此之後炊煮的飯量不再增多。[57]

　　古時天空垂得很低時，僅烹煮一粒小米，就可養活一家數口。可是，有次某個人竟一次放了許多小米下去烹煮，結果鍋內小米膨脹得充滿屋子，家人幾乎都無立足之地。從此之後，小米就不再有煮了會增多的情況。[58]

　　卑南族的神話說，從前，一粒小米可以煮一鍋飯。

　　　那時候，小米種在房屋周圍，如果丈夫要出外工作，妻子衹要到門外摘一顆回來煮，就可以做一個飯盒讓丈夫帶著吃。有一次，有一個孕婦，她的丈夫上山工作了，她獨自在家，懶得煮一次飯出去拿一粒米，心想，乾脆多拿一些一次煮吧，免得每餐做飯。於是她去拿了許多小米放進鍋裏煮，結果滿屋子都是飯，把門也給堵住了。孕婦一看情形不好，要往外跑，但是已經逃不出來，最後被飯燙死了，她死後變成一隻瞎眼的田鼠，整天在田裡鑽洞，不敢露面。[59]

---

[57] （日）佐山融吉編：《蕃族調查報告書》第八冊・排灣族，頁281。

[58] 同前註，頁284。

[59] 金榮華：《臺東卑南族口傳文學選》（臺北：中國文化大學中國文學研究所，1989），頁146-147。

收穫的小米（拍攝者：莊美芳）

　　卑南族神話中的孕婦死後變成一隻瞎眼的田鼠，似乎也是粟種神話中常見的情形。根據後來學者在苗栗縣南庄鄉所做的賽夏族神話採錄中講述，有一次老鼠銜來小米，於是人們便開始種植小米，並做成糯米糕吃。又有一說敘述矮人教導煮小米，當時只要一粒米就能煮一鍋飯，後來因得罪矮人被下詛咒，此後必須放很多小米才能煮成一鍋飯。[60]除了老鼠，小鳥更是粟種神話中常常出現的重要角色。

　　魯凱族與排灣族、卑南族的神話類似，同樣有一粒小米煮一鍋飯的神奇情節，而其中的孕婦死後變成了小鳥。

---

[60] 金榮華：《臺灣賽夏族民間故事》（新北：中國口傳文學學會，2004），頁145-146。

那時候，我們的祖先煮飯只放一粒小米，一粒小米煮成的飯就可以使一大家人都吃飽。但是為什麼現在我們做不到了呢？因為有兩名婦女壞了事。這兩名婦女的膽子很大。有一次，她們在一起煮小米飯。不過她們不是只用一粒小米，而是拿了許多去煮，就在水要開的時候，小米膨脹得很厲害，轉眼之間，屋裡滿地都是那些小米，而且還不斷從鍋裡溢出來。看這個情形，那兩名婦女嚇得趕緊向外逃。可是，她們兩人中有一個是懷孕的，行動比較慢，剛逃到窗口，就被溢出來的小米燙死了。另外一名婦女逃了出來，她就是把這件事講出來的人。經過這次事件後，大家便再也不能用一粒小米煮一鍋飯了。那個被燙死的孕婦變成了小鳥。每當小米要成熟的時候，我們所見那些嘰嘰喳喳地啄食穗粒的小鳥，就是她的後代。那個逃得性命的婦女名叫麻娃涅，她的丈夫名叫基告。我們現在每次祭小米神之前，會先去米倉向他們夫婦兩人祝禱說：「我們一直不能像過去那樣以一粒米吃飽一家人，這是你們惹的禍。希望你們能把那種一粒可以煮一鍋的小米給我們。」[61]

　　泰雅族的神話中，小米也是變成小鳥飛走，小米的神奇性就消失了。

---

[61] 金榮華：《臺東大南村魯凱族口傳文學選》（臺北：中國文化大學中國文學研究所，1995），頁25-27。

從前祖先們外出時，皆把一小穗的粟夾在耳朵，飢餓時炊
煮一粒，即可飽腹。可是，有個傻瓜，竟然一次把兩粒粟
放入鍋裏煮，結果擠破了鍋子，粟還變成鳥飛走了。鳥臨
走時告訴人們：「你們破壞了古老的習俗，以後要煮粟，
粟再也不會增加，而且整年必須辛勤工作，否則無法吃
飽。另外，若有一年豐收，下一年則會歉收。」[62]

　　被燙死的孕婦，或是被煮的小米變成了小鳥，這的情節讓
我們想到，原住民的小米神話的起源常與小鳥的角色有關。嘎拉
彎社的賽夏族神話說，一個男子拿小石頭丟擲小鳥，小鳥受到驚
嚇，掉下嘴巴叼著的顆粒，飛走了，男子拾起來帶回去栽培，原
來就是好吃的粟。當時只要播一粒粟，就可以有差不多兩斗的收
穫。現在的稻米是山崩後長出來，用它做為種子的。[63]小鳥是帶
來粟種的英雄，或許也是小米的化身，因此，小米的神奇性消失
後，又變回小鳥的原型。

　　泰雅族族神話中，半粒小米就可以煮一鍋飯，日據時期與近
年採錄的資料中，都有神奇小米的神話。

　　古時，祖先曾用老鼠帶來的種子，播在地上，不久長出粟
穗並結果，這便是粟的濫觴。當時之粟，只需一粒便夠
四、五人安飽，且粟穀成熟後會自動走入穀倉，不用人去

---

[62] （日）佐山融吉編：《蕃族調查報告書》第七冊　泰雅族後篇，頁170。
[63] （日）佐山融吉、大西吉壽：《生蕃傳說集》，頁288。

收割。但有個喜歡惡作劇的傢伙，有一次將粟切成兩半，
從此，那些粟的優點消失了。[64]

以前用半粒的米就可以煮一鍋飯了。有一次一個年輕人煮
飯，把一整粒米放進鍋子裡面加水煮，結果整鍋的米多到
都滿出來了。祖靈覺得他太貪心了，糟蹋食物，就告訴他
從此沒有這麼好的福氣，以後再也沒有用半粒米就可以煮
一鍋飯的事情了。[65]

　　賽德克族的神話講述，小米是神奇的，半粒米煮成的飯十個
人都吃不完，因為人的懶惰，煮的小米變成小鳥飛走了，而小米
的神奇性也消失了。

以前有一個人在住家旁邊的土地種小米，種下去三粒收成
也是三粒。把一粒割成一半，煮成的飯，十幾個人都吃不
完，所以三粒小米，幾個月都吃不完。後來這個人偷懶，
想一次煮一粒，可以省事，沒想到煮了半天，煮不開，鍋
裡有小鳥的叫聲，打開鍋子，小鳥飛走了，後來反過來吃
人們所種的小米，以後的人要很努力地種植，才能吃飽，
而且又有小鳥來吃小米，大家要很費力地守護小米田，這

---

[64] （日）佐山融吉編：《蕃族調查報告書》第七冊 泰雅族後篇（臺北：中央研
　　究院民族所，2010），頁164-165。

[65] 劉秀美：《臺灣宜蘭大同鄉泰雅族口傳故事》（新北：中國口傳文學學會，
　　2007），頁19。

都是因為懶惰的結果。[66]

　　拉阿魯哇族四社蕃的神話中講述，太古時，大地上還沒有任何食物，從石頭中出來的女神向天乞求食物。住在天上的神，聽到祂的聲音後，賜了很多的魚類、獸類、米等東西。女神取來一粒小米，把它切成兩半，煮成滿鍋飯。[67]

　　郡蕃的布農族流傳，古時候，人是用雙手搓粟以去殼，後來人們將木頭鑿出凹槽以當臼，再用杵來搗粟。據說當時一粒粟就足以養活全家，但後來因零碎的粟掉入石牆縫內並變成了老鼠，粟也因此不再增加。[68]原住民有許多小米變老鼠或變小鳥的情節，可能與穀倉或小米田中常出現老鼠或小鳥的情形有關。

　　　　相傳，古時候的人只要煮一粒小米，就可以讓家人都吃
　　　　飽。因此在布農人看來小米是無比神奇的穀物，每一餐都
　　　　很珍惜這一粒小米，小心地把它煮成一鍋飯，讓一家人吃
　　　　個飽，大家過著不愁吃，快樂的生活。但是有一天，部落
　　　　裡有一戶人家的懶惰婦女，覺得每天每餐只煮那麼一粒小
　　　　米，一天還要煮三餐不是太麻煩又太沒腦筋了嗎？自認自
　　　　己很聰明的這位婦女，異想天開的抓了一把小米放到鍋裡

---

[66] 許端容：《臺灣花蓮賽德克族民間故事》（新北：中國口傳文學學會，2007），頁223。

[67] （日）佐山融吉、大西吉壽：《生蕃傳說集》，頁577。

[68] （日）佐山融吉編：《蕃族調查報告書》第六冊・布農族前篇（臺北：中央研究院民族學研究所，2008），頁199。

去煮，她想一次就煮好幾餐份的飯，這樣可以省掉一天煮三餐的麻煩。可是，當小米快要煮熟的時候，一粒粒小米都膨脹的從容納不下的鍋口溢了出來，流得滿地都是滾燙的小米，把煮飯的婦女也燙死了。從此，布農人更以虔誠的心來看待小米，不但不敢浪費任何一粒小米，即使是小米的耕作也都以虔誠的心來播種，除了要遵守許多禁忌之外，從開墾播種到收割入倉，也都要舉行相關的祭儀求神保佑能夠順利。[69]

一日，Nakao突發高燒，變成聾子，且耳朵很癢，他伸手挖耳朵，挖出一種圓圓小小的粒狀東西，隨手往地上一扔，幾天後，該處長出幾顆小草，後來又結出小果，取一粒來煮，變成數小粒，Nakao另取一粒，切成數片，取其中一片，剛好煮出一鍋飯，這便是粟，因被切過，粟殼的表面才有如今可見的條痕數道。[70]

從以上各族的小米神話傳說可歸納出幾個特點，小米的來源幾乎不出天上、地底或遠方，是一個神聖的他界所有。而小米有時是偷來的，又常是半顆、四分之一顆、一小片或一顆就可以煮一鍋飯，小米是神奇的神聖的，很少的小米就夠許多人吃了。

---

[69] 林道生：《原住民神話與文化賞析》（臺北：漢藝色研文化，2003），頁55-56。
[70] （日）佐山融吉編：《蕃族調查報告書》第二冊 阿美族奇密分社（臺北：中央研究院民族所，2008），頁95。

不論是半粒米或一粒米煮一鍋飯的神話，都能見出小米神話的神聖性，而神聖性當然是表現在原住民的小米農耕儀式祭典的信仰中。我們可以說，原住民的神話傳說中，最能彰顯原住民文化意義的莫過於神奇小米的神話母題。臺灣原住民常是以小米的神聖性來講述一個黃金時代。

　　除了神奇小米能表現原來的黃金時代之外，北勢蕃泰雅族還講到柴薪能自己走路進到屋裏。故事中說，太古時候有很多不可思議的事物。耳飾的竹管放幾顆粟，就夠幾十天旅行食用，一兩根鹿或山豬的柔毛可以變成一鍋美味的肉，諸如此類的事廣泛地流傳著。粟一熟，就會自己走路進入穀倉，柴薪也能自己走進人家，因為如此妨礙到婦女的織布而被罵。東西放進叫「塔烏康」裏面，也不必假借人手，自己就能運走，因此非常方便。但有一次，裝著很重貨物的「塔烏康」在走路時，埋伏在半路的叫西嘎斯的笨人，出其不意地跳出來嚇它，可憐的「塔烏康」嚇得站不起來，從此，就完全不會走路了。現在，大熱天必須揮汗揹著「塔烏康」攀登羊腸小道，就是因為西嘎斯惡作劇的報應。[71]

　　賽夏族大隘社的神話情節與泰雅族類似，說「卡喔伊」與「塔烏康」一樣，會自己走路。因為有些社人嫉妒，有一次當「卡喔伊」運肉回來，突然從草叢中跳出來嚇它，從此，「卡喔伊」就不能走路了。[72]

　　南澳蕃的泰雅族則說，從「拚沙巴康」的石頭出來的最初兩

[71] （日）佐山融吉、大西吉壽：《生蕃傳說集》，頁674-675。
[72] 同前註，頁675。

個人，是有神力的。裸體而感到冷時，呼喊「需要火」，就有柴薪燃著從山上下來；口渴時，說「想喝水」，還沒說完，水馬上來了。想要甚麼吃的肉類，山豬或是鹿就立即來了，留下毛，再自行離去。用畚箕在毛的上面蓋一下，再拉出來，就變成可口的肉了。[73]在神話的想像講述中，以前不工作就有的吃喝的黃金時代。

萬大社的泰雅族也說，太古時候，鳥獸和人住在一起，當人想吃肉時，就呼來鳥獸，拔取三根毛，用畚箕蓋著就會變成肉。但有貪心的男子想要一次拿到很多肉，殺了獸類，獸類怒而遁入山中，不再接近人類。又，那個時候是名叫密諾茲通的祖先賜予穀類的，但有一個男子用繩子套著密諾茲通，拉著催促說：「給我啦！給我啦！」，過分的動作，使他很煩，罵說：「你這麼懶惰的人，連後世的情況都可以想像得到，愚蠢的傢伙！」男子心生怨恨，用熱開水淋死了這個恩人。自此之後，人們就再也不能受到任何恩惠了。[74]神話中講了黃金時代，也會很快講述黃金時代的消失。

泰雅族有一些部落也流傳著，古時候，有一個名叫布塔那萬的頭目。那個時候，不管是粟或黍，煮一粒，就足以養一家數口有餘。而且獸類以至於柴薪、用水等都會應布塔那萬的叫聲，快速前來。可是，後來有一個叫做克內雅坦的蠻橫的人，一次用很多的粟煮，粟就變成匹几茲鳥，飛走了。柴薪本來會自己走來，但克內雅坦等在路上嚇它，從此也怕得不再走路。[75]

---

[73] 同前註，頁676。
[74] 同前註，頁676。
[75] 同前註，頁677。

老人囤積家中的小米（拍攝
者：莊美芳）

　　布農族丹大社則說，古時候，柴薪會自動走來人家，但有一
天，經過某女子在織布時的旁邊，弄斷織線，女子很生氣，罵它
白癡。自此之後，柴薪就不再走路了。[76]

　　前文所說的「飛來稻型」常常說到最早的稻米是巨大的，後
來縮小成現在的樣子。古時，穀物顆粒很大，像雞蛋或蘿蔔一般
大，會自動飛入穀倉。後來，穀粒被一懶婦人用木棒打碎，才變
成今日顆粒很小的樣子，也不會飛了。大林太良研究泰國西北部
阿薩姆山地民族以及麻六甲北部和菲律賓等地都有分布，這種飛
來稻神話，與其說是在解釋水稻本身的起源，不如說是在解釋遠

---

[76] 同前註，頁677。

古時期的黃金時代，稻米因為被毆打或辱罵而變小，代表黃金時代的結束。[77]這樣的穀物飛來型神話在原住民中並不罕見，卻未引起早期的學者注意，被歸納的飛來型例子中，少見原住民的神話。

筆者去屏東霧臺魯凱族吉露部落，老人非常珍惜他收穫的小米，囤積在家中多年，小米已經不只是一種食物，而是一種神聖物，是家族興衰的象徵。

金榮華在《台東卑南族口傳文學選》的情節單元索引中，將這樣的單元編號為F815.4.2，名為「神奇稻米，少量飽眾人」。[78]可這樣的情節單元大都見於稻作神話的族群中。

原住民所建構的神話最終一定失去，回到現實的時空來。而原住民各族在解釋關於神奇小米消失的原因都頗為相似，大概是由於有人太貪心拿過量的小米來煮飯，造到天譴。例如，泰雅族的故事裡講到半粒米或一粒米就可以煮一鍋飯，卻因為有人太貪心，拿了超過份量去煮飯，飯都溢出來，神很生氣就把這樣的好處收回；或是有人惡作劇把小米切成兩半，從此小米的所有優點都消失了。花蓮賽德克族是因為有人太懶惰，不想一次只煮半粒或一粒小米，或是耳朵重聽又啞巴的人搞不清楚小米應煮多少份量，煮出來的小米剩下太多，所以小米的神奇力量被收回，族人以後必須很努力的工作才能種植小米。鄒族特富野社的口傳故

---

[77] （日）斧原孝守著，張正軍譯：〈日本群島的飛來稻神話遺跡〉，《稻作與祭儀：第二屆中日民俗文化國際學術研討會論文集》（昆明：雲南人民出版社，2003），頁500-510。

[78] 金榮華：《台東卑南族口傳文學選》，（臺北：中國文化大學中國文學研究所，1989），頁177。

事則是一棵粟可以結五次穗，後來有人懶惰，荒廢了祭祀的事情，粟神很生氣，就把粟米收走了。布農族傳有一個女人跟凡間的男人結婚，帶來的米一粒就足夠三人一餐之需，但覺得丈夫無情就離開了，連小米也一起帶走。排灣族本來一粒米可以煮很多飯，因為有個糊塗的人多煮造成鍋子破裂，噴出來許多山鹽，還把人淹死。魯凱族有傳說兩個婦女拿了很多小米去煮飯，結果小米膨脹得很大，快溢到屋外，把一個孕婦燙死了，另一個僥倖逃出來。卑南族是寫有一個孕婦覺得小米一粒粒剝太麻煩，一次舂搗一把小米去煮，溢到屋外形成海浪；還有孕婦因為懶得每次煮飯都拿一粒米，便一次拿出許多小米去煮，結果被過多的飯燙死了，死後變成一隻瞎眼的田鼠。

五、神奇的他界空間

天上、地底或遠方島嶼都是粟種所來之地。

我們討論洪水神話時也會見到，奇密社阿美族的神話中，洪水時兄妹搭木臼漂至山頂，建造茅屋，耕作土地，栽種的小米就是附著於臼中的。加納納山上舞鶴社東方山巔的石柱即是當時柱子的化石，該地還有洪水時避水的豬槽及木臼等物的化石。[79] 木臼所以當避水工具，也是為了在洪水後保存小米種子，更重要的是搗小米的工具。因此，木臼是保存粟種的容器，也成了避水工具，成了部族存亡的關鍵角色。

佐山融吉1912年採錄阿美族南勢蕃薄薄社神話，其中對木臼有許多著墨：

> 古時候，有一次遭逢大洪水（malenlen），所有生物幾乎滅種。當時有一對幸運的兄妹，搭乘臼（papokpokan）逃至名為Tatifuracan的高山上，居住一段時間後並產下一子。某日，兄妹倆商議後一致認為，久居高山，生活不但乏味且覓食困難，倒不如攜子下山。於是一家人沿Takidis溪而下，至海邊後轉向南行，最後到達花蓮溪口。兩人原想渡河繼續南行，但水深無法涉足，只好再轉向西行，但

---

[79]　（日）小島由道編：《番族慣習調查報告書》第二卷・阿美族卑南族（臺北：中央研究院民族所，2000），頁13。

此處布滿大小石頭，寸步難行，猶豫一會兒後，再度鼓起勇氣，朝西北方向前進。幸好此路平坦易行，最後終於抵達Mangal（荳蘭之北）。當兄妹倆看到許多豬隻不時拼命地用鼻子挖地，即直覺該處應是一片沃土，於是決定在此落腳並開闢田地。當他們播下從臼中角落發現的粟種時，神靈Tatah Cidal即前來授予祭神之儀式。此後，不過數十年光景，因人口增加，此處已顯得地小人稠且不敷耕作。此時，有位名叫Towaw的男子拉著名叫Roma的女子往東方離去，途中Towaw告訴Roma說：「Mangal每逢下雨就遍地泥濘，難以行走，東方有個好地方，四周小丘環繞，其形如臼且排水良好，即使傾盆大雨也無水患之憂。」兩人商妥之後，遂在形如臼（papokpokan）的地方，即現今的薄薄社（Pokpok）定居下來。[80]

布農族的神話常說穀物是從地底人那兒偷來的，地底人有尾巴，沒有肛門或肛門很小，他們不吃食物，只聞香味或吸水氣。

曾經有ikolon居住在地下，他們不吃飯也不吃肉，只聞食物的香味即可，所以他們的肛門很小。那時候祖先尚未有米，到ikolon去玩，就想偷米，起初藏在男子的陰莖中，被發現取回。所以又藏在女子的陰道內，ikolon不好意思

---

[80] （日）佐山融吉著，中央研究院民族所編譯：《蕃族調查報告書》第1冊（臺北：中央研究院民族所，2007），阿美族南勢蕃薄薄社，頁9-10。

搜查，所以沒被發現。[81]

從前，巒社asanlaiga社的洞穴中著著一個有尾巴的人，名叫ikolon。有一次，幾個asanlaiga社的人進入洞裡，他非常高興地拿出米飯來饗客，asa-nlaiga社的人吃了，覺得味道甚美，遂向ikolon索取種子，可是ikolon堅拒不給，他們只好趁著ikolon不注意時，偷了些米穀及柿子的種子，藏在陰莖的包皮裡帶回家。這便是我們的祖先種植稻米和紅柿之始。[82]

有粟種的所在是一個神奇的空間，或是一個神聖的空間。魯凱族的食物起源地是一個神聖的場域：

從前入仔山這個地方，地中有一個地方，可通往地下蕃社；地下蕃社的人均有長尾巴，當人們走進時，他們便將尾巴藏在臼裡。人們到那去喝了水就大便，大便都會變成紅色小圓柱狀的玉石，將之拿起吸一下，裡面就會形成了洞孔。地下蕃社擁有大量的穀物，而大南社卻沒有任何種子。祖先去那兒，回來均要被檢查是否有帶穀子，祖先心想沒有食物準會餓死，便把穀物藏在生殖器回來，從此便

[81] （日）小川尚義、淺井惠倫：《原語による臺灣高砂族傳說集》（東京：刀江書院，1935），頁667。
[82] （日）佐山融吉編：《蕃族調查報告書》第六冊 布農族‧前篇，頁200。

開始耕種，食物不匱乏。[83]

　　太古時，在卑南社成立以前，沒有小米這種作物。有一對夫婦渡海到了紅頭嶼島（蘭嶼），把小米暗藏在腋下，想把小米帶回來，但是卻被紅頭嶼的人發現。然後再把小米暗藏在口中，仍舊被找了出來。最後由妻子將小米藏於陰部，和丈夫把小米藏在陰莖的包皮裏，才秘密地把小米帶了回來。相傳這對夫婦是由卑南社這邊延伸到紅頭嶼的榕樹根渡過去，而到達紅頭嶼那邊，然後再回來的。從這時開始部落方有小米為食物。[84]

　　馬蘭社流傳的神話說，有次鯨魚主動提出要載卑南人回家。之後，把四、五粒粟給卑南人，要他們種粟，於是，卑南人開始有了粟的種植，那些粟長得非常好。此後，卑南人遂有祭鯨魚之俗，把貢物拿到海邊去給鯨魚。[85]琉球的加計呂麻島有一則神話說他們的穀種是鯨魚從一個海外的神聖島嶼帶來的。島上的族人是禁止食用鯨魚肉的。另一個村落的神話講述穀物是在鯨魚的腹部發現。[86]這些島嶼與卑南人的神話近似，穀物的取得，都與鯨魚有關。

　　排灣族的神話也常與紅頭嶼有關。太古時代在ruvaan之處，有棵榕樹的樹根盤桓滋長，甚至延伸到紅頭嶼，因此居住兩地的

[83] 尹建中編：《臺灣山胞各族傳統神話故事與傳說文獻編纂研究》，頁271。
[84] 宋龍生：《卑南族神話傳說故事集：南王祖先神話》，《臺灣原住民史料彙編》第六輯（南投：臺灣省文獻委員會，1998），頁175。
[85] （日）小川尚義、淺井惠倫：《原語による臺灣高砂族傳說集》，頁544。
[86] Mabuchi, Toichi ''Tale concerning the Origin of Grains in the Insular Areas of Eastern and Southeastern Asia.'' *Asian Folklore Studies* 23(1), 1964, Society for Asian Folklore, Tokyo. pp. 8.

人們可以藉樹根往返兩地。有位婦女來到紅頭嶼，發現了某個小米的品種，非常喜愛，遂偷藏在陰部攜走，可惜中途解手時流失了。[87]女人偷粟藏粟所以失敗，可能與女人一向只負責部落內的事務有關，男人才是部落間土地或穀物的爭奪者，也只有男人才能去偷到穀物。

排灣族也有神話說，從前紅頭嶼是個女人島，只要有男子到島上，必被脫得全身赤裸。然而，該島卻有一種小米，味道極美，向來引人覬覦。有個男子想到一個妙招。某日，他登上紅頭嶼，把小米藏在陰莖包皮順利偷回。現在社內還保有該類小米。[88]女人島神話與粟種來源神話的結合是比較少見的，女人是穀物的保管者，因此前一則才會出現女人偷盜失敗，只有男人偷盜藏穀才成功的情節，似乎是有跡可尋的。在偷穀藏穀的情節中，整體觀察，似乎以男人偷盜藏生殖器較為普遍。

有粟種的遠方島嶼或天上或地底，或是小人國、女人島，都是神奇的他界，粟種所由來的地方某些時候也像是樂園，那邊的人不吃不喝，只吸水氣、香氣，而且是無肛人，不排泄，而女人所在的地方或是只吹風即懷孕生子，是一個神奇的所在。原住民的文化即是小米的文化，小米是神話中最重要的一環，因此，小黑人神話與女人部落神話也都會論及小米的情節，強調小米的非常性、神聖性。無論是天上人間或小人國、女子部落，最後總是樂園夢斷，再也不會重現。斷地天通，人總是在現實人間。

---

[87] （日）佐山融吉編：《蕃族調查報告書》第八冊 排灣族，頁262。
[88] 同前註，頁268。

胡萬川先生說，中國是一個沒有伊甸園式的失樂園神話，但是類似失樂園或失去的黃金時代的神話卻從未短缺。古黃金樂世的一項主要內容就是物資豐富，隨意而有。這一方面的觀念，又常常藉由食物充足，五穀易種易收或特別豐大等來表達。這些神話，是講述人類從上古黃金樂世失落的另一個主要類型。這些神話中所描述的樂世幸福，主要的就是食物豐足，以及不勞而獲的逍遙。這種富足逍遙，當然是辛苦萬端卻常難以一飽的原始人所最憧憬的理想境界。神話中說人所以會從上古的幸福樂世，落得後來如此辛苦，主要原因多半是因為人的懶惰、貪心、不耐煩。這一種觀念，反映出來的另一面意思也可以是說：如果人們不要懶惰、不要貪心、更不要怕煩，還是可以再找到像以前那種富足的日子。也就是說這樣的神話，並不只有的傷感，而是從失落的過去中，還帶些希望。[89]原住民的神話亦然，樂園的失去似都有原因，而樂園的失去其實也可以是原住民的自傲，我們曾經有過樂園，有過輝煌。

---

[89] 胡萬川：《真實與想像——神話傳說探微》（新竹：清華大學出版社，2004），頁43-77。

六、粟種祭儀文化

在臺灣各原住民族間，小米是神聖的農作物。在小米的播種和收割期間，禁忌甚多。只有小米具有宗教的重要性，差不多所有的農耕儀禮，都和小米有關。因為臺灣原住民文化代表東南亞文化的較古層次，所以小米在區內的分布的研究，有其重要性。鹿野忠雄曾研究穀類在東南亞的分布，指出粟的分布區的廣闊，其分佈線，自臺灣和菲律賓之東邊起，南下經哈馬后拉島和新幾內亞之間，再經西蘭島東北而至卡伊島和阿魯島之間。[90]陳奇祿提出補充，在鹿野的分佈線外，新幾內亞的叔騰群島和密克羅尼西亞的帛琉島，也有粟的耕作。[91]

今日東南亞的居民雖以米為主食，但代表東南亞文化古層的臺灣原住民卻只有小米的農耕禮儀而沒有稻米的農耕禮儀。他們在農耕祭儀期間，禁忌食用以稻米做成的糕餅或用稻米釀製的酒，因為他們以稻米不是他們的固有食物。這一事實可以說明稻作文化在臺灣原住民各族群間，為時未久。[92]

一般人只要提到原住民，就會想到小米酒、小米麻糬、小米粽子，而更引人注目的當然是原住民族的收穫祭、豐年祭或黑米

---

[90] （日）鹿野忠雄：《東南亞細亞民族學先史學研究》【上卷】（新北：原住民族委員會，2016），頁242-245。
[91] 陳奇祿：〈東南亞區的主食區和主食層──兼論臺灣土著諸族農作物的來源〉，頁130。
[92] 同前註。

祭；而原住民族的所有祭典，也幾乎都與小米有關，小米的生長週期其實就是原住民族的曆法。

小米的播種到收割、貯藏都有祭儀，以小米貫穿所有的生命祭儀，原住民族是名符其實的小米文化。

所有的原住民族幾乎都有相關小米播種收穫的祭儀，大家最熟悉的莫過於賽夏族的矮靈祭。

據賽夏族耆老傳述，約在五百年前，一個賽夏族青年單獨外出狩獵，為了追趕一頭小鹿而越界到了陌生的溪旁，他隨著這條溪流上溯尋覓鹿蹤，結果見到一個身高三、四尺的女人背著嬰兒，頭髮紅而捲，大異賽夏族人，互視之下，兩個人都嚇了一大跳，結果矮女人尖叫一聲拔腿就跑，獵人大膽跟蹤。只聽到嗦嗦地如蛇走動的輕微聲音，他便中箭了，負傷逃過溪後，他看到五、六個與矮女人差不多的矮男人，手裡拿著弓，在對岸歡呼跳躍。這名青年回到部落，將遇到妖怪的情形稟告長老，長老立刻指出，山上住的是taai，該族是天生的矮人種，並不是妖怪，他們是山地的先住民，平日喜歡唱歌跳舞，身材小但臂力大，身上老是佩大刀和弓矢，躲在樹上或叢莽間射擊人。這位長老還特別說明有關矮人的事是泰雅族人說的。[93]

潘秋榮先生說矮靈祭的由來有多種基本架構大同小異的版本，其故事如下：很久很久以前，賽夏族的附近住著一群身高不滿三尺的小矮人，他們的農耕技術非常先進，常常教導賽夏族人

---

[93] 洪田浚：《台灣原住民籲天錄》（臺北：臺原出版社，1994）。

耕種，那時也沒有老鼠和鳥類來侵害農作物，所以年年豐收；因此在每年慶祝豐收的祭典儀式裡，都會邀請矮人來作客，藉機感謝矮人的指導。矮人自認對賽夏族有恩，故而在態度上表現得傲慢無禮，同時矮人也性好女色，常在各種場合調戲賽夏族婦女；賽夏族人對於矮人的舉措雖然心生不滿，但矮人的臂力奇大不易對付，又看在農作物豐收的份上只得百般隱忍。直到有一次矮人又再調戲一位賽夏女子，被一位賽夏青年當場目睹，憤怒異常，決心消滅矮人以為報復；於是召集族人商量對策，他們預先把懸崖邊矮人平日乘涼休息用的山琵琶樹砍得將斷未斷，然後塗泥掩飾，等矮人們爬到山琵琶樹上時，樹身不勝負荷折斷，已爬上樹的矮人全部墜入溪谷喪命，只剩下兩位來不及上樹的矮人，他們譴責賽夏族人恩將仇報，預言日後賽夏族的農耕收穫將會大不如前，並會災禍連結，而後矮人即向東逸去，不知所終。矮人被消滅後，賽夏族果然連年歉收，老鼠、小鳥等動物也出現危害作物，賽夏族竟因此民不聊生，賽夏族人為了平息矮人的作祟，於是每年舉行矮人祭（矮靈祭）祈求矮人的原諒。據說矮人臨行時曾教導賽夏族人有關矮人祭的歌舞及各項儀節，只有朱姓能於短時間內全部學會，因此矮人祭就由朱姓擔任主祭。[94]

　　類似的情節早在日據時期小川尚義的調查中就出現過，在岩窟處聽到了歌聲。人人都說：那裡一定有什麼？何不去看看。言下就去看了，結果看到的是小孩般矮的人。這些矮人就說：「我

---

[94] 潘秋榮《小米・貝珠・雷女：賽夏族祈天祭》（新北：臺北縣政府文化局，2000），頁24-25。

們是叫做達隘的人，我的妻子叫做『多隘』。我們的相遇是幸運的！來吧！讓我們共唱矮靈祭之歌。」於是我們豆姓與朱姓就從達隘學了祭典的歌謠；我們豆姓雖承他們的教導，但是並沒學會；朱姓承他們的教導而學會了，所以矮靈祭就由朱姓那一方來主持。於是達隘就傳話說：「你們要舉行矮靈祭典，要在粟收穫時，你們要舉行始割式！你們若由於達隘的緣故而舉行始割式，那麼收穫小米一定會很豐富。然後結繩約期以舉行矮靈祭典，到了第六天，就舉行薦晚餐的儀節。要舉行薦晚餐儀節時應該告訴我們：明天要來！而以無鏃之矢向我們發射以作信號。我們得到了信號就會前往；你們各家在前一天就要有所準備。舉行薦晚餐儀節時，你們要不停地唱歌。[95]由早期的調查可知，矮靈祭是因為粟的豐收才舉行的祭典。我們發現，原住民族所有的祭典都與小米的種植、收穫有關，應該說，原住民族所有與小米相關的事情，無一沒有祭典儀式。

　　浦忠成的意見很有代表性，他認為鄒族最主要的祭儀與粟的播種收穫有關，每個氏族的宗家都有祭粟倉，而祭儀中使用的糕與酒，都是用粟製成，足以證明其農耕的歷史久遠。鄒族所從事的粟作祭儀可分為三類：播種祭、除草祭和收穫祭。播種祭是將粟種送至地下，象徵粟的生命的開始；收穫祭又分收割、收藏二祭，其意義是在保存加強已經成熟的粟的生命力。稻作技術傳入鄒族為時較晚，且所種為旱稻，其作為食糧的重要性也不如粟，

[95] （日）小川尚義、淺井惠倫：《原語による臺灣高砂族傳說集》（東京：刀江書院，1935），頁127-128。

所以鄒族有關稻作的祭儀遠遠不如粟作祭儀那般神聖,其形式僅是粟作祭儀的雛型。鄒族對於水稻全然不進行祭儀。[96]因為重視小米祭儀,才普遍流傳小米起源神話。小米神話傳說與祭儀正是文化的反映。

何廷瑞認為布農族季節的知識中最重要者莫過於粟的種植,他們認為種粟最合適的季節是:櫟發芽時、李正開花時、緋櫻凋謝前、星座busul在黎明時全數現身於空中時。上述自然現象,在觀測季節的迴圈是一種很聰明的行為,因為對每年的季節氣溫最靈敏者莫過於植物本身,星宿的運行也等於時間本身之運行一般。所謂的某某月,並不是我們現代人所謂有二十九、三十或三十一天的月而是稱某某祭儀或某某農事的月,故月數常不止十二個月。丹社群的農曆表每月有主要農事或農祭的內容:「整地祭儀」、「播粟、稗、薏苡祭儀」、「除草祭儀」、「驅蟲祭儀」、「粟結實祭儀」、「粟收穫祭儀」等。[97]

何廷瑞將布農族的粟作祭儀特色歸納有下列幾點:

1. 農祭的作物有粟、稗、薏苡、芋頭、蕃薯與豆,顯然以粟祭為中心。布農族的粟作祭儀特別繁瑣,丹社群Telusan社的粟作祭儀竟達五十天,幾乎占了一年的七分之一。
2. 布農族對粟種的來源有神話敘事,所以粟被認為是神聖

---

[96] 浦忠成:《庫巴之火——臺灣鄒族部落神話研究》(臺中:晨星出版社,1996),頁103-118。

[97] 何廷瑞:〈布農族粟作祭儀〉,《考古人類學刊》11期,1958年,頁92-99。

的作物。該族對粟的態度是擬人的，比如說粟屬男性，
有靈魂可移動，有眼睛可看，有耳朵可聽，有鼻可嗅及
有嘴可吃或說話等等。具體化是父粟與子粟的觀念。鄒
族之粟婆及神聖手杖或達悟族的聖粟可能與布農族上述
觀念有關。

3. 布農族農曆（農作及農祭）是一種依靠自然的、有形
的、具體的變化為基礎，季節的變化決定於植物現象、
星的顯現，一年的週期則以農祭的週期為準。

4. 農祭（包括粟作祭儀）的目的為祈求豐年以利人口興旺，
其方式為一方面向神作迎福避禍的祈禱，另方面向穀物
本身施以豐收勸誘的巫術，再則人們嚴守禁忌以確保其
豐收。

5. 粟作祭儀的每項祭儀多長數天，但中心祭儀只有一天或
兩天，舉行祭祀的主要地點一為祭田、二為屋內穀倉旁
的種粟筒。

6. 粟作祭儀的祭品以酒、粟、雞、豬為主。[98]

　　北部阿美族自耕作物小米的轉變順序和祭典、狩獵等每年例
行性周而復始的活動中，即可佐證有十二個不同月份的存在。至
於為何以小米播種時為農耕祭典等的記憶標準？為何以播種小米
的時候當作現行月？他們答稱是祖先所定，並不知其理由。[99]

---

[98] 同前註，頁92-99。
[99] （日）佐山融吉編：《番族慣習調查報告書》第二卷・阿美族、卑南族（臺

而卑南族的傳統宗教活動是圍繞著小米週期進行，通常小米播種期也是大獵祭（即年祭）舉行的時間，卑南族人是以大獵祭計算一年的開始。國曆七月，臺東知本、建和、初鹿、龍過脈、南王、下賓朗都會舉行小米收穫祭。[100]

　　平埔族群飲食來源多元但頗簡單，不同區域間略有差異。小米、獵物是一般共通的食物。現今臺灣博物館中可見巴則海族木甑，為烹煮小米飯的用具，鐵鍋傳入巴則海族後，族人烹煮時，置木甑於盛水的鐵鍋中，口上再蓋上木蓋。

　　一般平埔族原先也普遍使用木臼，現在也藏於臺灣博物館中。木臼為原住民族傳統舂小米以備烹煮的普遍用具。木臼在原住民族小米文化中有其不能忽視的重要性，從在烹煮小米時的器具，延伸到避水工具，木臼甚至成了祭儀時必備的象徵物。

　　不論是半粒米或一粒米煮一鍋飯的神話，都能見出小米神話的神聖性，而神聖性當然是表現在原住民族的小米農耕儀式祭典的信仰中。我們可以說，原住民族的神話傳說中，最能彰顯原住民文化意義的莫過於神奇小米的神話母題。

　　鹿野忠雄認為，對臺灣原住民各族而言，無一例外地認為粟類是他們最早的穀物。紅頭嶼達悟族唯一的穀類就是粟，他們完全不知道陸稻。對於泰雅族而言，他們傳說粟、黍類是祖先傳給他們的東西，排灣族也同樣認為粟和稗都是祖先傳下來的作物，視之為神聖，而對這兩種作物進行各種祭祀，對稻米則沒有

　　北：中央研究院民族所，1996），頁52。

[100] 簡扶育：《祖靈昂首出列》（臺北：幼獅文化公司，2003），頁111。

相關的祭祀活動。陸稻對於臺灣原住民族而言，比起粟、黍、稗，可能是比較晚期傳入的。排灣族有個故事提及，從日本來臺灣的探險家曾被拒絕把白米帶進排灣族部落。即使到了昭和六年（1931），定居於深山的布農族，在接近祭期時，仍拒吃任何可能有混入白米的點心。泰雅族曾用侮辱性的稱呼，把居住在平地的漢族叫作『吃米蟲』。而雖然鄒族陸稻的栽種比其他族群稍微古老，但他們仍認為小米之神的地位遠高於陸稻之神，而且傳說中，小米比稻米更為古老。由此可見東南亞島嶼地區中，保有古老文化層的臺灣原住民各族，普遍地認為小米比稻米更為古老。有些研究資料也指出，Pangan族等馬來半島的土著認為，稻米是後期移民的主食，要吃穀物的話，他們的首選是粟。在Pela洲2400英呎高的高原上，看到耕種的粟田，這些粟大部分是Sakai族耕種的。馬來半島高原上的各族，最先種植的是粟。Seman族以種粟代替種米，因為他們吃粟，而獲得orang sekoi（食粟之人）的綽號。[101]

鹿野忠雄是「東南亞細亞是先種植粟黍類的作物後，才種植稻米」理論的支持者。在臺灣原住民各族之間，小米的歷史比較久，稻米則是屬於新的作物。應該可以推測出臺灣所出土的大多數石刀，都是當年當作收割粟類作物的摘穗器來使用。[102]

鹿野做採錄時，紅頭嶼達悟族，依然保存著小米的農耕禮

---

[101] （日）鹿野忠雄：〈東南亞島嶼地域的穀類──關於稻、粟耕作的早晚問題〉，收入鹿野忠雄著，楊南郡、李作婷譯注：《東南亞細亞民族學先史學研究》【上卷】（新北：原住民族委員會，2016），頁239-240。
[102] 同前註，頁270-271。

儀，紅頭嶼居民不知有稻米存在。這暗示著關於稻米的農耕儀禮發達年代以前，紅頭嶼已有小米的農耕儀禮興起。紅頭嶼擁有很多的祭祀儀式，其中，關於小米的農耕儀禮，占居重要的地位。他們平時很少吃小米，舉行祭祀的日子才被重視，或當作病人、產婦的營養食品。即使是如此，紅頭嶼的達悟族，把小米視作農作物中最重要的一種，甚至視為神聖的穀物。[103]

達悟族相信小米是天上Tauruto神所賜，而且小米也是Tauruto神最喜歡的農作物。因此，達悟族舉行各種祭祀，或唸咒祈福時，都要吃小米飯，不僅是美味，似乎還有其他含義。在所有的農作物中，小米被視為最神聖的一種，可以從一些傳統習俗看出。相傳，從事農耕工作之際，已使用過的斧頭、鐮刀等農具，不得用於小米的耕作與採收。因此，開始小米種作之前，先把所要用的這些農具，過火淨化，然後才啟用。把小米神聖化的觀念，如實地反應於農業習俗。有關耕種的各種儀禮，多半是以小米為對象展開，很多禁忌也關聯到小米。[104]

小米祭典儀式中，女眷和小孩不能參加。集體舂搗穀物的風俗，除了紅頭嶼外，只有部分的布農族保留這個風俗。達悟族所舉行的小米豐收祭，形式上和臺灣島上的做法不一樣，應該說臺灣達悟族的傳統做法，近似菲律賓北部Bontoc地區伊戈洛族（Igorot）的做法。他們舉行稻米的收穫祭時，族人集體參加，把新穀鋪滿於草蓆上，眾人揮動長長的木杵舂搗。從這一點看來，

---

[103] 同前註，頁333。
[104] 同前註，頁334-335。

舉行豐收祭之際，集體舂小米（或舂米）的形式，臺灣和菲律賓
兩地是彼此近似，這一點讓我們覺得很有趣。[105]我們由此也可了
解，達悟族與菲律賓南島語族的神話和文化信仰有其可比性。

---

[105] 同前註，頁348-349。

結語

　　臺灣原住民族粟種起源神話與其他南島民族的殊異，見出原住民神話的獨特性。而遠方異域的神聖粟種似可從幾方面考察：

　　1.地底、天上或神賜都象徵粟種神聖性，可見臺灣原住民族或原屬粟類栽培民文化。
　　2.偷盜、藏穀表現穀種得來的不易、珍貴，藏穀種於生殖器中，正如同火種來自女神陰部，可以表現生命豐穰。
　　3.從小米祭、黑米祭、豐年祭等與粟種相關的農耕儀禮，與神話敘事相互結合，可以看出粟種起源神話表現農耕信仰。

　　再者，有若干要思索的問題。

　　回到前言的問題來，臺灣南島語族是否也廣泛流傳過死體化生型作物起源神話？如果照大林的說法，現在的死體化生型欠缺是被偷盜型取代或吸收變化，總有零星的流傳分佈，為何一直未發現死體化生型例子？每個族群的神話類型，是否有多元的現象？印尼、玻里尼西亞、美拉尼西亞普遍流傳死體化生型，臺灣難道不會以偷盜型穀物起源為主？以臺灣小米祭的農耕禮儀考察，臺灣的南島語族似乎以單一的穀物起源神話為主，在南島語族中顯得獨特而且意義重大。

如果希臘神話普羅米修斯的盜火可以成為一個單獨偷盜型，
難道這個偷盜型也是從死體化生型吸收變化來的。大林太良先生
曾提出，臺灣所以沒有死體化生型的作物起源神話，因為這種
神話形式是在臺灣原住民族與整個南島語族主體脫離後才存在
的。[106]大林又修正他這個看法，認為古代中國到南島語族的島嶼
世界都廣泛流傳死體化生型，後來，中國南部民族的偷盜型取代
死體化生型又加以吸收變化。臺灣也應是如此。[107]其實，中國南
方民族的死體化生型並未被取代，偷盜型與死體化生型在許多地
區都仍是並存的。

　　臺灣的偷盜型粟種起源神話，偷盜者往往都將粟種藏於生
殖器中，雖偶有隱藏指甲或頭上的情況，大都仍以隱藏生殖器為
主。穀物隱藏於生殖器，或許正如火種來自女神陰部的象徵意
義，一方面是隱密性不易被發現，另一方面是生殖的神聖性，穀
物來自男根而種植在大地上，有與大地母神結合的味道。排灣
族、鄒族、魯凱族、卑南族都有女人藏於陰部失敗而男人藏于男
根順利成功的說法，或許有進一步討論的地方。

　　臺灣的南島語族流傳的穀物起源神話是獨特的，普遍流傳隱
藏於生殖器中的偷盜型粟種起源神話，與南太平洋南島語族的死
體化生型作物起源神話有異，這樣的現象的確相當值得思考。除
了走訪臺灣原住民各部落之間做採錄調查，也閱讀了中國典籍有

---

[106] （日）大林太良：〈南島稻作起源伝承の系譜〉，頁160-190。

[107] （日）大林太良：〈華南少數民族作物起源神話〉，白鳥芳郎教授古稀記念論
　　叢刊行會編：《アジア諸民族の歴史と文化》（東京：六興出版，1990），頁
　　37-51。

關考古學、文學上的小米資料，接觸了韓國、日本與南島語族有關小米神話相關記載，深切地了解到原住民族小米神話傳說與小米文化的特殊性、神聖性，及其小米文化始終未曾斷絕的可貴處。

洪水神話

Chapter 3

1872年，英國的喬治・史密斯（George Smith）無意中發現了古巴比倫泥板上的洪水故事，才找到諾亞方舟洪水故事的源頭。從此以後，洪水神話的主題似乎就成了學者研究的顯學，學者對於洪水的起因有不同的詮釋，對洪水神話的源頭是屬於一元或多元也有不同的看法。

赫胥黎（Aldous Leonard Huxley，1894-1963）曾認為洪水故事如果當作一個洪水的記載，這洪水曾氾濫全球，把差不多全部的人類和禽獸都淹死，和極淺顯的地質學不同，所以必須當成一個神話。1918年，弗雷澤在《舊約中的民俗》一書第四章〈大洪水〉中收錄了當時世界各國發現的洪水神話資料，並提出他對洪水起因的不同看法，相信洪水傳說本於實在發生過的災變的記憶：

> 這種可怕的氾濫故事雖然差不多是虛構，但在神話的外殼下可以包藏著許多真正的果子，這不但可能，而且近乎真實的；那就是，它們可以包含著若干真實擾害過某些地域的洪水的回憶，但在經過民間傳說的媒介的時候被擴大成世界的大災。……或者多數的洪水的傳說不過是關於真實發生過的洪水，誇大的報告。不論是由於大雨，或地震，或其他原因的結果。所有的此類傳說，一半是傳說的，一半是神話的；專就它們保存真實發生過的洪水的記憶而論，它們是傳說的，專就它們描述從未發生過的普遍世界的氾濫而論，它們是神話的。雖然有理由可以相信廣布於全世界的許多洪水傳說本於真實發生過的災變的記憶，它

們所代表的大約不是當時眼見者的記錄，而是更晚的思想
家的揣測之辭。[1]

　　弗雷澤在論述洪水神話時，特別檢索了各地洪水故事的傳播
情況。對全世界各地的洪水有詳細的介紹，包括：巴比倫、希伯
來、古希臘、歐洲、波斯、古印度、印度、東亞、印地安群島、
澳洲、新幾內亞、美拉尼西亞、波里尼西亞、密克羅尼西亞、南
美、中美、北美、非洲等。在印度群島那一節裡面，有關於臺灣
原住民族的洪水神話，包括阿美族、鄒族、布農族的六則洪水神
話。而這幾則原住民族洪水神話在1923年的一卷精簡本中，完全
被刪除，因此我們現在所見的兩個中譯一卷本，都未見原住民族
神話的任何資料。

　　臺灣原住民各族都有豐富的口頭神話傳說，而各式各樣的洪
水神話幾乎是大部分的原住民都流傳著的。何廷瑞的博士論文題
材其中也討論許多原住民族的洪水神話題材。[2]

　　李卉有相關論文論述臺灣及東南亞的同胞配偶型洪水神話，
其中有兄妹婚或姊弟婚洪水神話的原住民族包括平埔族、布農
族、排灣族、泰雅族，而最普遍的則屬阿美族，如太巴塱社、荳
蘭社、馬蘭社、薄薄社、里漏社、奇密社的阿美族都有同胞配偶

[1]　J.G.Frazer, *Folk-lore in the Old Testament,* Macmillan and Company, London 1918, p. 344, p. 359-360。

[2]　Ho Ting-jui, *A Comparative Study of Myths and Legends of Formosan Aborigines,* Indiana University, 1967.

型的洪水神話。[3]

　　其實，洪水後同胞婚並非原住民洪水神話的主要類型，浦忠成將原住民族洪水神話區分為三類：

一　神要改造世界──洪水──
　　甲　兄妹乘臼倖存──兄妹成婚──人類起源（阿美族）。
　　乙　男乘織布機胴逃難──神殺之剁碎其肉──其肉骨肝成人類（賽夏族）。

二　洪水──人避居高山──
　　甲　水退──河谷出現魚、蝦始生（泰雅族）。
　　乙　投人入河──水退。

三　蛇（鰻）堵河造成洪水──
　　甲　人避居高山──蟹夾蛇（鰻）致水退去（布農、鄒族）。
　　乙　鳥（豬、羌）取火（見蒼蠅搓足知生火、臼桐擊生火）（排灣族）。

---

[3]　李卉：〈臺灣及東南亞的同胞配偶型洪水傳說〉，《中國民族學報》第一期，1955年，頁171-209。李女士將洪水神話分為三型：（1）洪水以後，始祖同胞二人繁生人類。（平埔族、阿美族、卑南、排灣及苗、瑤、彝等族）（2）始祖兄妹結婚後遇洪水，其子遺繁生人類。（泰雅、排灣、布農）（3）始祖結婚後遇洪水，所生子女中兄妹二人配偶遂繁生人類。（阿美族）

丙　知獵首。

丁　創作祭神曲。[4]

---

[4]　浦忠成：《臺灣原住民的口傳文學》（臺北：常民文化公司，1996），頁74-75。

一、洪水後再傳人類類型

大陸南方民族的洪水神話普遍是洪水後兄妹婚或天女婚的箱舟漂流型，臺灣原住民族洪水神話也有這種毀滅性的洪水神話，洪水後人類滅絕要重新繁衍，阿美族、卑南、魯凱、排灣、達悟與平埔族的巴宰海人所講述的神話都提到倖存的兄妹婚配，才產下子嗣；賽夏族也是洪水後人類滅絕，然而無兄妹婚的情節，而是以剁碎屍體化成不同族群。

阿美族

在1899年伊能嘉矩等人就從地理分佈上的觀點將阿美族分為五群：1.恒春阿眉2.卑南阿眉3.海岸阿眉4.秀姑巒阿眉5.奇萊阿眉（即南勢阿眉）。而鹿野忠雄則將1.2.兩個稱為南阿美，3.4.稱為中阿美，北阿美則是向來所稱的南勢阿美。而不管是北中南的阿美族都有洪水神話。

根據李卉先生所採錄，阿美族的同胞配偶型洪水神話在原住民族神話中是較普遍的。太巴塱社的洪水神話記載：

太古時在馬蘭社南方山上，有男女二神為太巴塱等社之
祖。他們生有子女六人，其中兄妹在大水時乘長方形白

中，漂到奇密社北方山上，因為再無人類，二人不得已結
為夫婦。但因行近親婚之故，所生子女皆是蛇、蜥蜴、
蛙、龜之類。天神見奇密社山上有煙升起，遣其使者前去
觀察，見到兄妹二人，他們便訴說前事，天神教以祭祀、
祈禱之法。後來所生多優秀子女，遂為今日阿美族各社之
祖。[5]

「馬太鞍社」是花蓮市附近的阿美族，屬於北部群南勢阿美：

雖然不清楚洪水發生以前之事，洪水過後，地中湧出熱泉，
幾乎將社毀滅。此時，社內有兄妹倆人正在搗粟，看到大水
來勢洶洶，趕緊跳入臼內隨其漂流。最後飄到高山處，約停
留一周，大水才逐漸退去，兩人於是下山，來到花蓮港附近
河川邊。不過因無渡河工具，加上，另一邊又都是石子不易
步行，於是往西南方前進，因而來到Naloma'an。之後，
兄妹倆結為夫妻，並生下一雙兒女，子女長大又結為夫妻，
後代子孫因此繁衍至今。初到Naloma'an時，因無火可
用，乃取藤和木頭磨擦生火，過程相當繁瑣。有一天，看到
紅嘴烏秋飛來，乃命令牠前去取火，紅嘴烏秋便朝東邊飛往
遠方，好不容易把火取回，卻在抵達海岸邊時，不慎讓火掉
入水中。後來，蛆來了，又拜託其去取火。此次，火雖然是

5　李卉：〈臺灣及東南亞的同胞配偶型洪水傳說〉，頁171-209。

取回了，但不久後又熄滅了。兄妹倆只好擊打白石生火，再將火移到乾草上。之後，再撿拾朽木以焚燒，火從此不再熄滅，並且繼續傳給後代。[6]

而有的神話異文是洪水時乘木臼漂流的是姊弟，洪水退後，他們發現了小米和陸稻的種子，移到「荳蘭」，又發現山薯種子。[7]

洪水神話與穀物來源有關，似乎是常見的。

馬蘭社的同胞配偶型洪水神話流傳很普遍，以下三則神話所述似是同一地點。

「吉拉卡珊」當時有三千餘人。但後來大洪水起，兄妹乘木臼而在洪水中倖免，來到卑南社北方的岩灣。兄妹在此結婚，子孫繁殖而分支於各地。昔在「吉拉卡珊」有祖父及二孫（兄妹二人），因洪水氾濫，遂乘木臼到馬蘭社南方山上，兄妹再此結婚，初生蟹，次生石，自此石生出人類。其子孫為阿美族與卑南族。太古時，祖父與孫子孫女居於「吉拉卡珊」山上的時候，山中噴火，山石崩裂，海水沖來，他們乘坐木臼到太麻里猴仔蘭；後來祖父死後化為石，兄妹二人結為夫婦，最初生下螃蟹，次又生石，該石裂開始生阿美族及卑南族的祖先，但卑南社的祖先是兄

---

[6] （日）佐山融吉主編：《蕃族調查報告書》第二冊・卑南族阿美族（臺北：中央研究院民族所，2009），頁202-203。
[7] 李卉前揭文。

妹所立的竹子所生的。[8]

　　馬蘭社的分社猴仔山社的卑南阿美的洪水神話都是乘臼避水的箱舟漂流型，兄妹婚都生下魚蟹或石頭：

> 古時候，我們的祖先住在「吉拉卡珊」（近花蓮港）。後來發生大洪水，所有的生物幾乎完全滅絕，只有兩女一男倖存，他們乘方臼往卡巴魯康山上去，姊姊因為太累留在山腰休息，兄妹就到了山頂。姊姊後來變成了石頭，兄妹二人則繼續逃避洪水。因為世上已經沒有其他人，兄妹就徵詢太陽的意見成婚了。沒想到婚後卻生下兩個怪物，他們把怪物丟入河裡，據說那就是魚和蟹的祖先。月亮告訴他們：「兄妹相婚是禁止的，他們必須在行房時隔蓆穿孔，才能生下正常的子女。」沒想到後來生下一塊白石。月亮說保存白石可以幫助他們完成心願。後來哥哥死了，而白石忽然變大，並從中生出四個孩子，有兩個赤腳的兩個穿鞋的。妹妹按習慣留養那兩個赤腳的兄妹，兄妹長大後也結為夫婦，人類才能繁衍到今天。據說那兩個穿鞋的孩子就是漢人的祖先。[9]

　　南勢阿美另有一個洪水神話是由海神引起的：

---

[8]　同前註。
[9]　同前註。

古時候，在panapanayan（臺東廳知本社南方海岸）有日、月父母生下一男一女，二人結合生下四男二女，么女貌美如花，海神之子苦苦追求，而導致海水淹沒大地，只剩兄妹二人乘坐木臼遁逃，成為南勢阿美的祖先。[10]

秀姑巒太巴塱社阿美族洪水後兄妹婚神話，兄妹婚後生下蛇和青蛙：

從前有兄妹二人和他們的家人，一天海水突然來了，把他們的妹妹沖走，他們為了追妹妹坐上打穀用的方臼，但仍沒追到，結果在一個地方登陸。後來他們兄妹結成夫妻，所生的子女均為蛇和青蛙。天神看見了人間的煙火，便派其兒子下凡查看，告訴他們不可再飼養蛇蛙，那些將來對人有害，並依其母吩咐賜給他們小米、糯米、竹子、香蕉、生薑等植物教他們耕種及食用之法。並降下大竹筒，竹中有豬，教他們祭祀。天神告訴他們之所以生下青蛙和蛇，是因為他們是兄妹的關係，只要以後行房時用羊皮隔在中間就可以解除兄妹通婚之禁忌。[11]

10 （日）小島由道編：《番族慣習調查報告書》第二卷 卑南族阿美族（臺北：中央研究院民族所，2000），頁11。
11 劉斌雄等編著：《秀姑巒阿美族的社會組織》（臺北：中央研究院民族所專刊，1965），頁9。

秀姑巒奇美社阿美族的洪水神話中，天神引發洪水，兄妹乘木臼逃難，而後婚配：

> 從前有一對天神住在taurajen，在祂們的北方居住另一對夫婦和他們的子女。一日天神向凡人討鹿被拒後，惱羞成怒引發洪水。洪水來時，那對兄妹正在山上玩，正好看見一個木臼，就坐上它逃難，最後漂流到tsilanasan的地方，居住於樹洞吃野草野菜為生。後來從妹妹的耳朵掉出一顆小米和稻米，讓他們想起以前父母種穀的情形，就開始種植。後來兩個結成夫妻，生了五個子女。[12]

秀姑巒馬太安社阿美族的神話也是兄妹倖存後婚配：

> 從前有兄妹二人和其家人住於舞鶴；一天海水突然來了，二人為躲避海水坐在一隻打穀用的木臼內而存活。兄妹長大，基於生理需求，哥哥把一張獸皮遮住妹妹的臉及上半身成其好事，自此以後二人共生子女十二人，六男六女互為婚配。[13]

花蓮吉安鄉阿美族洪水神話也出現罕見的地震造成洪水現象。洪水中姊弟手抓糯米坐著小船逃生，後來姊弟婚配而傳後代：

---

[12] 同前註，頁10。
[13] 同前註，頁8。

傳說在許久以前，某一部落全體出海捕魚之時，發生強地震，山崩地裂，海水也變得滾燙，全部人均被滅頂，只有一對聰明的姊弟，手抓糯米，駕著一隻小船逃出升天。過了一週後他們在拉瓦山登陸了。他們原本所帶的糯米早在船上吃完，幸虧在陸地上找到殘存的小米及山芋苗，他們小心的種植，後來便於此地建一草房定居下來，十多年後兩人長大就結為夫妻，生下一男一女，那時生活仍非常艱苦，又苦無淡水可喝，只好捕野獸為生。[14]

簡美玲先生對阿美族的起源神話曾有詳細的論述：

以高山為部落發祥起點，並搭配著洪水孑遺兄妹結為夫妻的起源傳說，是中部秀姑巒阿美與北部南勢阿美族主要的起源傳說類型。除此，屬於南部卑南阿美群的馬蘭社也有數種類型的洪水傳說。⋯比較薄薄、荳蘭、奇美、太巴塱、馬太安等北部阿美族古老部落的發祥傳說，都呈顯出洪水兄妹配偶傳說的基本敘述形式：「太古時，有大洪水，兄妹二人乘臼，漂到一高山，在該地結婚，其後子孫繁衍，人口增加，下山到平地。」[15]

[14] 陳國鈞：〈花蓮吉安鄉的阿美族〉，《大陸雜誌》第14卷第8期，1957年，頁10-12。
[15] 簡美玲：〈阿美族起源神話與發祥傳說初探〉，《臺灣史研究》第1卷第2期，頁85-108。

卑南族

　　臺東知本卑南族的洪水神話說，當太平洋還是一片陸地的
時候，有一天，它忽然沉沒了，居住在那裡的人，共有五兄妹倖
存。這五兄妹坐在一個木臼中漂流，在黑暗中不知自己漂向何
方。經過一番討論，他們決定把一男一女送上天去尋求指示，結
果，上天的男的成了太陽，女的成了月亮。天亮後，木臼上的三
個人漂抵臺灣，在如今臺東縣南部沿海的華源村登岸。其中的一
男一女來去問太陽和月亮：「我們到處都找不到人，我們該怎麼
辦呢？」太陽和月亮對他們說：「你們成為夫妻吧，因為沒有其
他的人存在了。」於是二人就結成了夫妻，結果生下了蝦、蟹和
魚類。太陽和月亮便告訴他們：「你們把蝦、蟹、魚都放到河裏
去，將來你們就可以在河裏取得東西吃。並且，當你們祭天的時
候，也可以把這些東西作為祭品。每年年頭年尾，你們可以從河
裏取這些東西作為你們的祭物。」所以我們巫覡在祭祀的時候到
河邊去取蝦、蟹、魚類作為祭物。後來，又分娩了，生下來的是
鳥。太陽和月亮叫他們把鳥放到森林裏去，並且說：「當你們去
打獵或是去田裏工作的時候，這個鳥會預示你們將要遇到的是好
事還是壞事，或者甚至是死亡。」兄妹心裏一直在想：「我們生
的這些東西都和我們不一樣，大概是因為我們是兄妹成婚的緣故
吧。」於是太陽和月亮告訴他們說：「以後你們不要同處一室，
在你們的床鋪之間要隔一道牆。」兄妹依照這話做了，結果生下

了各種顏色的石頭。他們試著把黑色的石頭掰開,一掰就從石頭裏出來了一個名叫狄那依的人,「狄那依」的意思是腸子,就是現在的阿美族;接著又從黑色石頭裏出來一人,他的名字叫「知本」,就是肚臍的意思。從白色石頭裏也掰出了人,那是日本人和大陸人。男子也時常去看他另一個姊妹,她也生下一塊黑石頭,從石頭裏掰出來的人,就是現在的排灣族。[16]

排灣族

排灣族的洪水神話大都屬於洪水後兄妹婚類型,例如以下的大鳥萬社的神話。古時曾發生洪水,各地的高山土石都被沖走,許多山峰都因崩塌而消失。有兩個兄妹,抓住拉葛葛草,因此未被沖走而得救。剛好有一條蚯蚓,當它拉屎一次,就形成一條山稜線,於是他們就住下。但是洪水後無火,偶有一甲蟲出現,口銜著火繩來,於是他們得到甲蟲所帶來的火。因為蚯蚓排出土壤,有了田地,也發現薯、芋和粟的種苗,他們開始耕種。兄妹長大後,就去找伴侶,可是沒有找到人,只好兄妹結婚。兄妹婚後所生的第一代身上有傷痕,或瞎,或手腳不全,生下第二代稍微好一些,到了第三代才完全是平常的子女,傳說兄妹婚是不吉利的。[17]

---

[16] 曾建次:〈卑南族神話傳說中的人與自然臺北〉,《山海文化》第6期(臺北:中華民國臺灣原住民族文化發展協會,1994),頁88-89。

[17] (日)小川尚義、淺井惠倫:《原語による臺灣高砂族傳說集》(東京:刀江書院,1935),頁245-247。

排灣族內文社的神話說，古時候，陸地、高山全被洪水淹沒
了，只有一小山尚存。世上的人也都死了，但有兩人倖存，掛在
山上laviilu樹枝上的兄妹活了。可是，他們沒有火，折了小枝而
鑽火。後來兩人成為夫妻，可是，卻生了瞎子或癩子或患鼠瘡者
的後代。他們將瞎的盲的與患鼠瘡者都送走，只留下好的當自己
的小孩。因為結婚者的關係越來越遠，就再也未生瞎子或癩子或
患鼠瘡者了，生下的人都是好的後代。[18]

魯凱族

　　魯凱族的洪水神話，其中包括取火神話母題，也包括兄妹婚
神話母題：

> 古時某地，忽有暴風雨，繼之洪水氾濫，人都流散死亡，
> 只剩兄妹二人，二人在黑暗中，取石頭打火，總打不亮，
> 另用一種油脂塗在松枝上，再取石頭打火點著，向四面照
> 看，只見足下四面都是大水，乃向天上禱告，祈水退去。
> 果然不久暴風雨停止，洪水也退去。但天色仍暗。兄妹同
> 走，想找一安身之地，走到某地，因所持松枝火已熄滅，
> 重又陷在黑暗之中。不久，遠望東方海上有火光，乃朝著

---

[18] 同前註，頁195-196。

火光方向，摸索前進，半途遇見很多野鹿，便商請野鹿，代到海上取火。但到海上之時，因鹿角太重，卻沉入海中，幾次掙扎未成。忽然哥哥在很微弱的光線中，看見一個小蟲停在妹之額上，蟲腿搓摩，竟生星星之火，他們就也用兩枝樹枝來摩擦，果然生出火光來。本來兄妹是不能結婚的，可這時只剩兄妹二人，只好結成夫婦。生下三個兒子，但第一個是殘廢不全，第二個是瞎子，第三個也快就死去，後來到第三、四代，子孫才逐漸正常的繁殖下來。[19]

這樣的洪水後兄妹婚神話生下殘缺的子女情節，與排灣族的洪水神話大同小異。

達悟族

達悟族分布在臺灣東部的小島蘭嶼，伊摩魯得社的洪水神話說：

從前有一位伊摩魯得社的孕婦，她趁著退潮時去海邊取鹽水，就看見了海水洶湧而來，接著漲到村子，連山頭都淹沒了。那些牲畜和人幾乎都死光了。到了第九年，山上有

---

[19] 陳國鈞：《臺灣東部山地民族》（臺北：東方文化書局，1957），頁136-137。

老鼠被投入海中，海水才逐漸退去。第十年，山上有了山
芋田，第十一年有了青芋田，第十二、十三年長出竹林，
第十四年磯石現出了，山上也長出樹木。後來天神把巨大
的岩石拋到吉巴普多克這塊地上，石頭裂開，裡面生出了
人，而海邊有一些竹子，竹子裂開，也生出了人。石生
人和竹生人相遇後，一同走著，後來他們各自發現了鐵和
銀。他們的右膝生下男人、左膝生下女人，這些人長大以
後兄妹自成婚配，結果生下瞎眼的孩子。最後只好讓竹生
人和石生人的孩子相互婚配，才生下健康的後代。達悟族
的子嗣後來學會造船和狩獵的技術，知道飛魚的漁汛，也
懂得馴養禽畜之類……。[20]

伊拉拉伊社所流傳的洪水神話也提到了類似的情節。[21]
另有東清部落的以鼠退洪水的神話：

有一天忽然地震，接著大雨下個不停，海水漲到陸地，淹
沒了他們的部落。洪水淹沒了很多山，只有青蛇山沒有被
淹沒，很多人在這座山上避難，因為沒有食物，一個一
個的死去。洪水大約持續九年，只有六個人倖存，其中一
個人抓到一隻老鼠，他用老鼠來祝禱：「我把你這隻老鼠
丟到海裏，願你把海水帶到很遠很遠的地方去，請同情我

---

[20] （日）小川尚義、淺井惠倫：《原語による臺灣高砂族傳說集》，頁751-752。
[21] 同前註，頁777-781。

們。」祝畢將老鼠丟到海裏，海水竟如其所願慢慢消退，高山一座一座露出來。幾年以後，陸地漸乾，水位恢復到原來的位置，海潮又漲退有序。從青蛇山下來的人找不到食物，結果發現鐵樹心paptok可食，這就是他們的第一種食物。後來他們回到洪水以前的部落domakavat居住，他們還是如前捕撈飛魚，施行各種儀式，人口又慢慢增多。domakavat居民中有一戶人家生下兩子，一個兒子是吃飛魚的第一人，也和orong（魚名）說話。[22]

蘭嶼達悟族的洪水神話，也有用老鼠退水的情節。海水漲潮，有小孩到海邊取潮水，海潮更漲大了，在海邊睡著的父親把老鼠踢到海裏，於是潮退了，人們才從山上走下來，採草而食。[23]

賽夏族

賽夏族的洪水神話發生原因常與海嘯有關。

太古時代本島發生大海嘯，陸地全部變成海洋，只露出現在的大霸尖山山頂，當時織布機的主體部分隨海水漂流

---

[22] 余光弘、董森永：《臺灣原住民史：達悟族史篇》，頁32。
[23] 衛惠林、劉斌雄：《蘭嶼達悟族的社會組織》（臺北：中央研究院民族所，1962），頁47。

而來，神把它撈起來，發現裡面有一孩童。神將該孩童殺死，把他的肉、骨及胃腸切成細片，包在樹葉裏投入海中，之後各片即轉化為人類。從肉變來的是我們賽夏族的祖先，從骨頭變來的是泰雅族祖先，從腸胃變來的是漢人的祖先。或說神曾是住在地上的人，他在海嘯來時逃上大霸尖山，而當時恰有一個小孩在織布機中隨海水漂流過來，他便祈禱上天讓人類繁殖；然後將小孩殺死，把肉、骨及胃腸投入海中。或說神逃到該山上時，有一位婦人也正向山頂游過來，所以他把她救起來，而兩人一起眺望四方時，該織布機漂流而來。[24]

賽夏族的洪水神話中，織布機似乎一直是避水工具。這與織布機在他們生活中的重要性有關，傳統的原住民族社會中，女子通常必需擅長織布或各種編織技藝，才能獲得男子青睞，找到好婆家。

賽夏族阿拉萬社的洪水神話是這樣講述的：

太古時代一場大洪水，讓人們四方離散，當時有個男子乘坐織布機架，逃到sirubiya山上，山上名叫'opoehnabo:ong之神，捉住了他，還把他打死，切碎其肉，口唸咒語，投入海中，結果，那些碎肉都變成了人，此乃我們的祖先由

---

[24] （日）佐山融吉主編：《蕃族調查報告書》第八冊 賽夏族（臺北：中央研究院民族所，2015），頁6-7。

來，當時即稱SaySiyat。接著，神把該人的腸子剁成碎斷，
灑入海中，同樣也變成了人，此即臺灣人的祖先，這也是為
何他們比較長壽，人口較多的原因。之後，神把那人的骨頭
扔進海，又變成了人，此即泰雅人的祖先，因為他們是骨骼
所化生，所以強健有力。緊接著，神把那人的膽也切碎，擲
入海中，也變成了人，不過這些人的名字早已失傳。[25]

從前，賽夏族祖先定居於海邊平地。有一年，洪水氾濫，
平地盡沒，族人避難不及葬身汪洋，只有兩人費盡千辛萬
苦，逃往山地脫離險境，待洪水漸退才下山。將同族屍體
截成細片，塞入織布用的胴木中，注水浸泡皆化為兒童，
分散四方繁衍子孫，成為各部落始祖。[26]

很久以前下了一場大雨，大概連續下了四十天，洪水氾濫
成災，很多人被淹死。只有一對夫妻抓住了一只織桶（原
注：放置紡織工具的木桶，是用一截樹幹挖空而成的。）
又過了四十多天以後，水漸漸的退了。洪水退去後，以前
平坦的地面變得高低起伏，出現了溪澗、深溝和山岳。這
一對倖存的夫婦穿越了高山河流，來到了平地，找到了適
合他們居住的環境，就在那里定居下來了。[27]

---

[25] 孫家驥：〈臺灣土著傳說與大陸〉，《臺灣風物》，第9卷第1期，1959年，
    頁1-12。
[26] （日）伊能嘉矩：〈臺灣土蕃の口碑〉，《東京人類學會雜誌》，1908年。
[27] 金榮華編撰：《臺灣賽夏族民間故事》（新北：中國口傳文學學會，2004），

在很古的時候，陸地都是平坦的，不像現在這樣有山陵起伏。後來發生大洪水，浪非常大，將泥土帶走，地形才變得有高有低。洪水來的時候，有一個男孩子跑到現在大霸尖山的一個山頭，有一個女孩子跑到大霸尖山的另一個山頭，他們是大洪水後唯一剩下來的人。後來他們見了面，結為夫妻，生了十二個小孩。他們給這十二個孩子分別冠上了姓氏，也就是我們十二個氏族的祖先。[28]

　　另一則賽夏族神話的內容大同小異。很久以前，人們時常互相殘殺，神的化身帶來「要將世界毀滅」的警告，並要大家準備船隻。但只有一個小男孩願意聽話製造船隻。神要求男孩把動物、穀子都放進船艙，最後讓小男孩帶著一個小女孩上船。毀滅世界的大洪水到來，船一直漂流到卡在大霸尖山的山頂才停下來，但直到老鼠咬了草上船，才敢下船回到地面。他們於是開始在山頂上耕種，並且結為夫妻生下孩子。等到孩子長大，由於擔心後代斷絕，所以替小兄妹文面，讓他們認不出彼此，再吩咐他們分別繞過山，找對象成親。兄妹依父母之命結合後，生下來了孩子，子孫綿延，最後分了十二個姓。[29]這則神話似也在解釋文面習俗的由來。

　　頁21-22。

[28] 同前註，頁22-23。

[29] 同前註，頁17-20。

平埔族

平埔族的神話也講述，洪水後兄妹逃到山頂避水而倖存，然後兄妹成婚。

> 很久以前，平埔族祖先從天而降，住在臺灣中部平原。多年後，洪水爆發，一片汪洋，人畜盡亡，只有一對兄妹逃往山頂免於一死。六日後，洪水退去，兄妹倆下山在平地建一部落，隨後結婚生二子。父母用刀將二子截成數片，皆化為成人、分散各地成為各同族的祖先。[30]

巴宰海族的洪水神話就是很典型的洪水後兄妹（姊弟）婚情節。神話中講述，祖先從天上降下來，住在臺灣中央的平地，繁衍了許多子孫，後來大洪水出現，山陵河川和花草樹木都沉沒，人和牲畜也死了。只有姊弟二人倖免於難，他們漂到茲波歐查來幽次山（即觀音山）頂上。大約過了六天，大水退去，兩個人就下山居住在山麓的坡地上。不久之後，他們走到平地，建立部落，叫作「發發歐‧瓦‧路茲路」（上面的村落之意）。後來姐弟成婚，生下兩個孩子，姊弟把孩子的身體截成數片，並向每一片吹氣，他們就變成優秀的青年，被稱為「發發歐梭」（上面村

---

30 伊能嘉矩前揭文。

落人之意）。後來這些人分居各地，成為巴宰海的祖先。[31]

　　撒奇萊雅族主要分布於花蓮奇萊平原，由於靠山面海，因此同時兼有漁業以及狩獵等經濟產業，近代因甚早接觸噶瑪蘭族人，因而學習水田耕作。目前撒奇萊雅族在海岸山脈兩側建立的各個部落，散居於阿美族各社之間，神話的情節似乎也都與阿美族近似，如以下的洪水神話：

> 大地被沸騰的洪水淹沒，有一對兄妹坐在老人家搗麥用的木造大盤子上，就好像坐在船上一樣，兩人才沒有被滾燙的洪水燙到而活了下來，大概漂流了一星期到了花蓮。等水不燙、退去了，兩人離開木盤子。那時大地上連草都被燙死了，生活上什麼都沒有。他們頭上長很多蝨子，在那種情況下，也只能吃蝨子了。就這樣過了一陣子，草開始長出來，有了神給予的食物，兩人存活下來後成為夫妻，繁衍後代，人口越來越多，分散開來，到南昌、東昌等地方。所以，人是從同一個肚臍出來的。[32]

> 大地上冒出滾燙的洪水，部落的人幾乎全部死掉，只剩下一對兄妹。他們坐在木臼上，才沒有被燙熟，因為那是木頭做的，就像船一樣，讓他們躲過災難。然後，水退去

---

[31] （日）佐山融吉、大西吉壽：《生蕃傳說集》，頁31-32。
[32] 劉秀美整理：《火神眷顧的光明未來——撒奇萊雅族口傳故事》（新北：中國口傳文學學會，2012），頁16。

了，他們兩人上了陸地。那時什麼食物都沒有，只好吃頭
上的頭蝨。後來草慢慢長出來了，也許是有了神明的幫
助，也或許是他們懂得種地瓜。他們就這樣活了下來，年
紀慢慢長大成了夫妻。所以說，我們是同一個臍帶出來
的。漸漸人口繁衍眾多而分開，因此才會有阿美族、撒奇
萊雅族。[33]

　　兄妹搭木臼避水而倖存，而後兄妹結為夫妻，與阿美族的洪
水兄妹婚神話雷同；而神話情節中比較特殊的是，說明撒奇萊雅
族與阿美族是同一個臍帶出來的，可見兩族關係非比平常。

　　何廷瑞先生也說近親婚配再傳人種的主題流傳在三個社會經
濟較發達的民族，排灣族、阿美族與受漢化的巴宰海族Pazeh。
巴宰海族的神話是洪水後兄妹婚配生下孩子，而後由孩子的屍體
化成後代的。而排灣族、阿美族是洪水後兄妹婚配生下畸形的孩
子，與巴宰海族神話不同。[34]

　　李福清先生認為，這個肉塊在St. Thompson及B.F. Kirtley兩
種母題索引都沒有，只有普遍的「人出自創世者身體」（母題
1210）。很可能是肉塊變人母題「人自創世者（世祖）身體」之
變形，特別是每次描述是再造人。劈開身體是古老儀式成分（大
部分大概是象徵的劈開），接著「死亡的」人復活。賽夏、平埔

---

[33] 劉秀美前揭書，頁17。
[34] Ho Ting-jui, *A Comparative Study of Myths and Legends of Formosan Aborigines*, Taipei, The Orient Cultural Service, 1971. pp. 81-82.

族、侗族神話皆同，劈開的屍體（每個肉塊）變人即活，三個民族都有較晚期的細節，應不是像布農或泰雅族神話描述人類（與本族人同）起源，而是描述幾個民族起源（如賽夏族神話中肉塊變本族人，其腸變為臺灣人，骨頭變為泰雅族人；侗族神話中肉變成侗人，骨變成苗人，腸變成漢人，腰變成瑤人）。[35]

　有關原住民族的洪水神話類型非常複雜多樣，值得探討的地方很多。李福清先生就提出他的疑問？

> 為什麼臺灣僅僅阿美族與巴宰海兩族有同胞配偶型洪水神話？為什麼臺灣其他原住民都沒有人類起源神話，而賽夏族只有兄妹結婚再造人神話的減弱形式（洪水時，人類都淹死，只剩兄妹兩人，但他們沒有結婚，因為妹妹死了，哥哥把屍體切成小塊，再一一用樹葉包好，並唸著咒語，投入水中，肉塊變人）？這些問題與這些民族來源及民族形成過程有關，但是臺灣原住民各族來源至今仍待考。[36]

　類似兄妹遇海嘯後倖存或漂流到其他島嶼繁衍子嗣的神話，也可在琉球的神話裡找到許多相關的描述。[37]八重山波照間島的故事是，躲過浩劫的是一對兄妹，後來結為夫妻，經過數次造人

[35] （日）李福清：《從神話到鬼話》（臺中：晨星出版社，1998），頁106。

[36] （俄）李福清：〈從比較神話學角度再論伏羲等幾位神話人物〉，朱曉海主編《新古典新義》（臺北：學生書局，2001），頁23。

[37] 林淑莉：《琉球神話與臺灣原住民神話研究：以兄妹始祖神話為中心》，中國文化大學日本研究所碩士論文，2002。

失敗後,最後才成功傳下後代。[38]這樣的情節似乎與阿美族等海嘯洪水後兄妹婚可一併觀察。

　　李卉引用了1929年O. Rutter的兩則資料,都講到北部婆羅洲的Murut族也有洪水後同胞婚神話。神話中講述:在萬物始生之際,有一次大洪水,毀滅了一切事物;洪水消退後,只有姊弟二人倖存。有一天,弟弟攜帶著他自己的吹管出門狩獵,也沒獲得獵物,卻看見兩隻蜥蜴在交配。他忽然有所感觸,回家後,整日沉默不語。姊姊關心詢問,他便說出經過。她問:「你所要的是我的裙子嗎?」他答道:「還要多些。」「是我的帶子嗎?」「還要多些。」「是我的腹臍嗎?」「還要多些。」「好!」姊姊明白了,答應他的要求,但希望弟弟是以假裝的態度。弟弟「假裝」的時候,一隻黃蜂飛來,從後面螫他,他忍不住向前一跳,兩人就交合了。姊姊後來生下一對雙胞胎,那便是現代人的起源。[39]這則神話中男女是因為蜥蜴的啟示而交合,在其他的神話中也會出現海鳥的角色,而原住民族的始祖神話那一章中,我們看到最多的例子是,原住民族因為蒼蠅的啟示而學會交合,傳下他們部落的後代。

---

[38] 黃智慧:〈南北源流交匯處:沖繩與那國島人群起源神話傳說的比較研究〉,《中央研究院民族學研究所集刊》第89期(2000年春季),頁207-235。

[39] 李卉:〈臺灣及東南亞的同胞配偶型洪水傳說〉,《中國民族學報》第1期,1955年。

二、洪水起因

原住民族洪水神話大都未有洪水起因，只是單純地說明洪水的過程與洪水結果。而布農族洪水神話中的洪水起因是大蛇堵住河流，鄒族、卡那卡那富族洪水神話中則是鰻魚引起洪水。

布農族的洪水神話

布農族的神話都談到洪水的起因，講述大蛇堵住河流，引起河水氾濫，螃蟹咬斷大蛇，洪水退去。神話通常會強調洪水退去，出現耕種的土地，而且有了穀物，另外也提到洪水以後，沒有火種，動物去取火，通常，取火成功地都是鳥類。洪水神話的情節大同小異，例如以下各部落的神話：

臺灣中部巒蕃布農神話說，古時候大蛇堵河流，引起洪水氾濫，人和動物都跑上玉山。由於沒有火，先派蟾蜍去取火後失敗，再派一種鳥去取火也失敗，直至比西鳥去取火才成功。後來螃蟹咬死大蛇，大水退了，人們回到原來地方，用石斧耕種。神話中特別提到洪水中的穀物都被流光了，因為一串小米掛在塔匹古那斯草上，後來才有穀物留下來。因此，布農族後來播種小米時都不會拔掉這種草。[40]

---

[40] （日）小川尚義、淺井惠倫：《原語による臺灣高砂族傳說集》，頁591-593。

另一個布農族的神話大同小異，說人們搬到巒大社時，有大蛇堵住河流而發生洪水，人們逃到玉山和卓社大山，玉山有火，卓社大山無火，遂叫蟾蜍取火，失敗，又叫leqqoleqqo鳥去取火，也失敗，最後卡伊比西鳥去取火才成功。後來螃蟹將蛇剪斷，洪水退去，人們就在巒大社定居。[41]

> 當祖先從lamonnan遷至tansimmok時，有大蛇堵住河水而發生洪水，人們逃到玉山和卓社大山。玉山上有火，卓社大山的人叫蟾蜍去取火，但火熄了，又叫kaipis鳥去取火才成功，日後布農族禁止殺蟾蜍和kaipis鳥。後來螃蟹剪斷大蛇，水退。（人倫社）[42]

> 太古時候，洪水來襲，大地變成汪洋，僅玉山、巒大山、郡大山、Silbia山以及卓社大山的山頂露出水面。人們雖然幸運地到玉山的山頂避難，然因小米盡失，苦無食物可食，只好捕捉野獸生吃以延續生命。然而，沒有火的生活實在不方便，於是到處尋找火。有一天，發現卓社大山的山頂有火光，差遣了許多不同的鳥前往取火，都沒有成功。最後，派出了Kaipis鳥，才如願以償的將火取回。後來，有一次大蛇和螃蟹爭鬥，螃蟹剪破了大蛇的肚子，大蛇不堪疼痛，迅速往西方逃竄，其經過之地頓成溪流，積

---

[41] 同前註，頁609-610。
[42] 同前註，頁633-634。

水因而得以宣洩。人們非常高興，紛紛下山尋求良地，因
此離散四方，並各自組織了今日所見的蕃社。[43]

布農族郡社群「達給斯卡卡浪岸」氏族以「卡卡浪」（kaka
—lang）命名，「卡卡浪」是螃蟹之意，氏族以螃蟹為名，或與
原住民族對螃蟹的崇拜有關。

一條大蟒蛇經常在Ilukan出沒，堵住濁水溪，終至引起大
洪水，人們紛紛往高山逃跑。因為倉促逃命，沒有攜帶火
種，某天夜裡發現玉山頂上有火，有隻青蛙自告奮勇去取
火，卻在游泳過河時火種熄滅而失敗，最後是kaipis鳥銜
回了火種。祖先為了表達感謝之意，至今不殺kaipis鳥和
青蛙。後來，螃蟹與溪中的巨蟒纏鬥，狠狠夾住蛇身，大
蛇逃走，洪水方退。[44]

尹建中、謝繼昌兩先生曾討論過布農族的洪水神話被蒐集記
錄的約有十三則，其中五則提及洪水的原因，四則說是大蛇堵住
了河流（或濁水溪），引起洪水氾濫；一則說是巨蟹用螯要箝食
大蛇，大蛇逃入海中，產生海嘯，引起洪水氾濫。而避水的玉山
或卓社大山就成了布農族的發祥地。另外，神話中還提及去取火
的動物，有蟾蜍、青蛙和幾種鳥，也記錄黍、粟、螃蟹等作物或

---

[43] （日）佐山融吉編：《蕃族調查報告書》第六冊・布農族 前篇，頁22。
[44] 同前註，頁19-20。

動物的產生，而除去水患的是螃蟹。[45]

李福清先生認為，在較原始的神話中，洪水是自然的，沒有談到原因，古代中國也沒有說為何會「洪水滔天」。布農族神中說古時有一條巨蛇堵住了水流，是洪水的原因；這種將洪水原因歸諸某種動物，大概也是較原始的說法。神話中最早說天降洪水，如越南Mang、Lamer、Laha等族。而天降洪水又發展到天神降洪水之說，在較原始的民族神話中，天或天神降洪水不是為了懲罰人類。布農等族也有如越南Sedang族的類似描寫，一粒米可以煮一鍋飯，水、火柴自動到家等，但沒有說人類變壞，受懲罰。懲罰的母題大概是較晚期的，可能受了宗教的影響。[46]

鄒族的洪水神話

鄒族洪水神話中通常描述鰻魚橫臥溪中而引發洪水，退水的是大蟹。例如有一則神話說：

> 古時候有一條巨鰻橫臥溪中，溪水為之堵塞到處氾濫，大地變成汪洋，人們紛紛逃上玉山。但水勢繼續上升，快到達玉山頂，使人們憂心忡忡，此時有隻大螃蟹跑來，向人

---

[45] 謝繼昌：〈布農族神話傳說思維的探討〉，《中國神話與傳說學術研討會論文集》（臺北：漢學研究中心，1996），頁637-648。

[46] （俄）李福清：〈從比較神話學角度再論伏羲等幾位神話人物〉，朱曉海主編：《新古典新義》（臺北：學生書局，2001），頁16。

們要禮物說牠可以使洪水退。人們問牠要什麼，牠看了看
正在烤火的婦女的下陰，婦女弄懂牠的意思拔下幾根陰毛
交給牠，螃蟹就高興的走開。牠找到鰻魚之後，用螯抓住
鰻魚的肚子，鰻魚驚慌之下轉身，水漸退，大地再現。[47]

而有的鄒族洪水神話則有鳥類取火種情節，例如神話中敘述：

> 古時達邦附近的鰻魚堵過溪水，洪水氾濫成災，人們向
> 玉山逃避。此時有一巨蟹用螯鉗夾鰻而退水，於是大地
> 又現，人們競相下山栽種芋葉。洪水退後，火種亦滅，
> ufugu鳥去銜回火種。[48]

鄒族有的洪水神話和布農族的情節架構相似，只不過引起
洪水的是大鰻魚，而幫忙退水的螃蟹向婦人要腿毛當報酬。其
實，類似的神話中螃蟹所要的報酬幾乎全是婦女的陰毛。浦忠成
認為，那是牠看見圍爐烤火的人群中有一個蹲踞的婦人，螃蟹看
見，便索求陰毛，等到獲得報酬，便幫人退水。[49]鄒族神話提到
螃蟹索求婦女陰毛應是一種解釋性的神話，是為了解釋螃蟹身上
有像毛髮的器官。

---

[47] 浦忠成：《臺灣鄒族的風土神話》（臺北：臺原出版社，1993），頁128-129。

[48] 胡耐安、劉義棠：〈阿里山區曹族概述〉，《國立政治大學學報》第6期，1962年，頁25-106。

[49] 浦忠成：《庫巴之火──臺灣鄒族部落神話研究》（臺中：晨星出版社，1996），頁76。

而有的鄒族洪水神話則有鳥類取火種情節，例如神話中敘述古時達邦附近的鰻魚堵遏溪水，洪水氾濫成災，人們向玉山逃避。此時有一巨蟹用螯鉗夾鰻而退水，於是大地又現，人們競相下山栽種芋葉。洪水退後，火種亦滅，ufugu鳥去銜回火種。[50]

　　卡那卡那富族講述古時候大鰻魚爬上大陸，引起大洪水，祖先倉促逃難。這時，一頭山豬自願去殺死大鰻魚，只要求人們要善待牠的後代。山豬終於殺死大鰻魚，洪水退了，但退勢太猛，地上滴水不存。祖先便遣鳥去取水，鳥要求人讓他們吃粟，人准了，鳥果然取水回來。而因為山豬退水有功，也被准許吃田裏的作物。[51]另一則神話則講鰻魚堵住河流，洪水氾濫，山豬吃下鰻魚，水退了，山豬要求吃人的食物、作物，人們後來也一直很善待山豬。[52]

　　琉球大學的小島瓔禮先生研究八重山群島和菲律賓群島分布著許多鰻魚和螃蟹的地震神話，敘述鰻魚背著大地，螃蟹及其他小動物們有時來欺負牠，引起爭執，大地就會劇烈搖動，引起震動。而位於兩個群島之間的臺灣原住民族則具有以鰻魚和螃蟹為主角的洪水神話。他舉了許多相關的鄒族洪水神話，都是鰻魚引發洪水。有一個神話說，太古時，大鰻堵塞河道，河水橫溢，淹沒大地。人與獸逃往高山避難。困居高山期間，……巨蟹下山，

[50] 胡耐安、劉義棠：〈阿里山區曹族概述〉。
[51] （日）佐山融吉、大西吉壽：《生蕃傳說集》，頁329-331。
[52] （日）小川尚義、淺井惠倫：《原語による臺灣高砂族傳說集》，頁732-736。

用尖利的雙螯捅破大鰻腹部，大鰻拼命掙扎，張開巨口吸盡地上的洪水。水患消除，大鰻的脊背變成高山丘陵，長滿松林大樹。人們復歸故里，重建家園。小島教授認為，鰻魚變成山地，肯定是鰻魚支撐著大地神話的變異。[53]

四社蕃拉阿魯哇族講述洪水的發生，是因為一條老鰻魚爬上陸地。人們都逃到山上避水。這時有一頭豬表示如果人們善待牠的孩子，餵牠們吃芋頭和香蕉，自己便願意幫忙退水。山豬咬了鰻魚，洪水遂退，但山豬也隨著洪水流走。[54]還有一個版本，說的是老豬退水以後，出現一條蛇開鑿河流，形成河床，才有了山谷、河流。[55]

卡那卡那富族的洪水神話的主角是鰻魚和豬。學者認為，這是把螃蟹變成豬的神話類型。[56]這則神話也有解釋性的情節，解釋原住民族允許豬隻到處游走吃莊稼的由來。神話中解釋河谷的由來，也解釋餵豬芋頭的由來。

高雄茂林鄉萬山村的魯凱族洪水神話中，敘述洪水來時豬退了水：

> 從前，大洪水快淹到村莊了。有一個家族把他們養的一頭豬放進洪水裡，那頭豬「嗚嗚」地叫，洪水就「浦」的一

---

[53] （日）小島瓔禮：〈鰻魚、螃蟹與地震發生的神話〉，《思想戰線》1997年6期，頁84-91。

[54] （日）小川尚義、淺井惠倫：《原語による臺灣高砂族傳說集》，頁702-703。

[55] （日）佐山融吉主編：《蕃族調查報告書》第三冊·鄒族，頁119，四社番（拉阿魯哇族）。

[56] 同前註。

聲，好像被什麼東西衝破了，刷！水就退了，就沒有淹到
村莊。[57]

此神話未說明洪水原因，只論及退水辦法。而豬成退水主
角，與卡那卡那富族、拉阿魯哇族神話不謀而合。

鄒族的鰻蟹、布農的蛇蟹與卡那卡那富族的鰻豬應是同原型
分化而來的。從外形上來看，鰻魚與蛇是極相似的細長動物，應
屬於同一範疇。小島教授認為，原住民族洪水神話中本來的主角
是鰻魚或蛇，難以論斷。不過，實際流傳的神話講到鰻變成了山地
或者說牠來自大海，所以最早的主角應是鰻魚。包括琉球諸島在內
的日本普遍認為鰻魚和蟹都是有特點的水神，鰻蟹的大地神話的基
礎很可能本來是一致的。他還舉了許多例子來支持他的論點。

至於卡那卡那富族的洪水神話，普遍流傳的山羊和羌之類的
取火者，可能與牠們本身所具有的特點有所牽涉。神話的情節都
強調，洪水後沒有火種，山羊在取火回來時，角上所縛的火種太
熱，將牠的角都燒成彎曲的，從此，山羊的角都是彎曲的。拉阿
魯哇族的神話則說人們派出山羌順利取火回來，眾人大喜，於是
紛紛圍攏過來，撫一撫牠的身體，沒有想到大家一摸的結果使山
羌的毛更加光亮，牠的身體卻縮小，所以山羌變得那麼小，就是
從那時候開始。[58]

---

[57] 金榮華編：《臺灣高屏地區魯凱族民間故事》（新北：中國口傳文學學會，
　　1999），頁11。
[58] 浦忠成：《庫巴之火——臺灣鄒族部落神話研究》（臺中：晨星出版社，1996），
　　頁75。

奇密社阿美族的神話說秀姑巒溪原是一條小河，有一天，因
為一條大鰻魚來到河中，用尾巴和鰭把小河壓成大河。這與布農
洪水神話中蛇爬過的痕跡變成溪流的內容相通。有的神話認為，
因為人們捕食鰻魚，鬼怪作祟，所以番社的人後來不吃鰻魚。原
住民族的大地神話中，鰻魚是被看成很神聖的東西。而布農族的
洪水神話中，有的是講述大螃蟹想吃大蛇，用夾子夾住了大蛇，
蛇甩掉螃蟹，跑到海裏，洪水發生了，全世界都淹沒在汪洋中。
這個神話在結構上很接近於鰻蟹的地震神話。[59]

　　排灣族的洪水神話中有的洪水原因是排水口遭堵塞，而洪水
是自然退的。

> 　　古時洪水都流入一個怪物口中，可是，怪物的嘴巴塞住，
> 洪水氾濫成災，只有tomapalapalai山和霧頭山和大武山沒
> 有被淹沒。下排灣社的人逃上無火的tomapalapalai山，山
> 上無火，人們派遣小鹿去霧頭山取火。後來怪物的嘴巴打
> 開，不再積水，洪水才退。有蚯蚓掛在樹上被頭目發現，
> 這蚯蚓拉屎成土，才有土，因此這些土地屬於頭目。[60]

　　這個神話與蛇鰻堵住出水口情形類似，而蚯蚓拉屎成土也似
蛇經過的痕跡成溪流河谷。神話中蚯蚓拉屎就形成山陵線或排出

---

[59]　（日）小島瓔禮前揭文。
[60]　（日）小川尚義、淺井惠倫：《原語による臺灣高砂族傳說集》，頁277-279。

土壤就有了田地，似與蛇、鰻經過就成溪流或鰻的背脊成高山丘陵有異曲同工之妙。

小島先生肯定鰻蟹洪水神話與鰻蟹地震神話是同一系列的大地神話，棉蘭老島的世界蟹神話是這一系列的神話之一。布農族的神話說，蛇一跑到海裏就發生了洪水，因此鰻魚應是更合適的主角。蛇的地震神話集中分布的巽他群島與鰻的地震、洪水神話的分布地區，和大鰻魚集中分布的地區相一致，這是值得注意的地方。[61]

海南島黎族的神話中螃蟹也扮演重要角色，巨蟹口吐黃水氾濫成洪水。牠的身軀比一座山還要高大，移動時會引起地震和洪水。[62]黎族一向被歸為百越族群，然而在神話中出現螃蟹卻非巧合，它也被認為屬於南亞語族和南島語族。似乎螃蟹也不全然是助人退水，牠有時反倒是引發洪水的關鍵。

雲南德宏的德昂族屬於孟·高棉語系，也流傳螃蟹的洪水神話。螃蟹是水之母，無論去哪裏都想發洪水。有一年，螃蟹發洪水，所有的人畜都被淹死了。釋迦牟尼佛給人一個葫蘆，幾個男人和幾個動物躲進葫蘆而倖存。為了繁衍人類，佛祖讓一個女人從天而降與男人生活，這就是德昂族的祖先。[63]德昂族信仰小乘佛教，神話中出現釋迦牟尼佛應是後來的影響，不過螃蟹的角色應是原有的，是南亞語族的共通情節。

花蓮太巴塱阿美族的木雕上常出現螃蟹，有人認為，以前

---

[61] （日）小島瓔禮前揭文。

[62] 袁珂：《中國民族神話詞典》（成都：四川省社會科學院出版社，1989），頁228。

[63] （日）小島瓔禮前揭文。

在太巴塱地區常有白色的螃蟹，螃蟹就成為象徵太巴塱的圖騰，Tabalong在阿美族語意謂「白色的螃蟹」。[64]螃蟹也許不見得是一種圖騰，卻可見出螃蟹在原住民族心目中的重要性，已經成為一種神聖代表。

學者歸納了南島語族的洪水神話起因，其中包括神和神之間的爭執引發洪水，或者，神懲罰人類引發洪水。神和神之間的爭執引發洪水，包括天神、雷神、火神與地神、水神的對立，即天與地、水與火的對立。大溪地的洪水神話中，天神與地神爭執，地神、水神生氣了就有濃霧大雨，而天神、火神讓大地乾涸。地神生氣時人們飢荒，天神就降下魚類讓人們飽腹。[65]災難來自神與神之間的任性爭執。

庫克群島的神話中，雨神和海神爭執，雨神找大母神的第五個孩子忙，狂風暴雨，風神也讓兩個兒子幫忙，島嶼都沉沒了。雨神發狂降雨，淡水流入海中，赤土也流入海中，人都快滅絕了。曼加伊亞島國王帶領向太陽方向的水中唱道：路上的水，海中的水都夠了，這樣非人類語言的歌聲使得洪水馬上就退了。[66]這樣唱歌來退水的神話情節，讓我們想到排灣族的粟種神話，對著祖神唱歌而生出小米等穀物，甚至唱歌而創造人類。

越南的巴拿人部落有神話說，古時，鳶和蟹爭吵起來。鳶猛

---

[64] 達西烏拉彎・畢馬（田哲益）：《臺灣原住民──阿美族》（臺北：臺原出版社，2001），頁273-274。

[65] （日）後藤明：〈オセアニアの洪水神話〉，收入篠田知和基、丸山顯德編：《世界の洪水神話：海に浮かぶ文明》（東京：勉誠出版，2005），頁72-77。

[66] Gill, William W. Rev. *Myth and Songs from the South Pacific*. Henry S. King & Co. London, 1876，頁80-82。

啄蟹的甲殼，在上面啄出一個洞。蟹為了報仇，讓大海和河流漲起
來，一直漲到天上，所有生物都被淹死，只有一對兄妹躲在巨大的
箱子裡倖存。他們儲存在箱裡的穀物吃完，有一隻黑螞蟻又為他們
送來了兩粒穀種，哥哥將穀粒種下，第二天早晨就收穫了很多糧
食。[67]這則神話說明洪水的起因，也提及洪水後獲得穀物的關鍵。

　　玻里尼西亞賴阿特阿島上的神話說，海神在海洋深處的珊瑚
叢裏休息，一個漁夫把自己的魚鉤投放到珊瑚枝中的海水裏，小
鉤子勾住了正在熟睡中的海神的頭髮。海神怒不可遏，斥責漁夫
大不敬並威脅說要毀滅整個大地。驚恐不已的漁夫向海神央求寬
恕，請求撤回已經宣布的判決，或至少留他一條生路。海神允諾
當周圍的島嶼毀滅的時候，漁夫可以在這裏獲得安全。這個人急
急忙忙趕回家，帶著自己的妻兒與一個朋友，到珊瑚中的救命小
島上去。弗雷澤在書中還提出一個有趣的疑問，用來作為躲避大
洪水的珊瑚小島，比海平面高不了兩英尺，因而很難理解它怎麼
會在水災中安然無恙，當時連高出鄰近海岸幾千英尺的山頂都淹
沒了。土著人得意洋洋的指著最高山頂上發現的珊瑚蟲、貝殼和
其他海洋物質，以證實他們的故事。他們堅持說，這些東西一定
是海島被淹時留在這裡的。[68]

　　其實以上的神話情節更讓人狐疑的是海神的角色，何以祂寬恕
犯錯的漁夫，而毀滅所有不相干的人？原來神也是如此任性的。

---

[67]　（英）弗雷澤著，葉舒憲、戶曉輝譯：《《舊約》中的民間傳說——宗教、
　　神話和律法的比較研究》，頁96。
[68]　同前註，頁112-113。

密克羅尼西亞島上的神話講述，有一個人上天，偷了一顆星星，星星是眾神的眼睛，從此全體島民因這隻明亮的眼睛而財源滾滾。眾神對此大為震怒，就到地上，想找回眼睛並懲罰小偷。他們扮成凡人，走了一家又一家，以求得到食物和住宿地。但人們粗暴地驅趕他們，不給他們任何食物。只有一個老婦人，殷勤地招待他們。因此，神以海水淹沒大地，只讓老婦人倖存。[69]天上眾神連閃閃星光都看不住，被偷了，連人也找不到。這神話中的神也太遜了！除了生氣，發洪水，似一無是處！當神也不容易啊！這則神話暗示神的權威被挑戰，神的眼睛被偷，而且神還無力無能找回，只能以毀滅人世報復。又是一個神祇任性的例子。

　　蘭嶼的作家夏曼藍波安有一部作品《天空的眼睛》。在蘭嶼的達悟族語意裏，「天空的眼睛」指星星，夏曼藍波安說，從達悟族的觀點，每個人的靈魂都住在某一顆星星裡面，人類仰望天空，大魚獵食飛魚也仰望著海面，被獵殺的飛魚散落海面上粼粼的波光鱗片，也猶如星光一樣。神話似乎一直是詩人的題材，無獨有偶，阿根廷作家波赫士也喜歡星星這個象徵，他說，我希望化為夜晚，以千萬顆眼睛溫柔地深情地，凝視著你。

　　神話是夢，也是詩。

---

[69] 同前註，頁115-116。

三、退水方式

　　原住民族的洪水神話幾乎都會論及退水方式，布農、鄒族與卡那卡那富族的神話中，洪水中螃蟹或野豬幫助退水，很多退水方式其實都是的。而泰雅族是以人祭河；鄒族是以狗頭、猴頭祭神而退水，最後有獵人頭的情形產生；魯凱族則是人作牲禮退水外，狗也幫忙將水喝乾。

祭河退水

　　泰雅族的洪水神話在眉原、南澳、鹿場、南勢及Kaokan社流傳都很普遍，內容上說古時因為木材堵住出水口，或是女人把梳掉的頭髮丟到水中，塞住出水口，而引發洪水。（泰雅族禁止把毛髮扔到溪，如見到水流中的毛髮要撿起），後來，海神告訴一位占夢老者，只要獻給他一個女人，洪水立退，但沒有女人願意犧牲，人們便把一醜女丟進水中，洪水不退，一聰明男子把身邊一美女丟進水裡，洪水就退了。[70]

　　泰雅族洪水神話大多會論及以人祭河退水的情節。一則神話

---

[70] （日）佐山融吉、大西吉壽：《生蕃傳說集》（臺北：杉田重藏書店，1923），頁326-327。

說，古時候，發生了一場大洪水，人們都跑到山上去避難。後來把一對美男女投入水中，洪水才於頃刻間退下。人們下山再度回到原來住處，發現從前留下的空鍋內，竟然有很多魚。山谷就是在那時產生的。[71]

另一則神話則說明用美女投水的情節。原先泰雅族祖先住在南投廳管轄地時，突然來了一場洪水，只剩taloko大山的峰頂露出水面祖先們紛紛逃到山頂。那時，有人把一個醜女丟入海中，祈禱海水速退，可是醜女又泅水回來，爬到陸地上，所以洪水依舊。只好再把美女投入海中，海水立刻全部退了，陸地重現，那時社內的小米都被洪水沖走，但穀倉內卻裝滿魚類。[72]

又有神話說明洪水後以頭目女兒獻神。據說古時候沒有深谷或斷崖，放眼望去幾乎都是平坦的平地。一日，卻有洪水氾濫，泰雅族人不斷往高處遷徙，後來遷至大霸尖山峰頂。族人們將一個最不中用的人扔進水裡獻神，怎料水勢不減反增，後來，決定將頭目的女兒獻出去，此刻立即傳來似斷崖崩塌的轟聲，水終於退了。自此，地面上開始有了斷崖和深谷。[73]

新近採錄的神話情節也是如此，都是以美女來祭河。

> 有一次大水來的時候，全部的人都跑到大霸尖山的最高
> 處，那時候很多人被大水沖走，到處一片汪洋，能到逃到

---

[71] （日）佐山融吉：《蕃族調查報告書》第七冊 泰雅族・後篇，頁169。

[72] （日）佐山融吉、大西吉壽：《生蕃傳說集》，頁328。

[73] （日）小川尚義、淺井惠倫：《原語による臺灣高砂族傳說集》（東京：刀江書院，1935），頁44-45。

山上的人，都是比較善良的人。因為水一直不退，有人
請巫師占卜問鬼神，是不是大家做錯了什麼，才會遭到懲
罰，要怎樣才能退洪水？第一次占卜的結果，鬼神指示要
丟一個女孩子到水中，於是大家丟了一個不是很漂亮的女
孩子，但是水還是沒退。後來才知道鬼神要的是一個漂亮
的女子，所以又丟了一個漂亮的女孩子給鬼神，水就退
了。水退了大家就下山了。[74]

北勢泰雅族汶水蕃則說是某氏族有位美女，因為捨不得家人
而與兄長結婚，結果激怒祖靈引發洪水。社人只好將一隻狗和一
個老人投河，祈神退水，水不退。

最後把這對兄妹丟入水中，水才退。[75]據俄羅斯普羅普的研
究，投人祭河的母題很普遍，而這樣的母題只存在於農業社會，
如古代埃及、墨西哥、印度及中國（把少女送給河伯）。[76]

賽德克族霧社蕃在〈出草的由來〉故事中提到平息洪水的
過程：

太古時代，一場大洪水，讓居住各處者都跑到某山頂避
難。當時，社內有勢力者就提議把一個白痴丟到海裡獻給

[74] 劉秀美：《臺灣宜蘭大同鄉泰雅族口傳故事》（新北：中國口傳文學學會，
2007年），頁37-38。
[75] （日）佐山融吉：《蕃族調查報告書》第七冊 泰雅族·後篇，頁164。
[76] （日）李福清：《從神話到鬼話》，頁28。

海神，以平息其怒氣。但是白痴卻游泳回來，並返回山上。人們因此知道此非海神所想要的，又再度把一男一女丟入海中，此次，海水瞬間退去並露出了原來的陸地。人們非常高興，紛紛離開去尋找土地。那時，留在山上的人比遷移平地者少，所以臨別時就宣稱：我們的人少，今後要砍你們的人頭！出草之風就此而起。[77]

花蓮縣太魯閣族的洪水神話強調洪水是海神帶來的，海神要求我們的祖先放兩個年輕人在簸箕上，慢慢地流到海裡頭，但是第一次簸箕被垃圾堵在海口的地方，海水還是一直漲起來，因為他們給的年輕人是不太好的。後來他們商量，把族裡最好的兩個年輕人送出去，結果海水就退了。倉庫裡的小米、地瓜等食物也都被水流走了，只有很多魚和蝦。[78]其實這樣的情節在小川尚義等人原先所採錄的資料就是如此。

花蓮縣卓溪鄉、萬榮鄉太魯閣族的洪水神話也大同小異。

從前曾經有過大洪水，當時，有一個神告訴人們說：「如果要讓這個水退掉，要送一對美少女跟美少男給我。」果真，人們把美少女和美少男推到海裡，水就降下來了。降

---

[77] （日）佐山融吉：《蕃族調查報告書》第四冊，賽德克族與太魯閣族・前篇（臺北：中央研究院民族所，2011年7月），頁98。

[78] 許端容：《臺灣花蓮賽德克族民間故事》（新北：中國口傳文學學會，2007），頁5-6。

下來以後，陸地上看到很多的魚，喔——原來神是用這麼好吃的魚，來跟我們換美少女跟美少男。[79]

有一天，突然淹大水，水一直淹到山頂，巫師用竹管占卜之後，說要送一個漂亮的女人給神才行。人們不聽，用簸箕裝了一個醜女人放到水裡，結果神不要，把醜女人退回來，水還愈漲愈高，後來人們就老實地送了一個漂亮的女人去，水就退了。水退了以後，小姐不見了，池塘裡有很多魚，是神給他們的。[80]

　　花蓮縣秀林鄉秀林村的太魯閣族洪水故事也是關於以人祭神退水的情節：

以前人還是很少的時候，太魯閣人野居在山上。有一天，不知道什麼緣故，海水不斷地高漲，族人都躲到山頂上去了，但是海水還是一直漲，都快把人淹沒了。就在這個時候，長得像恐龍的海神荷那梅出現了，祂說：「我知道你們族裡有一個漂亮的女子，你們只要將她丟到海裡獻給我，我馬上讓海水退掉。」族人商量的結果，覺得這樣漂亮的女子獻給海神太可惜了，於是便選了另一個不是祂想要的女子丟到海裡去。當荷那梅發現人們所獻的女子，並不是祂所指定的那位

[79] 同前註，頁15。
[80] 同前註，頁18。

漂亮女子時，祂很生氣，又開始興起巨浪，海水又不停地
往上漲。族人看到這種情形都十分害怕，於是只好將荷那
梅所指定的那位漂亮女子丟到海裡獻給祂，這時荷那梅才
滿意地說：「很好，我走了。」海水馬上消退了。[81]

有的神話是泰雅族人以作儀式的方式退水：

以前曾經發生大洪水，水愈來愈多後，人就往高處跑，一
直跑到大霸尖山。他們認為大水的原因一定是受到詛咒，
或是族人做了什麼壞事，所以祖靈要懲罰他們。後來就做
了一些儀式，有出草、以豬作牲禮，水才漸漸的退下去。
之後人們才從大霸尖山又再遷移回來。[82]

以人祭河或以動物祭河，似乎都是退水的一種普遍形式，在
洪水神話中都很常見。

動物退水

鄒族的洪水神話中螃蟹常是退水的主角，阿里山蕃楠仔腳萬
社、太古時候發生洪水，陸地只剩下新高山的山頂，那時，有一

81　同前註，頁19-20。
82　劉秀美：《臺灣宜蘭大同鄉泰雅族口傳故事》，頁36。

隻螃蟹，潛入水中，用蟹螯切除阻塞水流的堰堤，因而水退重現山野。人們於是高興地從山上下來，先種甘薯再播粟米。[83]

　　而阿里山蕃四社蕃簡仔霧蕃的神話則描述他們在洪水中以狗頭、猴頭祭天神才退水，後來有了獵人頭的習俗。這是解釋性的神話。

　　　　太古時，名叫hamo的神在玉山上創造了人，隨著人口增多而逐漸離去，後因洪水氾濫，人們便帶著動物又回到玉山上。當然無穀類可食，只有捕殺動物，有一次，人們將狗頭用竹竿插起，豎在地下，眾人覺得好玩，後來又嘗試用猴頭與人頭。不久洪水退了，人分別下山，以後遇到侵犯他們的人，就砍下他的頭，這就是出草的濫觴。（阿里山蕃）[84]

　　太古時，天神降臨玉山頂，創造人類後，子孫繁衍，分散至各地尋食；洪水氾濫，人便又回到玉山頂，以殺捕獸類為食。一日，他們殺了一隻狗，把狗頭用竹插在地上告祭天神，結果洪水稍減。於是人們用猴頭，結果洪水完全減退。心想若以人頭效果應更好，於是殺了社中的一個惡童，用其頭祭天，結果風調雨順，野生動植物甚多。自此人們開始出草殺人，以首祭告天神，以祈求平安。[85]

---

[83]　（日）佐山融吉、大西吉壽著：《生蕃傳說集》，頁331。
[84]　同前註，頁104-106。
[85]　同前註，頁107。

臺灣原住民族除了蘭嶼的達悟族沒有獵首的習俗外，其他族群都有獵首的習俗，尤以泰雅族最為盛行，以至於一提到獵首就馬上聯想到泰雅族。在原住民族的傳統社會中，獵首是一件崇高、神聖的行為，它是祖先的遺訓、最高的道德審判，男子若能獵首不但是英雄的表現，可以受到女性青睞，也是取得較高社會地位的重要階梯。獵首並非是原住民族所特有，許多東南亞的民族在過去也存在著獵首的行為。凌純聲認為，泰雅、布農、鄒族、阿美的獵首風俗，都與祈禱穀物豐收有關。獵首主要是為了祭神，尤其是祭天神，獵首文化特質的分布，流傳整個東南亞，包括現在的中南半島、印度尼西亞、美拉尼西亞諸島。[86]

有關東南亞獵首的習俗，山田仁史《首狩の宗教民族学》應是相關研究中的集大成者，山田仁史認為南島民族以及原住民族的出草獵習俗，基本上都與農耕的作物豐收有關。[87]

蘭嶼達悟族椰油社因為海水暴漲而引發洪水的神話，最後，出現以老鼠驅退洪水的情節。蘭嶼最早的居民似乎是人不像人，鬼也不像鬼的生物。他們不去耕種也不去採集食物，把小孩子抓來切割煮食，甚至連懷孕的孕婦也抓來吃掉。天上的諸神非常憤怒，最後選擇以海嘯來處罰這些違反天理的凡人。這時諸神往下一看，正巧看見一個孕婦跟著她的姨媽到海邊提水。但是這兩個

---

[86] 凌純聲：《中國邊疆民族與環太平洋文化・雲南卡瓦族與臺灣高山族的獵首祭》（臺北：聯經出版公司，1979），頁557-570。

[87] （日）山田仁史：《首狩の宗教民族学》（東京：筑摩書房，2015）。

婦人卻一直取不到任何海水，因為孕婦一走到海邊，海水就後
退，隨著孕婦的腳步海水退到了很遠很遠的地方，使孕婦無法觸
及海水。該孕婦氣餒的坐下來休息，在其身旁看到一塊白石頭，
當孕婦用手將它翻轉過來的時候，忽然地底有海水冒出來。孕婦
一見就喊她的姨媽說：「這裏有水了！」於是老婦人也過來，
兩人一起提了水後就回家去。但不知為何冒出海水的小洞卻一
直湧出海水。海水越漲越高，海洋中的波浪一道道澎湃洶湧地往
岸邊衝過來，兩婦人被這種光景嚇呆了，急忙往部落奔逃，邊跑
邊喊：「海嘯來了！快逃啊！」部落的居民聽到這喊叫聲，大家
向海洋一望，每個人都驚駭不已，來不及攜帶細軟，也無法顧及
子女家人，自個兒盡全力往高山跑，海水仍然繼續上漲，淹沒了
道路，也淹沒了部落，最後倖存的人就在那裡等候大水退去。有
人向神求救，諸神也認為有必要留下一些人，在島上繁衍；所以
在眾人圍坐之處突然有一隻老鼠從天而降，大家覺得一定是天神
賜予他們的，有些人主張將這隻老鼠拋入大海，希望能藉神的法
力，造成漩渦，把海水吸收回去！不久海水慢慢地退下去，退到
現今的海岸邊為止。[88]

　　另一則神話大同小異，海水不斷上漲，約有九年的時間，僅
有少數達悟人躲過浩劫。在最高的山頂上倖存者中有一位孕婦，
無意中發現一隻死老鼠，婦人撿起老鼠丟到海裏並說：「我以這
隻死老鼠祈禱，當我把你丟到海裏時，希望海水退到老鼠落下

──────────
[88] 余光弘、董森永：《臺灣原住民史：達悟族史篇》（南投：臺灣省文獻委員
　　會，1998），頁2-3。

處。」之後這位婦人發現海水開始消退,她將好消息告訴父親。
這位婦人不久後分娩,接著她就不停地生下孩子。[89]

蘭嶼的達悟族的洪水神話幾乎都與孕婦有關,而退水的方式
則常與老鼠有關。

魯凱族大部分居住在知本山和大武山北邊,大南社的魯凱族
幾則洪水神話都提及山上避水,而狗將剩下的水喝乾:

> 海水上漲,人們逃到山上,在山上住了五日,祖先要人以
> 牲禮祭祀,便除去了海水。還剩下一些水,母狗不能喝
> 完,公狗來把水喝完了。祖先種下了作物,但因太陽太
> 大,都枯死了。人們便派一個小孩去射日,當任務完成,
> 已成為一個老人。他把萱葉綁成了圓捲,命令它變成人。
> 從此有了糧食,知道了晝夜。山上避水,也是因為狗將水
> 喝乾才退水。[90]

泰雅族大多數洪水神話沒有說明洪水原因,越南Sedang族、
寮國南部Mon—Khmer族等神話中也是。[91]越南Dang Nghiem Van
教授認為,雖然東南亞許多民族神話中洪水是天神發的,發洪水
懲罰人類之母題卻不明顯。這個母題只在少數社會經濟較發達的
民族,或受宗教影響的族群才有,在越南,這些神話也是受了基

---

[89] 同前註,頁35-37。
[90] 尹建中編:《臺灣山胞各族傳統神話故事與傳說文獻編纂研究》,頁269。
[91] Dang Nghiem Van, *The Flood Myth and the Origin of Ethnic Group in Southeast Asia*, Journal of American Folklore, 1993, Vol. 106, p. 328。

督教《聖經》故事的影響。[92]

　　中國南方民族的洪水神話中幾乎未提及退水的辦法，而中原漢族則有治水神話；原住民族洪水神話中許多族都敘述到退水的辦法。李福清先生說，世界許多民族神話只說過七天、四十天或半年退水而已。臺灣的原住民族，如布農與鄒族，大概保留最古老的形式。在布農神話裡，一條巨蛇堵住水流，引發洪水。世界不少民族，如印地安Hapi人，也說洪水是巨蛇引發的，古代神話思維中，蛇與水有密切的關係。在布農神話中，停止洪水的是一隻螃蟹，牠把蛇剪成兩段，幫助人類退卻洪水。鄒族的洪水也是由巨大的動物──巨鰻引起的，退卻洪水的同樣是螃蟹。魯凱族神話裡，洪水（因海水上漲）是祖先suabu停的，但是與鄒族神話差不多，也先提出條件：人類要牲禮供奉他。他也不是自己除害，而是派狗喝盡水。這都證明魯凱族的洪水神話也不是像布農的那麼原始。泰雅族洪水神話與其他族不同，為了停止洪水，人們要以人為犧牲。先把醜女投入水裡，洪水沒有退，直到投了美人之後，水才退。這個說法大概不那麼原始。布農與鄒族洪水神話是最原始的，因為退卻洪水的不是人格化的神或文化英雄，而是螃蟹。同時也可推斷：首先嘗試治水的鯀，大概在最古老的神話也不是人，而是動物。[93]

92　同前註。

93　（俄）李福清：〈從比較神話學角度再論伏羲等幾位神話人物〉，朱曉海主編：《新古典新義》（臺北：學生書局，2001），頁30-31。

四、避水高山與木臼

　　原住民族洪水神話中的避水方式常是避居高山（如玉山、大霸尖山或卓社大山），而乘織布機胴、乘木臼或抓拉葛葛草倖存的人最後也是避居高山。避居高山是臺灣原住民族洪水神話中普遍的方式。

　　最有名的避居高山情節應屬印度洪水神話中摩奴於喜馬拉雅山避水倖存。

　　印度流傳的洪水神話，最早的形式見於《百道梵書》，摩奴救了小魚，小魚為報答摩奴，告訴他洪水將來消息，要他造一條船。後來將船繫綁在大魚角上，將船拉到喜馬拉雅山。在一些版本中有角的魚是神的化身。[94]印度史詩《摩訶婆羅多》中的洪水神話情節與《百道梵書》大同小異。[95]

　　菲律賓達路賓人的神話中說，大蟒蛇引發洪水，兄妹去卡拉威單山頂，沒有火種，貓狗去取火。後來巨蟹退水，兄妹成婚。[96]

　　菲律賓另一個洪水神話則敘述人都淹死了，只有一對兄妹用木箱漂浮倖存，後來木箱停在呂宋最高的布拉哥山，兄妹結合，傳下人類。[97]

---

[94] 薛克翹主編：《東方神話傳說‧印度古代神話》（北京：北京大學出版社，1999），前言。
[95] 同前註，頁4-6。
[96] 張玉安主編：《東方神話傳說‧東南亞古代神話傳說》（上）（北京：北京大學出版社，1999），頁256-258。
[97] 同前註，頁265-266。

住在阿伯拉山裏的丁吉安族的洪水神話中，山神阿波尼多勞誘拐了海神道瑪利烏的美人魚胡米道，海神發動洪水懲罰山神，後來山神到高山上去避水。[98]

　　菲律賓還有一個洪水神話講到洪水氾濫時，人們到比諾拉灣山和曼丁奧伊山避難，比諾拉灣山沒有火，曼丁奧伊山的人就派狗送火種去比諾拉灣山。[99]另一個神話則是洪水時兄妹到山頂避水，哥哥在阿木腰山上，妹妹在卡拉威單山上，哥哥沒有火種，只好到有火種的妹妹那兒，二人後來結合，有了後代。[100]這兩則洪水神話中都提到火種。布吉冬村的洪水神話中則是天神喬裝成老人，告知一對夫婦造一木筏到山頂避水。[101]

　　菲律賓的民都洛島的阿拉安芒人的洪水神話講述：洪水結束後，全世界滿地都是沙子，為了讓世界恢復原貌，神走遍各地種下了一種叫達巴克的植物。倖存的同胞兄妹倆避難時，在腋下藏了些高地稻、黃瓜、薯蕷、甘藷、南瓜等種子或薯塊。他們在山上避難時在山頂上種了一些，因為肚子很餓，所以剛剛長出葉子時，他們就摘下來吃了，根本等不到果實成熟。洪水退去之後，他們來到大地上，種下了高地稻、甘藷和南瓜。兄妹倆開墾了新的旱田並結婚生子。於是人類得以重新繁衍出一代又一代，開始在地上生活。[102]

98　同前註，頁283-284。
99　同前註，頁291-292。
100　同前註，頁313-314。
101　同前註，頁307。
102　史陽：《菲律賓阿拉芒陽人的神話、巫術和儀式研究》，北京大學外國語學院博士論文，2011，頁55。

婆羅洲沙勞越邦的伊班人的神話說，洪水來臨，所有山脈都被淹沒，整個世界陷入汪洋。只有一個女人帶著一條狗、一隻老鼠以及不多的小生靈倖存，逃往最高的山頂。當女人在雨中尋找安身之處時，那條狗已經因為摩擦樹幹而得以取暖。女人由此得到啟發，而用植物與木頭磨擦取得火苗。女人因為與火鑽為伴而產下一子，取名新邦依邦，意思就是「半個人」，只有一隻手、一隻眼睛、一隻耳朵、半個臉、半個身體、半個鼻子。風之精靈偷走新邦依邦的大米，為了賠償他而提供缺失的身體部分，從此以後，人類擁有正常的四肢。[103]女人避居高山而且有了火種，而女人與火鑽的結合又似乎隱含了學者所謂的性交暗示。

　　洪水後避居高山似乎是環太平洋島嶼的常見情節。

　　而原住民族洪水神話的避居高山情節應也與臺灣地理環境有關，除了位於蘭嶼的達悟族外，原住民族大都居於大武山、知本山、大壩尖山或玉山周圍，因此有高山避水的情節，而大陸南方民族未曾見到。尤其以布農族、鄒族、魯凱族、泰雅族高山避水方式最普遍，幾乎見不到其他的避水工具。排灣族則有避居高山，也有以草枝避水而倖存的情節。

　　當然，原住民族還有洪水時的特殊避水工具，賽夏族則是乘織布機胴漂流，阿美族大都是乘木臼避水，卑南族則是乘木臼或拉草枝倖存。這是箱舟漂流型的洪水神話。

　　南島語族的洪水神話中不乏木臼或舟船的例子。婆羅洲沿海

---

[103] （英）弗雷澤著，葉舒憲、戶曉輝譯：《《舊約》中的民間傳說——宗教、神話和律法的比較研究》，頁99-100。

馬來西亞伊班人與其使用的木臼（拍攝者：于千喬）

迪雅克人（the Sea Dyaks）的神話說，洪水來臨時，有一個人將
木臼製成小船，並攜帶妻子、一條狗、一頭豬、一隻家禽、一隻
貓和其他的生物一起坐船逃生。[104]

　　西里伯斯島中部的托拉查人說，洪水淹沒世界，只有一座
山沒被淹沒，一位孕婦和一隻懷孕的老鼠因為乘坐豬槽漂流而倖
存。洪水退去，孕婦四處尋找稻穀，發現只有一棵連根拔起的樹
上，垂著一束稻穀。因為老鼠的幫助，孕婦爬到樹上，把稻穀拿
下來種植稻米。這就是老鼠每年都會擁有享用稻穀的原因。孕婦

---

[104] 同前註，頁100。

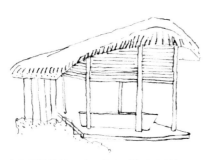

太巴塱社的搗粟小屋與臼（作者自繪）　　薄薄社木臼（原出處：《蕃族調查報告書》，作者描摹）。

產下一子，並與其結為夫婦，生下一對兒女，即現在人類的祖先。[105]我們在原住民賽夏族的神話中，也發現老鼠有時是取粟種的英雄，或者，在煮小米的過程中，小米會變成老鼠。老鼠是穀種神話中流傳普遍的重要角色。

　　箱舟漂流型的洪水神話在南島語族有各式各樣的表現方式，有時充滿一種浪漫的詩意。如澳大利亞的庫爾奈人（the Kurnai）說，大洪水氾濫，所有人全部遇難，只有一個男人和兩三個女人倖存。這時，一隻鵜鶘駕著一葉扁舟經過，牠十分同情他們的遭遇，決意助其脫離困境。其中一個女人異常美麗，鵜鶘對她一見鍾情。鵜鶘一個一個將人帶到陸地，那個女人留在最後。由於害怕與鵜鶘單獨相處，女人趁機逃走，向岸邊遊去。臨行前，她用地毯包裹一截木頭，偽裝成自己。鵜鶘返回後，勃然大怒。牠將自己身體的一半塗成白色，要找女人的丈夫決鬥。另一隻鵜鶘看

---

[105] 同前註，頁100。

到這個半黑半白的怪物，深感詫異，於是將對方啄死。這就是現在鵜鶘都是半黑半白的由來，在洪水之前鵜鶘渾身都是黑色。[106]鵜鶘在洪水中為倖存者擺渡，他愛上倖存的女人而狼狽丟了命，可這女人為了不想與鵜鶘獨處，寧願冒死在波濤中自找生路也不上鵜鶘的船。愛與不愛就是這樣吧。

我們所見的苗瑤族群洪水神話中極普遍的雷公贈牙種植生葫蘆的情節，在原住民族神話中不易見到，既無怒發洪水的雷公，又無避水的葫蘆。據李卉女士的統計，有洪水神話的臺灣原住民族全是以木器（木臼）、草枝或舟筏當避水工具，尤以木臼最普遍，並不見有以葫蘆或瓜類當避水工具的。[107]李女士的記錄或許不夠完整，不過可以肯定的是，原住民族的洪水神話罕見以葫蘆或瓜類當避水工具，避水工具大都是木臼，或避居高山。特別的木臼當避水工具，可以見到木臼在臺灣原住民族生活中的重要性。

奇密社阿美族的神話中，敘述洪水時兄妹漂至山頂，建造茅屋，耕作土地，栽種的小米就是附著於臼中的。加納納山上舞鶴社東方山巔的石柱即是當時柱子的化石，該地還有洪水時避水的豬槽及臼等物的化石，據說近來開墾時遭到破壞。[108]可見臼在洪水後保存小米種子時也有重要貢獻。

原住民除達悟族外，都以穀食為主，即使達悟族也視粟為最

[106] 同前註，頁102。

[107] 李卉：〈臺灣及東南亞的同胞配偶型洪水傳說〉，《中國民族學報》第1期，1955年。

[108] （日）小島由道編：《番族慣習調查報告書》第二卷‧阿美族卑南族（臺北：中央研究院民族所，2000），頁13。

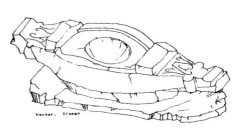

劉其偉繪伊夫高族（Ifugao）木臼
（原出處：劉其偉《原始文化與
藝術》）。

神聖的農作物，而有粟祭和共同搗粟的祭儀。穀物的食用，在準
備的過程中，臼杵是最重要的道具，所以原住民族都有臼杵，原
住民族的舂臼多為木製，可分二型式，即筒形和船形。劉其偉也
說原住民族的木臼有筒形和船形兩種，排灣與泰雅族的木臼大多
屬於筒形，鄒族和阿美族多屬於後者。[109]據凌曼立先生所言，阿
美族的長臼，雖是舂米的工具，但杵舂臼聲有節奏，頗似音樂。
南勢阿美擊長臼用以伴舞，將臼反覆地上，擊之更近鼓聲。右圖
為馬太安社的長臼：全長連柄143公分，臼身長116公分，用杵擊臼
時，通常用杵四根，輪流而擊以成旋律。在十七世紀就有記載提
到臺南平埔族的臼舞：他們有……比較大而闊的木槽，這種木槽
是以巨木刳雕而成的。他們把這種木槽倒置，而在其上跳舞。[110]

　　劉先生所見到珍貴的呂宋島伊夫高族（Ifugao）也是船形木
臼。（見劉其偉所繪圖）[111]

[109] 劉其偉：《臺灣土著文化藝術》（臺北：雄獅圖書公司，1980），頁114。
[110] 李亦園等：〈馬太安阿美族的物質文化〉，《中央研究院民族學研究所專刊》
　　之二，1962年，頁253。
[111] 劉其偉：《菲島原始文化與藝術》（臺北：臺北市立美術館，1991），頁180。

阿美族、卑南族以木臼當避水工具，或許與其木臼似船形有關，因此其他族群罕見有木臼當避水工具，而木臼當避水工具獨獨普遍流傳於阿美族、卑南族洪水神話中。

　　南亞語系也有木臼避水的情節，在婆羅洲Dyaks部落中的確能見到，李卉認為在洪水時他們漂流所乘lessong為一種搗穀的大木臼（lessong與阿美族傳說中木臼lolag的名稱，在發音上似全相同）：

> Trow是一個偉大的人，他的偉大的表現是在洪水氾濫時，以lessong做成一隻船。他帶著漂亮的女子和一隻狗、一隻雞、一隻貓等出發到大海去。洪水退去，Trow把他的木船和所有的東西帶上岸，他決定重新繁衍人類，他需要較多的妻子。於是他用木頭做一個，又用石頭做一個。他同她們結婚，後來，他有了約二十個子女，他們學會了耕種，並建立各個部落。[112]

　　李卉先生認為，在漂流傳說中人類藉以漂流的工具種類雖多，如木臼、箱、舟、葫蘆、瓜殼等，但大體皆為似「箱」形之小形的船，因此可以說漂流所用的工具是以箱舟為代表，這一點也許暗示著漂流傳說要素最先是內陸或非沿海民族所具有的；換言之，就是這類漂流傳說最早出現於非沿海的民族中，關於所乘

---

[112] 李卉前揭文。

的工具,或以木臼為較原始的形式。[113]阿美族神話中有的提到避水的木臼當木舟,而非真正的舟船。[114]李壬癸先生也論到臺灣南島語言普遍缺少有關航海或舟船的詞彙,而使用有關航海、舟船同源詞的達悟族,在語言學上並不歸屬於臺灣南島民族。[115]認為箱舟漂流傳說可能是內陸或非沿海民族先具有的,而木臼或是較原始的避水工具,這樣的論點的確值得注意。除了中國南方民族習見的避水葫蘆外,在第二章中所討論的木鼓當避水工具也有這樣的外形特性,似舟而非舟;直接以船當避水工具不是較順理成章?諾亞方舟或印度的洪水神話不就是以船當避水工具最典型的例子?

由前文可知,木臼當避水工具似乎不只流傳於阿美族、卑南族,也習見於菲律賓、婆羅洲等地的原始民族中,木臼避水或許是南島語族特殊的避水工具。然而我們似乎也不能忽略臼在阿美族生活中的特殊意義。

據何廷瑞先生觀察,婦人以杵舉天的主題除了出現在原住民族神話中,主要是大量地集中印尼語族群中,而杵、臼與穀物耕種有關。原住民族神話中的婦人以杵舉天與洪水神話中以木臼避水,可以幫助我們了解原住民族的文化背景,杵臼與穀物耕種有關,是生活中的重要物品。[116]

---

[113] 李卉前揭文

[114] 施翠峰:《臺灣原始宗教與神話》(臺北:國立歷史博物館,2000),頁100。

[115] 李壬癸:《臺灣南島民族的族群與遷徙》(臺北:常民文化公司,1997),頁74-87。

[116] Ho Ting-jui, *A Comparative Study of Myths and Legends of Formosan Aborigines*, Taipei, The Orient Cultural Service, 1971.

陳奇祿先生說，臺灣北部山地的泰雅族和賽夏族，可能是最早移民的後裔。他們移入時也許還是先陶時代（pre—ceramic age），也許因其原居地無陶器製作，所以他們一直不製作陶器。另一個特色就是這兩族都有紋面風俗。男子要有出草獵首經驗，女子必需要善於機織，才能有紋面資格。因此，泰雅、賽雅兩族女子最善織布，獵首之風也最盛。[117]

　　賽夏族洪水神話中以織布機當避水工具，應與他們是善於織布的族群有關。而所謂織布機胴有的記錄成織布工具，就是一種水平背帶機，機器的主體也類似一個木箱，因此賽夏族的以織布機胴避水，實際上也是屬於箱舟漂流型的洪水神話。

　　太魯閣族的洪水神話說，很久以前，忽然下大雨，洪水淹沒整個村莊，人們都被淹死，只有一個家庭倖存，他們坐在浮木上面，划到最高的山那邊，然後爬到上面等候水退。過了一段時間，水退了，家裡塞滿魚。[118]情節中未說退水原因，只說浮木划到高山避水，是箱舟漂流型的洪水話。洪水以後有魚或有耕種的土地，似乎是原住民族洪水神話普遍的情節。

---

[117] 陳奇祿：《臺灣土著文化研究》（臺北：聯經出版公司，1992），頁6-7。
[118] 許端容：《臺灣花蓮賽德克族民間故事》（新北：中國口傳文學學會，2007），頁4-5。

結語

如果從洪水神話起因觀察，應有兩種洪水，臨海族群的海嘯，雨水或河水氾濫的山洪，東海岸的阿美族、卑南以及達悟族等族群，都是海水暴漲的洪水。[119]泰雅群的洪水神話常是海水與山洪並存，鄒族與布農的洪水神話則與海水暴漲似乎無關。原住民族神話中的洪水起因似與所處環境或曾經的遷徙漂流相關。

中國南方民族的洪水神話大都與兄妹婚或天女婚母題結合，婚後生下肉球或肉塊而切碎揚撒，繁衍人類，成了一個民族或多個民族的起源。洪水是宇宙秩序被破壞而重建的過程。臺灣原住民族的洪水神話不然，只有阿美、卑南、平埔和排灣族有兄妹婚或姊弟婚。而平埔族的同胞婚配後生下兩個孩子，再將孩子的身體截成數片。賽夏族並無兄妹婚，其洪水結果有兩種，一是倖存兄妹中的妹妹死了，兄將妹的屍體切塊裝入織布機胴裡，屍化為人，成賽夏族祖先；另一情況是只有一男子倖存，神恐怕人類滅絕，將男子殺死切碎投入海中，屍化為人。將人肉切碎揚撒而化人似乎是很習見的母題。

賽夏族也有將屍體切塊或男子殺死切碎而屍化的情節，然而卻沒有兄妹婚。

唯一的例子只有平埔族，是同胞婚配生下二子，然後將二子

---

[119] 李毓中：〈洪水？海嘯──原住民洪水傳說與早期臺灣史研究〉，《臺灣學通訊》30期，2009年。

身體截成數片化為本族人。值得注意的是，原住民族的洪水後兄妹婚或姊弟婚都未有生下肉球肉塊等所謂怪胎切碎揚撒的情節；而洪水後的兄妹婚又大都是兄妹直接婚配，訴諸神意的很少見，不像大陸南方民族幾乎都有神占的情節。[120]原住民族的洪水後兄妹婚生下的子女大都是有殘疾的（如排灣族）、或生下魚蟹的祖先、蛇、青蛙或烏龜、石頭之類的（如阿美族、卑南族），在最後才生下平常的子女。

神從很多男女中，挑選出一對較為適合的男女下凡來到人間，但祂並未就此撒手，為了人類繁衍，神還做了許多繁瑣工作。避水工具讓我們思考，「神聖的容器」，通過這樣的再生環節，構成兄妹婚，構成神聖的「婚姻儀式」。[121]

何廷瑞先生討論洪水後近親婚再傳人類的主題中包括有排灣、阿美、巴宰海族，這個主題包含三個成分：a.致命的災難中倖存. b.近親結合. c.再傳新種族。而有關近親結合有兩種情形：洪水後兄妹婚（或姊弟婚）和母子婚，而兄妹婚流傳在臺灣原住民族、菲律賓、越南北部、海南島、中國西南部和中印度等民族間，母子婚則只分布在臺灣原住民、菲律賓、中印度和日本等民族間。他進一步闡釋，近親結合再傳人類的主題不只與人種來源有關，也說明大災難後的大地可以重新居住，洪水並非中心關鍵，而近親結合只侷限於兄妹或母子。從地理上觀察，這個主題

---

[120] 鹿憶鹿：〈洪水後兄妹婚神話新探〉，《東方文化》第三集（南京：東南大學出版社，1994），頁40-47。

[121] （日）百田彌榮子著，范禹譯：《中國傳承曼荼羅——中國神話傳說的世界》（北京：民族出版社，2005年），頁227。

出現於亞洲，特別集中於東南亞與其邊緣地帶；從結構特色和分布狀態來看，將所有的異文推論出單一的源頭應是可行的，而中國的心臟地帶可能就是源頭位置。[122]沖繩的與那國島神話談到，很久以前大海嘯，所有人都滅絕，只有一位母親與一個男孩倖存，後來人類才得到繁衍。[123]與那國島的神話似乎是典型的母子婚類型。

　　所謂源頭位置，在中國的例子，何先生只舉了海南島黎族與四川苗族，他可能是認為苗族是源頭，這個觀點與芮逸夫先生相同，然而，近親婚再傳人類的源頭出於中國心臟地帶或苗族的觀點似乎一直未有定論。

　　李卉先生認為，照民族學家的意見，神話傳說所包涵的內容，常可證明某種社會組織的存在。兄妹相婚的制度，在東南亞區域或曾作為古代婚姻制度的一種階段。李卉先生還說，在東南亞可能有一母系的社會發展階段，如母系社會在先，則顯然姊弟婚的傳說出現較早，換言之，是較原始的型式，即使不如此，姊弟與兄妹之不同，至少在最初可以代表母系父系之別，還是可以說的。從所舉四十幾個例子中，姊弟婚只有七個，出現的次數不及兄妹；可以見出隨著社會的轉為父系，姊弟也就變為兄妹。有少數父系社會中所保留的姊弟成分，可以視為原始要素的遺留。[124]

[122] Ho Ting-jui, *A Comparative Study of Myths and Legends of FormosanAborigines*, pp. 81-87。
[123] 黃智慧：〈南北源流交匯處：沖繩與那國島人群起源神話傳說的比較研究〉。
[124] 李卉：〈臺灣及東南亞的同胞配偶型洪水傳說〉，《中國民族學報》第1期，1955年。

關於原住民族洪水神話的情節，值得思考的是，洪水後的兄妹婚配中洪水的起因常是海水暴漲，洪水暴漲導致族群毀滅，這其中似都暗示了族群的漂流或遷徙記憶，他們似都與海洋有關。

鄒族與布農族洪水神話則常講述河川被堵塞，非海水暴漲引發洪水，因此未曾提到人類全數毀滅的母題，也未有兄妹婚配情節，洪水神話代表的是族群的新生。可見出原住民族洪水神話的豐富而多樣性，同理也可肯定原住民族洪水神話的不同於其他地區民族，有太平洋文化區的共性外，也有特殊的個性。

臺灣原住民族的洪水神話大都不太強調洪水給人類帶來災害或人類因而滅絕，相反地洪水還帶來魚蝦，洪水後的蚯蚓排糞變成耕作的土地，有了地瓜、山芋或粟米種子，甚至學會造船、狩獵的技術。因此原住民族的洪水神話不似大陸南方的洪水神話，沒有雷公報仇角色，洪水神話不是樂園的破壞而再重建的過程。如洪水神話結果敘述獵人頭的習俗，或說明發現小米、陸稻和山薯種子的經過，或解釋儀式的起源；或達悟族在洪水後學會造船狩獵的技術、學會馴養禽獸、知道飛魚漁汛。

原住民族洪水神話中解釋部落、社群緣起的情節不少。鄒族有些洪水神話則完全未提及洪水起因與退水方式，更未涉人類毀滅，只單純地描述洪水後族群遷徙。太古時洪水為患，僅玉山山頂尚未遭水淹，時人類死亡幾盡。只剩兄弟二人倖免於難，在洪水退後兄弟二人商議各向南北謀生，兄南弟北，在出發前折箭為盟誓，此箭為記。別後，兄一直到屏東南端，因遭荷蘭人攻擊，輾轉遷移，定居於今高雄縣境的瑪雅・雅你。向北的則在濁水溪

流域迂迴玉山西部平原，最後定居於阿里山的樂富、特富野、達邦等村，發展成現在六個村落。[125]

學者指出，有些平埔族口傳資料的內容，也都有一個固定的模式：1.昔日，200年前，或更早。2.故鄉在不知名的南方島嶼之地，關於此「故地」，或謂火燒島、紅頭嶼；或這些島只是中途島，而有一更遠卻不知名的南方某島。3.故地狹小，不敷耕作，無法謀生。4.遷移之人，或是兄弟，或是兄妹，皆成三數；由他們成為新天地的創世祖先——葛瑪蘭、哆囉美遠、猴猴或泰雅、太魯閣。5.交通工具為特別命名的船，且船名與他們登陸後的自稱，有某種程度的關聯。[126]而這個口傳模式似乎都是在解釋族名的由來或是族群遷徙的過程，而這樣的模式也常出現在阿美族或鄒族的洪水神話中。

李福清先生曾歸納神話的主要特點，其中論及神話會描述制度、慣例、生活規矩、環境周圍，包括地形、河、海是怎樣形成的？神話也有推究原因的功能，即解釋各種東西、動物、人類、祭典、儀式來源或特點。[127]

臺灣原住民族與其他南島語族的洪水神話有許多情節是屬於解釋性的，不只是箱舟漂流型，不只有洪水後近親婚再傳人類主題，其中更包含族群的遷徙、部落的緣起、大地山川的來源、火

---

[125] 胡耐安、劉義棠：〈阿里山區曹族概述〉，《政大學報》6期，1962。

[126] 詹素娟：〈宜蘭平原葛瑪蘭族之來源、分佈與遷徙——以哆囉美遠社、猴猴社為中心之研究〉，《平埔研究論文集》（臺北：中央研究院臺灣史研究所籌備處，1995），頁60。

[127]（俄）李福清：《從神話到鬼話》，頁34-35。

種的來源、粟種的來源、祭典的緣起等，甚至解釋動物特徵、獵
頭習俗、紋面習俗等。

取火種神話

Chapter 4

前言

　　關於文化起源的神話為數不少，其中在世界各地流傳較廣而且重要的是關於火的起源神話與栽培植物的起源神話。大林太良認為，雖然我們經常看到火由創造神創造的這類母題，但比較多的還是把它作為人類起源神話和宇宙起源神話的一個組成部分表現出來的。[1]

　　臺灣原住民族的取火種神話非常普遍，阿美族、泰雅族、布農族、排灣族、魯凱族、鄒族都流傳著豐富的取火神話，而且取火神話常與洪水神話相結合，不同於西方普羅米修斯的盜火，也不同於大陸南方少數民族的火種神話。臺灣原住民族的神話通常都是洪水之後火熄了，或洪水時忘了將火種帶出，而由鳥、羌、鹿去別的地方將火種取回。

　　在探討原住民族的取火神話之前，我們有必要先提大洋洲各民族的火種神話，有許多動物取火或物動接力取火的情節，可以與臺灣原住民族取火神話相對照比較。

---

[1] （日）大林太良著，林相泰、賈福水譯：《神話學入門》（北京：中國民間文藝出版社，1989），頁36。

一、大洋洲各島嶼的火種神話

世界上火起源的神話中，火和性行為、火和太陽常會有著密切的關係。與之不同，在菲律賓神話中，火或是來自神靈對人類始祖的恩賜，或是來自文化英雄盜火的偉大成就。伊富高神話中，天神門伯囊的孩子維甘和布甘定居之後，一個友善的神靈門達洛去找門伯囊神為他們求火，於是門伯囊神把自己身體的一些部分分給了他們——一根頭上的硬毛用來打火、一部份眼白作為燧石、耳朵上的蠟作為火絨，從此伊富高人就擁有了火。在馬努烏族神話中，是火神來到人間教人們如何用燧石點火。[2]

在菲律賓神話中，文化英雄也擔負起了盜火的重任。比如伊洛哥族神話中，地球上原來沒有火種，唯一的火種由兩位巨人看管著。沒有人敢向他們乞求火種，一位名叫蘭姆昂的年輕人想出一個從巨人那裡取火種的計畫。他邀請了一群動物朋友來幫助他，動物包括雄青蛙、野馬、野貓、野狗、獅子。兩個巨人成天看守火種，非常孤獨，總希望有客人光臨。蘭姆昂得知後，就吩咐動物們上門去拜訪這兩位巨人。蘭姆昂到了巨人家，趁機抓起一把餘火便跑向屋外，巨人在後面追趕。蘭姆昂眼看就要被巨人抓到，他趕忙把火種交給獅子，獅子奔跑起來，巨人仍在後面緊追不捨。就這樣，動物們像接力賽一樣，一個交給一個，最後青

2　史陽、吳傑偉：《菲律賓民間文學概論》（菲律賓華裔青年聯合會，2003），頁45。

蛙接過火種,一蹦一跳的向前跑,巨人一把抓住青蛙的尾巴,嚇
得青蛙眼睛都鼓了出來。他拼命向前一躍,尾巴被巨人揪掉了。
可是火種帶到了村民中。從此,青蛙的眼睛總是鼓出來的,尾巴
也沒有了。[3]

　　在澳大利亞與新幾內亞之間的托雷斯海峽,以及其東部的
一些島嶼上,人們發現這樣一個關於火起源的故事:有個老太
太每隻手都有六根指頭。那時候,所有人的拇指和食指中間都
還有根指頭。當老太太要點把火時,她就從柴火堆裏拿出一根
木柴,然後把第六根指頭放在下面,木柴就著了。這時,對岸島
上的所有動物都能看見空中的煙,人們知道老太太又點火了。這
些動物裏有蛇、青蛙和各種蜥蜴,有一天牠們聚在一起商量,要
游到對岸去取火。蛇第一個下水嘗試,但是海浪太高,它無功而
返。青蛙接著下去,然後輪到蜥蜴們,小蜥蜴、長尾蜥、壁虎和
一隻大蜥蜴,一個個跳進海裏,但是都失敗了。最後,一隻大蜥
蜴想出辦法,因為牠有長長的脖子,可以把頭伸到巨浪的上面,
這樣,牠成功地跨過大海,到了老太太那兒。一番折騰,大蜥蜴
咬住那根老太太有火的手指,成功地帶回火種。那個老太太失去
了第六根手指,從此,人類就只有五根手指了。我們現在仍然可
以看見拇指和食指之間的虎口,這就是原來長有第六根手指的地
方。而另一份報告中寫道:長脖蜥蜴並不是把老太太的手指咬下
來的,而是用一種河蚌的貝殼切斷的,這種材料在新幾內亞是

3　張玉安主編:《東方神話傳說(第六卷)》(北京:北京大學出版社,1999),
　頁284-285。

很常見的。[4]

　　另一個故事說，最早的造火者是一個叫做奎阿莫的小男孩，他右手食指的指尖上有永不熄滅的火。他本是托雷斯海峽瑪布雅格島的居民，但有一天卻跑到巴度島找其他人。這些人並不知道怎麼用火，只能在太陽底下烤食物。當他們用生的食品招待奎阿莫時，這個小男孩就教給他們如何用火做吃的。他把手指放在一根木頭上，火就著了起來。一開始人們被眼前的東西嚇壞了，因為不習慣烤過的食物，第一口嚐過之後，人們紛紛昏過去了，但很快，他們就喜歡上這種味道。這樣的事情後來又不斷在莫阿島和其他地方上演，奎阿莫來到這些地方，教會人們使用火。[5]

　　新幾內亞福萊河以南的馬辛格拉人有一個和托雷斯海峽島民非常相近的關於火起源的故事。他們講，很久以前是沒有火的，人們的食物只有曬乾的黃香蕉和魚。逐漸地，人們吃膩了這些食物，就派一些動物去取火。他們為這任務所選的第一種動物是老鼠。人們先讓老鼠喝了點卡瓦酒，就告訴它去把火找來。老鼠喝完酒就跑進灌木叢裡去了，但是它一到那裏就樂不思火。後來派去的鬣蜥和蛇也都是如此，一但喝了卡瓦酒，跑進灌木叢終就不願出來。最後人們只好找到「因古阿」，這是另外一種鬣蜥，其在莫瓦特的名字是「伊庫」，因古阿喝完卡瓦酒，直接跳進大海裡，朝著圖度島游去了。在那裏，它找到了火，把火咬在嘴裡，

4　（英）弗雷澤，夏希原譯：《火起源的神話》（北京：北京大學出版社，2013），頁24-25。
5　同前註，頁33。

一路游回來，並把頭一直伸在浪頭外，使得火不致於熄滅。從那之後，生活在灌木叢中的這些人就有了火。他們是這樣取火的，找塊瓦拉卡樹的木條，在上面抹一點蜂蠟，然後在另一塊同樣的木片或竹片上摩擦取火，也可以鑽木取火。[6]

新幾內亞南端的米爾恩灣（Milne Bay），有個神話說，很久以前還沒有火的時候，人們會把甜薯和芋頭切成片，在太陽底下曬乾。這時，有位老太婆也用這種方法準備食物，年輕人出去捕獵野豬的時候，她卻用火給自己做吃的。她從自己的身體裡拿出火來，但是在男孩們回來之前，又把灰燼都收拾乾淨，這樣他們就不知到她是怎麼給自己烤甜薯和芋頭的。有一天，一塊熟芋頭不慎混入到男孩的食物裡，當他們吃晚餐時，最小的孩子發現了這塊熟芋頭，發現非常好吃。於是，當第二天其餘人都去打獵時，那個最小的孩子就留下來，躲在屋裡。他看見那個老太婆把他和同伴們的食物放在太陽下曬乾，但是又從自己雙腿間抽出火來，烤熟食物。那天晚上，男孩們打獵回來，在他們吃晚餐的時候，那個最小的孩子把這件事告訴了他們。他們知道了火是一種這麼有用途的東西，就決定從老太婆那裏偷一些來。[7]

新幾內亞東側的當特卡斯特爾群島有一個類似火起源的神話，講述自己的祖先早先打獵野豬，然後生吃。有一天，當所有的人都出去打獵時，一個老太婆獨自留在了村裡。她給獵手們吃生的甜薯。然後從自己的兩腿間取出火來，煮鍋裡的甜薯。因為

6　同前註，頁33-34。
7　同前註，頁41-42。

不小心，有一次，她把一塊已經煮過的甜薯混在了獵手們的食物裡，他們嚐到後，都覺得很好吃，就決定要監視這個老太婆。第二天，他們中的一個人中途返回村裡，看見了火，於是他就收集了樹葉，做了一個火把，點燃了它。後來，人們都來找火，最後只看見一隻盤起來的蛇，下面還藏著火，這也就是為什麼今天那種蛇看起來像被灼燒過一樣。人們有了火，就能做飯了。[8]

　　在火起源神話中，常常把鑽木取火比喻為兩性的交媾。根據這個想像的類比，很多原始人都把那根豎著的木棍看作是男性，而那根躺著的、被鑽孔的木頭是女性。因此，我們可想而知，馬英德安尼姆人是常常用鑽木來取火的，儘管他們也知道並且常用鋸木的方法來取火，這種方法需要把一根尖頭竹子斜插進地裡，然後用一根竹條沿著它鋒利邊緣一前一後的摩擦。事實上，據說直到很晚近的時候，馬英德安尼姆的一個秘密會社，原則上還要通過儀式活動重現神話中火起源的故事，即伴隨著性放縱行為，莊重的點燃一把火，這種性行為被認為是保存火種的關鍵。這類儀式每年都會舉行。[9]

　　紐西蘭的毛利族說，很久以前，英雄髦伊決定消滅火神給的各種火。他要用火烹煮時沒火了，僕人就到村裡挨家挨戶借火，卻發現所有的火都熄滅了，沒有火可以借了。髦伊只好再去向火神這位老太太借火。他到火神的住所，一番折騰，火神拔下她的指甲，就在這時，火就從裡面冒了出來，然後就給了他。當

---

[8]　同前註，頁42-43。
[9]　同前註，頁44。

髦伊看見她拔下自己的指甲就產生了火，覺得這是一件不可思議的事！於是，在他走回一小段路程後，就把火熄滅了，他就這樣一次又一次戲弄火神，直到她把自己手上的指甲都拔掉了。手指甲沒了，她就拔腳指甲，最後拔到只剩一個大腳趾的指甲。這時這個老太婆終於自己琢磨道：「這個傢伙肯定在耍我。」她就拔下那最後一根腳趾上的指甲，這瞬間變成了火，四處燃燒。她對髦伊大喊：全都給你！髦伊一路狂奔，但是大火緊緊跟著他。於是他就化身成一隻疾飛的鷹，這隻大鷹投進一個池塘裡，但是池水已經滾燙了。森林也起了大火，鷹已無處可躲，大地和海洋都燒了起來，髦伊即將葬身火海。他馬上呼喚祖先降雨，剎那間，傾盆大雨，火全都滅了。為了保住火種，火神把幾顆拋出的火星藏到樹中，使得它們得以保存下來，從此，當人類需要火時，就從這些樹上取材來生火。[10]毛利族的神話中常講到他們的英雄髦伊。最重要的是，南島語族常講述火種來自女人的指甲。紐西蘭島嶼習見火來自女人的手指的說法。[11]

密克羅尼西亞的諾魯島也習見火的起源神話，有一則神話說明火是由蜘蛛到天上從閃電那兒得到的，蜘蛛在取回燃木的過程，還與閃電的丈夫雷公發生打鬥。[12]可見諾魯島的神話強調的是火種與閃電有關，而特別說明取火者是蜘蛛。另一則諾魯島神

---

[10] 同前註，頁52-54。

[11] （日）松村武雄編：《メラネシア・ミクロネシアの神話伝説》，世界神話伝説大系Ⅱセカイ シンワ デンセツ タイケイ；22（東京：名著普及會出版，1980），頁217-218。

[12] 同前註，頁249-251。

話說明腐壞的魚生了蛆，蛆中生出兩個女人，其中一個女人以兩根木棒摩擦生出火花後，她高興地呼喊著火從手指甲來了，火從腳指甲來了。[13]這則神話似乎也暗示火藏指甲內的神話母題。

夏威夷美拉尼西亞的神話說，有一天，馬烏伊在海岸看到火。那是鳥所造的，但當他想取那些火而接近時，鳥就馬上熄了火飛走了。其後，馬烏伊花了很大工夫，才從鳥那裡學得造火的方法，但在這之前經常被鳥欺騙，心中有氣，因此離別時，用火把打了鳥的頭。鳥的頭被火燒，從那時開始就變紅了。[14]

美拉尼西亞的烏茲多拉庫神話說，古時候，一個老婦有火，經常是獨自煮烤東西吃，兒子憎其不仁，有一天偷了她的火送給眾人。老母怒而將剩下的火分成兩半，拋到天上。大的變成太陽，小的變成了月。[15]

美拉尼西亞的馬茲西姆族的神話指明火在老婦體內，而且火與蛇有關。某一老婦體內有火，總是自己一個人用火煮東西吃，有人非常羨慕而偷了火。老婦立刻降雨，使所有的火都熄滅。因此，辛苦偷得的火種眼看就要失去，幸好有一條蛇尾巴著火鑽進洞穴，因而將火保留到木頭上，才終於又得到火種。[16]波利尼西亞的薩摩亞的北部的土著也說，火是從一個盲老太婆那兒來的。[17]

---

[13] 同前註，頁251-252。

[14] （日）佐山融吉、大西吉壽：《生蕃傳說集》（臺北：杉田重藏書店，1923），頁742。

[15] 同前註，頁749。

[16] 同前註，頁749。

[17] （英）弗雷澤：《火起源的神話》，頁68-69。

而美拉尼西亞的阿多米拉魯堤群島的火起源神話則敘述火在蛇的肚子內，男子從蛇腹中取出火將食物煮熟。[18]澳大利亞也有這種說法，說火原來是在蛇的體內。[19]而中部的阿倫塔人也有關於火起源的神話，他們講述火來自袋鼠的生殖性器。[20]

　　南島語族各島嶼除了有火種藏於何處的敘述，或由老女人保管，或藏於女人陰部，或藏於蛇的肚腹。當然還有神話說明，如何去取火？由誰去取火？讓無火民族如何將火由火的保存者那裏取回，因此，取火的文化英雄行為是神話中極為精彩豐富的情節內容。

　　新幾內亞的神話說，古時候，這個世間沒有火，有一天看到海中孤島冒著煙，因而派使各類的動物去取火，但都失敗，最後才由狗帶來。[21]

　　印度尼西亞的伊哥羅托族的神話說，洪水時，只有兄妹兩人逃到山上而倖存。兩人將沒火即將凍死的事向神訴苦，神很同情，讓狗和鹿帶著火種，烘暖兩兄妹。[22]印度尼西亞的許多原始民族的神話大都在講述洪水後無火，而取火種的角色都是狗。

　　馬來半島的塞芒族矮黑人蒙瑞部落的神話說，他們是從啄木鳥那裡獲得火種的。馬來人用喇朗草點了一把大火，一隻雄鹿見到大火，就拾起一根火把帶回家裡，把火放到茅舍的高處，以防

18　（日）松村武雄編：《メラネシア・ミクロネシアの神話伝説》，頁29-30。
19　（日）佐山融吉、大西吉壽：《生蕃傳說集》，頁757。
20　（英）弗雷澤：《火起源的神話》，頁20-21。
21　（日）佐山融吉、大西吉壽：《生蕃傳說集》，頁749。
22　同前註，頁768-769。

被偷走。啄木鳥看見了火，就把他偷走交給了蒙瑞人。啄木鳥對蒙瑞人說，如果雄鹿來找就用兩根矛刺它。後來，雄鹿果真來尋找火，於是，兩人就各持一隻矛，向雄鹿的頭部刺去。那時雄鹿是沒有犄角的，因為頭頂受了傷，它就轉身跑進森林裡，從此之後雄鹿便沒有了火，卻多了一對犄角。啄木鳥要求蒙瑞人發誓不會殺它，因為它給他們帶來了溫暖和熟食。從此，殺害啄木鳥成了禁忌。[23]這是典型的解釋性神話，借由火種的取得說明雄鹿何以有角，也說明人們何以不殺啄木鳥。這樣的神話似也很原始，火種是由動物取來的，與原住民族神話異曲同工，原住民族神話中取火的文化英雄有水鹿也有鳥類。

在另外一個塞芒神話中，火的發現者或者說是偷竊者，不是啄木鳥而是椰猴。椰猴從天上大神凱雷那裡偷到一根火把，用這跟火把點燃了薩瓦那草。大火瞬間燃燒，人們紛紛逃跑。有些人逃進山裡、叢林裡，但是他們逃得不夠快，被大火燒到了頭髮。這些人就是馬來半島矮黑人部落的祖先，他們被統稱為森林人，頭髮都是捲曲的，是逃命時被大火燒到導致的。[24]

還有一個塞芒神話說，椰猴並非去偷火。因為妻子正在飽受分娩痛苦，椰猴想要給她找一顆椰子；當他把椰子劈開，火從椰殼裏冒了出來。椰猴點起的大火，造成塞芒人捲曲的頭髮。[25]塞芒人的火種神話在解釋他們頭髮捲曲的由來。

---

[23] （英）弗雷澤：《火起源的神話》，頁94。
[24] 同前註，頁94。
[25] 同前註，頁94。

泰國傣族有一個神話，講述大洪水滅絕所有人類，只有一對
童男女靠一個葫蘆而倖免於難，他倆的後代成為所有人的祖先。
這一對的男女生七個兒子，他們那時並沒有火。於是決定派一個
人到天上取火，取了三次都失敗，決定再派一隻蟒蛇和一隻貓頭
鷹去取火，也失敗了，最後決定派牛蠅去。牛蠅果真去了天庭，
費了一番周折，了解取火的秘密。牛蠅回來後，兄弟們照著牛蠅
說的辦，不一會兒就冒出煙，他們便可以烹煮食物。七兄弟與牛
蠅先前有過約定，他從此可以在各種牛的小腿上吸血液為食。[26]
這則神話在解釋牛蠅吸血的習性。

　　澳大利亞的火種神話普遍流傳著，有的神話中最初是鸛鳥以
木片摩擦生火，而老鷹去盜火。[27]有的神話講述火原由一隻袋狸
保有，後來鳩鳥去盜火，袋狸發現後將火丟入水中，這時老鷹飛
上空中將燃木接住丟入草中，世界從此有火。[28]而有的神話則說
原來的火藏在天上，有一隻鶺鴒決定飛上天將火拿到手，牠拿到
火以後就藏在尾巴，不想被人發現。[29]新幾內亞就有烏鴉盜火的
神話情節，澳大利亞的神話也類似，兩個女人因為砍了一棵樹，
受到許多蛇的攻擊。女的拿木棒與蛇爭鬥，將木棒打在石頭上發
出火，一隻烏鴉將火偷走，而使得人間有了火。[30]菲律賓伊夫高
的神話說明洪水後狗、貓、狸、蜥蜴游泳到另一座山取火種。而

26　同前註，頁94-95。
27　（日）松村武雄編：《メラネシア・ミクロネシアの神話伝説》，頁15-22。
28　同前註，頁22-23。
29　同前註，頁24-27。
30　同前註，頁26。

菲律賓的安達曼島也有洪水中火種起源的神話，山頂的一個老婆婆指頭尖著火，狗、狸、蜥蜴都取火失敗，最後蒼蠅去了才了解生火的方法。[31]

關於鷦鷯去取火的情節，弗雷澤很甚慎重地討論，他說澳大利亞似乎是沒有鷦鷯的，所以估計這種小鳥其實是藪鳥。這種鳥約有小畫眉那麼大，生活在澳洲較密集的灌木叢或矮樹林中。現在已知有兩個亞種，西部藪鳥和棕藪鳥。前者更大一些，上半身是褐色的，羽毛上有些深色的條紋，而喉部和腹部是紅白色的，胸部還有一顆大黑點，其側翼也是褐色的，下面的羽毛則呈紅褐色。棕藪鳥則在西部藪鳥前身呈白色和黑色的部分都覆蓋以棕色的羽毛，這種鳥還有紅潤的尾巴，這可以印證那個把火藏在尾巴下的故事。顯然，這個故事僅僅是一則意在解釋鳥類羽毛顏色的神話。[32]

澳大利亞南端一個部落的神話情節中，給人們帶來火的是一隻鳳頭鸚鵡。這種鳥有一個紅色的羽冠，他把火藏起來獨自享用，不和自己的部落分享，他的自私行為使得夥伴們很生氣。聰明的鸚鵡們就召集了一次會議，要制定一下計畫，以打破這個秘密。他們決定，先殺掉一隻袋鼠，然後邀請有火的鳳頭鸚鵡一起分享。鳳頭鸚鵡如期而至，拿走了袋鼠的頭、肩和皮，回家準備燒烤。其他的鸚鵡們就監視牠，看見了他如何把樹皮、乾草放在地上準備點燃，也看見他用爪子撓頭，火就從它的紅冠那裡冒了

---

[31] （日）三吉朋十：《比律賓の土俗》（東京：丸善株式會社，1942），頁249。

[32] （英）弗雷澤：《火起源的神話》，頁6-7。

出來。這樣一來，鸚鵡們就知道火怎麼來的了。[33]這個一個解釋鳳頭鸚鵡頭頂羽毛顏色的神話。而另一個神話的文本是，造火的主人被描述成一個人，這個人後來變成鸚鵡。

在火起源神話中常見到火存在於人體內的說法，尤其在美拉尼西亞持這種看法的居多，比利比利島的神話說火在一個高大老婦的陰部。一天，這位老婦抓住了二個青年，給他們了三根陰毛，於是火便帶到地上。在新幾內亞馬林德阿寧人的神話中，說火是由性交而出現的：有一個叫阿拉默穆布的始祖神參加尋歡作樂祭祀儀式，看見一段男女交歡的場面。始祖神把他們抓住順勢搖晃了幾下，於是，他們的身上突然因為摩擦而冒煙起火。一會兒，女人生下了一隻食火雞和一隻巨大的鶴鳥。可這兩隻鳥的翅膀是黑的，因為被煙燻了。鶴鳥的腿與食火雞的喉下也著了火，變成赤紅色的。[34]這則神話解釋食火雞與鶴鳥身上的部分特徵。

像男根的杵與像女陰的臼，彼此摩擦生火，也會自然聯想到有如新幾內亞、阿尼姆族，最初男女性交，產生火，或者火從女人陰部來。這樣的神話在南太平洋各島嶼與南美的原住民族中的分布都十分普遍。高木敏雄也提出鑽木取火神話與男女性交生火的說法是互相映照的。學者大都認為，最初的火來自女人的身體，或是火來自樹或岩石，是南太平洋廣泛分佈的類型。[35]

---

[33] 同前註，頁10-11。

[34] （日）大林太良著，林相泰、賈福水譯：《神話學入門》（北京：中國民間文藝出版社，1989），頁36。

[35] （日）松前健：〈文献にあらわれた火の儀礼〉，出自大林太良編著：《日本古代文化の探究・火》（東京：社會思想社，1974），頁185-186。

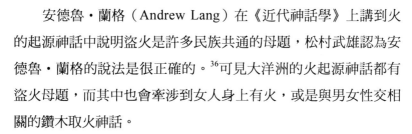

安德魯・蘭格（Andrew Lang）在《近代神話學》上講到火的起源神話中說明盜火是許多民族共通的母題，松村武雄認為安德魯・蘭格的說法是很正確的。[36]可見大洋洲的火起源神話都有盜火母題，而其中也會牽涉到女人身上有火，或是與男女性交相關的鑽木取火神話。

弗雷澤認為，用鑽木取火這種方法來解釋很多神話中的奇特情節似乎是可能的。例如，神話或說火是來自一個女人右手的第六根手指，或說拇指，或說來自虎口，也有說是來自左手拇指與食指之間；有的則是來自一個男人右手虎口，或來自一個男孩右手食指的指尖，或來自火神的手腳指甲裡，或者來自他的手指頭裡。這類認為火從手中產生的觀念很有可能發端於鑽木取火，特別是其用雙手合十來轉動鑽木的動作。還有一種觀念認為火來自女人的身體，特別是她的生殖器，這在許多神話中都會解釋，即很多民族將鑽木取火的形態類比成兩性交媾。在這種比喻裡，鑽木取火所點燃的火就就被說成是從女性的身體中生出來的，特別是出自她的生殖器。取火象徵著交合，這個比喻也可以用來說明為什麼在有些神話中女人比男人更早的擁有火。因為，既然旋轉木鑽可以使得木板著火，那麼原始人就很自然的會認為在鑽木之先，火就已經存在於木板中了。用神話的語言說出來，就轉變成了火首先在女性的身體裡，而後才被男人抽取出來。[37]

火種來自於人或袋鼠等動物的生殖器，或者鑽木而取火，

---

[36] （日）松村武雄編：《メラネシア・ミクロネシアの神話伝説》，頁28。

[37] （英）弗雷澤：《火起源的神話》，頁204-205。

是否一定有取火象徵交合？我們看到更多的是火種神話中的說明性，說明牛蠅的吸血習性，說明鳥類羽毛顏色，說明鸛鳥的黑翅膀，說明食火雞的紅咽喉。神話常帶著一種解釋性情節，是否一定有那麼多象徵，可能需要更多思考。

二、原住民各族的火種神話

排灣族

　　排灣族的取火種神話大都與洪水神話結合，敘述洪水後無火可用，有的神話是甲蟲取火，有的神話是小鹿（或羌）取火，或者是鑽木取火。也有的取火神話只單純地敘述鳥將火種給了兩兄弟，讓他們點燃枯木將火種保留下來。

　　排灣族的塔拉馬卡烏社的神話敘述：

> 太古時候，曾因海水的出口處阻塞，釀成大洪水。平地變成一望無際的茫茫大海，只剩「卡托莫安」山和「塔嘎拉烏斯」山的山頂而已。人們和禽獸都逃到這兩山去避難，可是事出突然，大家忘記帶出火種，覺得極為不便。在「塔嘎拉烏斯」山上的人想盡各種辦法，要得到火種。這時飛來蒼蠅，不停地搓著兩腳，因此就模仿牠，用兩根木柴互相摩擦，果真發起火來。「塔嘎拉烏斯」山頂上既出現火，「卡托莫安」的人就想向他們要火種，因而派山羌前往取火，順利達成目的。[38]

---
[38]　（日）佐山融吉、大西吉壽：《生蕃傳說集》，頁331-332。

帕利拉央社、馬卡匝雅匝雅社的取火神話也是相同的情節，洪水後山羌去取火，而洪水後有火的山也是仿效蒼蠅摩擦動作而學會用木柴摩擦生火的。[39]

　　斯庫斯庫斯社說，兩個人從鳥身上取得火，再將火存在朽木中。古時候，沙利拇茹和沙魯馬伊兩人從「駕芥」鳥取得了火，將其移到朽木保存著，這是火的起源。[40]

　　下排灣社的神話說，古時候有一種怪物在平地，河水都流入其口中。可是，怪物的嘴巴塞住了，以致於積水，發生洪水。水太多，小山都被水淹沒，只有霧頭山和大武山等三座高山，沒有被水淹沒。下排灣社的人逃上山上，而其處無火。人們派遣一隻鹿到霧頭山去取火。小鹿泅往霧頭山，攜火返回，因此族人才得以烹煮。[41]

　　排灣族的大鳥萬社神話中，洪水後甲蟲取火。自古傳說曾發生洪水，各地山土被沖走。因此到處山峰崩塌而消失。有二兄妹，抓住拉葛葛草（因此未被沖走而得救）。適有一條蚯蚓，當它拉屎一次，就形成一條山稜線，於是他們落居（某處），可苦於無火。偶有一甲蟲出現，口銜著火的火繩來。於是他們取了甲蟲所攜來的火。[42]

---

[39] 同前註，頁332-333。

[40] 同前註，頁260。

[41] （日）小川尚義、淺井惠倫：《原語による臺灣高砂族傳説集》（東京：刀江書局，1935），頁277。

[42] 同前註，頁247。

排灣內文社的神話說，古時候，陸地、山也全變成了水。然而，有一小山尚存。據說人都死了，只有兄妹兩人倖存，掛在山上的樹枝上。可是，他們沒有火，只好折樹枝鑽火。兩人成為夫妻，卻生了瞎子或瘸子或患鼠瘡者等兒女。[43]

排灣族的神話中，有洪水後各種動物山羌、小鹿、甲蟲取火的母題，也有摩擦生火的母題，不一而足。

阿美族

阿美族的奇密社神話說，太古時候，蕃人的祖先們因為沒有火而感到極大的不便，為了尋找火種，舉社分開人手，各自進入深山幽谷，經過幾天，在某一高山頂上露營時，發現遙遠海上的一個島上，散著點點火影。一行人不禁雀躍而喜，可是地遠，又是海中一孤島，只能徒呼負負。眾人覺得除了藉助鳥獸以外別無他法，派熊、豹去求火的結果，由於風浪太大，不是溺斃就是中途折返，都沒有能全功而還。最後剩下一隻羌仔，牠看起來那麼地軟弱，因此始終沒被選上，牠自己也覺得遺憾而非常喪氣。可是到最後已經沒有別的獸類可遣，因而終於向牠下達命令。山羌覺得洗雪恥辱此其時，英勇地踴身跳進怒濤之中，順利帶回火種。眾人一見發瘋似地狂喜，撫慰牠、讚譽牠，據說牠的皮毛因

---

[43] 同前註，頁195。

此而變得光滑美麗。[44]

　　海岸蕃的神話說，太古時，有一對男女神降至人間，彼此情投意合，而後又領會男女媾合之道，遂生育眾多子孫。一日，女神無意間拉動枯乾的藤枝，竟因摩擦了幾下而燃燒起來，這便是天地間有火的開始。之後，他們曾經過幾次遷徙，最後在塔基利斯定居下來，年年豐衣足食。[45]

　　阿美族有的神話說，洪水後無火可用，倖存而婚配的兩兄妹乃以藤與木摩擦以生火，其過程甚為費時，有一天，看見紅嘴烏秋飛來，乃命令牠前去取火，紅嘴烏秋便朝東邊飛往遠方，好不容易把火取回，卻在抵達海岸邊時，不慎讓火掉落水中。後來，蛆來了，又拜託蛆去取火。此次，火雖然是取回了，但不久後卻熄滅了。兄妹倆只好打擊白石生火，再將火移到乾草上。之後，再撿拾朽木以焚燒，火從此不再熄滅，並且繼續傳給後代。[46]

　　阿美族另有神話說，古時，一男神降臨臺灣本島東海，一個小島上，一女神降臨在其小溪對岸上，二神互生好感，遂同居。一日，二神發現了火，想烤瓜，奇怪的事發生了，男神擁有多出的東西，女神則擁有不足的東西，二神彼此注視，突有二鳥飛來搖搖尾，二神見之，始悟媾合之道。[47]

　　阿美族普遍流傳有摩擦生火的母題，摩擦生火的母題常是

---

[44]　（日）佐山融吉、大西吉壽：《生蕃傳說集》，頁257-258。

[45]　林道生：〈阿美族口碑與傳說故事〉，《東海岸評論》，1991年12月，頁48-51。

[46]　（日）佐山融吉編：《蕃族調查報告書》第二冊 阿美族（臺北：中央研究院民族所，2009），頁202-203。

[47]　（日）佐山融吉、大西吉壽：《生蕃傳說集》，頁15。

女神所為，或與男女媾和聯結起來，明顯地將火種與男女性交比對。其實阿美族是臺灣原住民族中與大洋洲各島的神話最雷同的族。不管是洪水後的兄妹婚，或是男女神性交後而有火，都能與大洋洲各島作比較。大林太良提到東南亞普遍的死體化生穀種起源母題，就只提到阿美族也有近似的情節。

泰雅族

泰雅族的火種神話中，取火的常是鳥類。北勢蕃的取火神話與洪水無關，只單純地論及火種來源，一則神話敘述有一隻鳥帶火種來，運火種時還燒傷羽毛，後來此鳥被泰雅族視為靈鳥，決不射殺。又兩則神話說泰雅族原以硬木磨擦生火，後來漢人傳來燧石，才學會以燧石及鐵相擊取火。[48]汶水蕃的神話說，古時候，「西西利」、「駕駕斯」、「塔喔伊」三隻鳥在雪山溪的上游玩耍，「駕駕斯」鳥不知從哪裡拿到火，帶來送給祖先們。當時曾燒焦羽毛，因此又叫這種鳥為「久列久連」。現在我們把「駕駕斯」當成靈鳥，絕不會去射殺牠。[49]

---

[48] 同前註，頁260。
[49] 同前註，頁260。

鄒族

　　鄒族人在講述故事的場合中卻有一樣是從不缺少的，就是火；火在傳統鄒族生活中的密切程度幾乎是令人難以想像的；男子會所中的爐火在昔日是終年不熄的，每個氏族宗家的爐火也不能令其熄滅，因為亞氏族會前來取火，稱「蘇伊基」（suing'i）；祭粟倉因放置新粟，為了保持倉內乾燥，並使火煙燻烤粟米，以免潮濕或蟲蛀，也經常要升火；即使田野間的農獵，在休息或烹煮食物，以及野宿時都要起火；儀式的狩獵和出草遠征要進行火卜；征帥的揀選也是憑其求火（即鑽木取火）的技術；從前鄒族人實施室內葬，親族人會聚集於喪家，在葬穴上起火，最親近的人伏臥其旁，以示悼念。

　　學者採錄阿里山鄒族神話講述，古時候的人不知道用火，因此所有的東西都是生吃，暗夜也沒有點燈這一回事，確實極為不便。於是那些重要人物莫不想盡辦法，想走出這個不便的境況，但始終想不出好的辦法。這時「克烏伊西」鳥向高空飛去，不久，從克伊西坡胡普托神處拿來火種。牠悠悠而舞，正想停歇下來，卻失去了辛苦得來的火種。因而「烏胡哥」鳥再到同一神的地方，順利帶回了火種。由於這個功勞，現在還是准許「烏胡哥」鳥在田圃中尋找食物，但「克烏伊西」則不能進入田圃中。我們平時所用的火，就是從這隻鳥得來的。不過，祭日所用的火，則是另外由名叫耶雅胡阿黑歐伊的軍神所授與的。現在在田

圍一帶覓食的兩種鳥的嘴巴所以不是尖的，據說就是被火燒所致。[50]這樣的鄒族神話是典型的，後來的火種神話也幾乎如此，取火的角色幾乎都是鳥類。

布農族

塔克巴卡蕃的塔馬羅彎社、烏朗塔西卡潘神話說，太古時候，洪水氾濫，只剩新高、巒大、郡大、西魯比雅諸山和卓社大山的山頂而已。人們都僥倖得以避難到新高山上（玉山）。可是沒有火，是最為不方便的事，眾人向四方眺望，看見卓社大山有火光，因而令某鳥銜命前往取火，但在途中丟失了。其次派遣長尾鳥，也溺死。因而再派「卡伊匹西」鳥飛去取火，終於順利拿回火種。[51]這種鳥所以是紅嘴巴，就是當時被火燒傷所致。甚至有謠傳說，如果甚麼人學這種鳥的叫聲時，他的衣服就會被燒掉。[52]干卓萬蕃神話說，這種鳥因為取火有功，到現在還被人愛護。[53]

郡蕃巴哈胡魯社的神話說，青蛙取火失敗，也是「卡伊匹西」這種鳥取火成功。[54]丹大社神話則說，蟾蜍取火，沒有成

---

[50] （日）佐山融吉、大西吉壽：《生蕃傳說集》，頁256-257。
[51] 同前註，頁90-91。
[52] 同前註，頁258-259。
[53] 同前註，頁393-394。
[54] 同前註，頁394。

功，也是qaipes鳥達成任務。[55]

洪水後青蛙、蟾蜍取火失敗，最後是鳥取火成功，布農族的取火英雄更強調唯一的鳥能成功取火。

布農族取火種神話很多，大都論及洪水時人們逃到山上避難忘了帶火種，先派蟾蜍或青蛙去取火，過河時火種熄滅，所以又由各種鳥類去取火，其他鳥類取火都失敗，最後由kaipigi鳥取火才成功。這種鳥的鳥喙是紅色的，據說是運火時灼傷的痕跡。布農族也至今不殺蟾蜍和kaipigi鳥，若觸犯，據說會燒掉衣服，甚至有神話說聽到這種鳥叫聲的人，衣服會燒掉。

蒐集到的取火神話中，取火成功的鳥似乎都是同一種，kaipigi鳥或譯成xaxapis，或譯成quipes，kaipishi，kaipis，kaipisu，kaipesu，kaipisi。

布農族也有一則取火神話中並無洪水，只敘述祖先渡海來臺時，所有的平地都浸在水中，只有山峰露在水面，祖先們爬上山後派kaippichi鳥到對岸去取火，後來又發現鑽木取火的方法。

大南社的魯凱族講述，古時洪水，人們逃到山上，但苦無火種，於是派山羌泅水至另一座山取火置於角上帶回，大家方能吃熟食。等水退了，人們隨波而下成為本島人，留在山上則是蕃人。[56]

大南社另一則神話也很類似，古時洪水氾濫，人們都聚集到山上。於是山羌去到另一座山取火，雖取到火，但熄了。此時有

[55] （日）小川尚義、淺井惠倫：《原語による臺灣高砂族傳說集》，頁608。
[56] 同前註，頁380-381。

隻蒼蠅在旋轉，人們便仿效牠把松木旋轉，從此就有了火。[57]

　　1929年弗雷澤發表*Myths of the Origin of Fire*火的起源神話一書，有兩個地方論到所謂鄒族的火種神話，以下就是這則火種神話的梗概：

> 鄒族是臺灣中部山區一個會獵首的民族，他們的祖先在一場大洪水過後取得火種。倖存者在山上避難，但洪水退後他們也沒有了火，因為他們在漲潮的時候，撤退的太匆忙，沒有時間把火帶在身上。過了一會兒他們感覺非常冷，有個人看到鄰近的山上有火光在閃動。所以有個人就問，誰願意去把火帶回來？有隻山羊自願去取火，說完後，就跳入水中游到另外那座山。過了一會兒，山羊再次出現在黑暗中，牠的鬍鬚上帶有火苗。但在山羊快要靠近岸邊的時候，牠越來越無力，最後淹沒在水中，火種也就沒了。之後人們派遣taoron去取火，牠完成了這個任務。人們都很感謝taoron，圍在牠身邊不停地撫摸牠，這也就是taoron的皮膚會磨損和身體這麼小的原因。[58]

　　拉阿魯哇族的神話提到洪水時沒有火種，山羊自願去取火。因為山羊將火種縛於犄角，卻因無法忍受火種的灼熱，將頭部逐漸沉到水裏，取火失敗。後來再派出稱之taurungu的野獸前往，

---

[57] 同前註，頁390。
[58] （日）弗雷澤：《火起源的神話》，頁89-90，頁197。

此次果然不負眾望,順利索回火種。祖先們非常開心,趕緊圍攏過來撫摸牠的毛皮。不過,經眾人撫摸後,taurungu的毛髮是愈增光澤,可是身體卻愈加縮小。[59]淺井惠倫等人的調查資料中,拉阿魯哇族神話洪水後山羊取火也是失敗,而兩則神話都提到山羌取火成功。[60]可見弗雷澤引用的神話中,taoron應是山羌的腳色,而弗雷澤所謂的鄒族火種神話,看來應是拉阿魯哇族、或者卡那卡那富族的神話。

拉阿魯哇族和卡那卡那富族都流傳著山羊和羌取火的神話,也同樣與牠們本身所具有的特點有所牽涉。卡那卡那富族的說法是:山羊在取火回來時,角上所縛的火種太熱,將羊角都燒成彎曲的,所以山羊的角都是彎曲的。[61]拉阿魯哇族的神話則說先是山羊用犄角替人類取火,但因為火太燙,山羊忍不住將角浸入水中以致火種熄滅,最後是由山羌順利取火回來。人們於是開心的撫摸山羌的身體,沒有想到大家一摸的結果,山羌的毛更加光亮,牠的身體卻縮小,所以山羌變得那麼小,就是從那時候開始。[62]

我們似乎可以看出一個約略的系統,泰雅族、鄒族、布農族大都是鳥類取火,而魯凱族、拉阿魯哇族與卡那卡那富族則大都由山羊、山羌去取火,排灣族與阿美族的取火神話較為多元。

[59] (日)佐山融吉主編:《蕃族調查報告書》第三冊‧鄒族,頁118-119,四社番(拉阿魯哇族)。

[60] (日)小川尚義、淺井惠倫:《原語による臺灣高砂族傳說集》,頁702-704。

[61] 同前註,頁702-703。

[62] 同前註,頁704。

達悟族的神話中，火的取得與洪水未較為無關，像是另一種典型。神話中說他們的一個太陽死掉以後，祖先就沒辦法吃熟的食物，開始茹毛飲血的時代，為了生病的父母親，倆兄弟出發去尋找火。他們走到岩洞裏，從魔鬼那裏把火種帶回。為此，每當達悟族舉行慶典時，魔鬼都會得到一份牲禮，表示回饋。在每年的冬季，都有一個節日是專為魔鬼神祇舉行的。全村每戶人家都要派一個人到海邊獻肉和芋頭，表示魔鬼和人在蘭嶼島能夠和平相處。[63]

很多原始民族似乎都相信，人類發現和能夠使用火之前，火是為動物所有的。一些澳洲土著就說，火在古時候只屬於居住在格蘭屏山的一群烏鴉，這群鳥不許其他任何動物分享它們的火。澳洲有的民族則說，很久以前火為一隻小袋狸所有，它自私地看護著火，無論去哪裡都將其帶在身邊，從不借給別人。而新南威爾士的一些部落則認為，火先前為一隻水老鼠和一隻鱈魚所有。據昆士蘭的卡比部落說，火本是被一隻又老又聾的蝰蛇所獨有，為了安全，它將火保存於自己的身體裡。澳大利亞南部的部落，相傳火來自一隻紅冠鳳頭鸚鵡。澳大利亞中部的阿倫塔人說，有一隻大紅袋鼠將火保存在自己的身體裡。在托雷斯海峽的巴度島說，只有住在島一端的的鱷魚擁有火。[64]

雖然在這些故事裡一些動物自私地將火據為己有，不願與人分享，但是在其他的很多神話中，卻又是由走獸或鳥類將火的知

---

[63] 夏曼藍波安：《八代灣的神話》（臺中：晨星出版社，1992），頁107-113。
[64] （英）弗雷澤：《火起源的神話》，頁191-192。

識和使用方法傳授給人類的。無論它們是野獸、小鳥還是超自然的神靈，都往往是先將火從其原主人那偷來或要來，然後再將這寶貴的財富交付給人類，人類有從此分享到火。[65]

有許多神話並非由一隻鳥或走獸，而是很多動物的通力合作才取到火的。這些動物排成一列，在前一個動物奔跑得筋疲力竭時，就將火傳給下一個動物。還有一類，先後有很多很多動物去嘗試這艱辛的任務，但最後只有一隻成功了。[66]大洋洲島嶼民族與原住民族神話中似乎都是這樣的現象，常是一隻動物失敗了，幾其他動物再去，成功者後現今受到人們的感謝。其實這似乎也是一種說明性神話，說明動物的某些特徵或習性。

為何在這些神話中，火最初都是由動物或鳥類取得的呢？最有可能的答案似乎是這樣，這些神話的主旨首先要說明動物們的各種顏色和習性是如何造成的，原始人設想這都是來自取火的行動；而對於火起源或者火如何被發現所進行的解釋，在這類故事裡都僅僅只占次要的位置。[67]

---

[65] 同前註，頁193。
[66] 同前註，頁197。
[67] 同前註，頁200。

結語

最有名的取火神話當是希臘神話中的普羅米修斯從奧林帕斯山上盜火，有的說他藏在蘆葦管裡帶到人間，有的說他將火種藏在茴香桿裏。

根據瑞士學者H.Egli的研究，世界上很多民族都有動物取火母題，澳大利亞原住民族及美洲的印地安人都有鳥類、田鼠或魚取火的情況。太平洋的新幾內亞取火的是蛇、鳥、豬或狗，而美拉尼西亞所提及的是人或鳥去取火。據湯普森（St.Thompson）的母題引得，野獸取火的母題是非常習見的，歐洲、非洲、美洲的印地安人、亞洲印度以及新幾內亞島都有。鳥盜火的母題尤其普遍，神話中鳥類常與火、太陽或光明結合一起。在有些民族的神話中，鳥類是創世主或是創世主派它來取火的。[68]

何廷瑞把臺灣原住民族的取火神話與菲律賓及美拉尼西亞的神話作比較，得到幾點結論：

1. 臺灣原住民族取火神話的母題與菲律賓及美拉尼西亞的神話結構很類似。
2. 大部分取火神話的母題是人類從前有火，但是後來失去了，所以要重新得到火。

---

[68] 浦忠成：《臺灣原住民的口傳文學》（臺北：常民文化出版公司，1996），頁89。

3.大部分的神話，都說火不是用偷的，而是由一個很遠的
地方取來的。

4.臺灣原住民族的取火神話常與洪水神話相結合，這可能
是地方性的特點，而且很可能是東亞地區的特點。[69]

　　何廷瑞認為臺灣原住民族的取火神話常與洪水神話結合有地
方性的特點，可能是東亞地區的特點，應是值得採信的。

　　大陸少數民族也有取火神話與洪水神話結合的情形，如怒族
和獨龍等族都有洪水後鑽木取火、石頭相擊或竹石相磨取火的母
題，獨龍族神話說：洪水滔天的時候，火種沒有了，人們見到一
隻蒼蠅飛來吃東西，用兩隻大腿擦來擦去地搓癢。人就想，用兩
根木棍摩擦也許能生火，於是有了火種。[70]

　　而原住民族的取火神話常與洪水神話結合，與中國西南許多
民族的洪水後取得穀種又有雷同之處。

　　臺灣原住民族的取火神話中，除了少數鑽木取火或石頭相
擊取火成功外，取火的角色都是動物，鳥類最普遍，羌、花鹿、
水鹿、蟾蜍、青蛙、山羊、蛆、熊、豹或山豬都承擔過取火的任
務。不過，似乎只有鳥、羌或花鹿的取火工作成功，其他動物都
取火失敗。

　　原住民各族的粟種起源神話都提及藏穀於男女生殖器的情

[69] Ho Ting-jui, *A Comparative Study of Myths and Legends of Formosan Aborigines*
（臺北：東方文化書局，1971），頁108-109。

[70] 馬昌儀：《中國神話故事》（北京：中國廣播電視出版社，1996），頁590。

節，這樣的說法與大林太良說明火存在於人體內的情節異曲同工。反倒是火種神話少見藏於女人身體的母題，歸納臺灣原住民族的取火種神話，有以下幾點意見可以進一步討論。

（一）臺灣原住民族中阿美族、排灣族的洪水神話也見洪水後兄妹婚母題。[71]大部分族群的洪水神話大都論及耕地的取得、種子來源、魚獵來源，洪水不是破壞，洪水是進化是獲得，因此特別強調生食到熟食的過程，火種取得是必然的。

原住民族的取火神話有地方性特點，幾乎都與洪水神話結合，動物在取火中扮演重要角色，尤其是鳥類在取火任務中有特別貢獻。因此，可以肯定原住民族的取火神話有鮮明的地域特色。

（二）臺灣原住民族的神話中動物都因取火成功而受獎賞，如泰雅族、布農族的取火鳥類被視為靈鳥，人們不准射殺。而鄒族取火成功的ufunu鳥被准許在田中啄食。取火成功的動物一般被人們視為祥禽瑞獸。

原住民族的取火神話中動物發揮重大作用，尤其是鳥，常是取火的文化英雄角色，或許可以說臺灣原住民族的取火神話有亞洲的特色，與大洋洲許多島嶼的原始民族一樣，動物常扮演火種起源神話中的主角。

（三）另一個值得注意的問題是，臺灣原住民族的取火神話中罕見偷火、盜火的情節，動物取火可能去的次數很多，布農、鄒族強調唯一取火成功的特別鳥類，似乎意味取火的艱辛，也象

---

[71] 鹿憶鹿：〈臺灣原住民與大陸南方民族的洪水神話比較〉，《東吳中文學報》1997年，第三期，頁299-316。

徵取火者的神聖性。或許臺灣原住民族的取火神話中火是原先就有的，只不過洪水中失去或忘記帶，並不像一般的民族強調原先無火，要由生食過渡到熟食，這樣的過渡可能要艱辛一些。

火種神話相當值得注意的應是自然火過渡到文化火的意義。李維史陀《神話學》一書中就強調：「生／熟」這個對立組是一再出現的主題；前者是屬於自然的範疇，後者是屬於文化的範疇。這兩個範疇的差異及變換以火的發現為指涉的焦點。[72]不管是大陸少數民族或臺灣原住民族的取火神話，都在強調生食到熟食的過程，甚至是一家灶火到一族社火的演變，文化火、社火是族群、部落存亡的關鍵。火是文化象徵，是人擺脫動物性的標誌。

（四）另一個要特別指出的重點，臺灣原住民族的粟種起源與取火神話要一併觀察。大洋洲的美拉尼西亞、波里尼西亞常見火存在於女人身體的母題，這在原住民族洪水後取火神話的情節中不常見。而原住民族的神話中是粟種藏於男人生殖器的母題，不是火種藏於生殖器就是粟種藏於生殖器，或許都有深入討論的地方，或者這兩個母題有共通的意涵存在。

（五）從粟種與火種的合併觀察，似乎也稍微見到臺灣原住民族中的阿美族與整個南島民族的關係，彼此有相近的神話情節。而中國南方的布朗族、德昂族也被有的學者認為是屬於南亞語系的族群，從洪水後有取穀情節可以見出與整個南島民族的關聯性。

---

[72] （法）李維斯陀（Claude Levi-Strauss）著，周昌忠譯：《神話學：生食與熟食》（臺北：時報文化出版公司，1992）。

我們在在粟種起源神話中，看到原住民族許多偷盜穀物類型的神話，此外，南島民族還有許多從神的或女人身體長出作物，特別是芋、果實等的神話（即死體化生型神話）。前者，即是眾人所稱的普羅米修斯型的神話。女性的身體中藏有可用之物的觀念，可證明在初期農耕時女性是不可或缺的角色，火和穀物藉由料理（烹調）而得以馬上連結。[73]似乎我們得到一點粗略的概念，火種起源神話是要與粟種起源神話一併討論的，臺灣原住民族的文化起源神話尤其是如此。在臺灣原住民族的神話中，洪水後有取火種的情節，也見到洪水後有得到粟種的情節。

---

[73] （日）山田仁史：〈發火法と火の起源神話〉，《東北宗教學》第2期，2006年，頁183-200。

小黑人神話

Chapter 5

前言

　　李壬癸先生說，W.A.Pickering：*Pioneering in Formosa*
（1898）；George Leslie MaCkay：*From Far Formosa*（1896）；
William Campbell：*Formosa Under the Dutch*（1903）等這幾部在
十九世紀下半所著的書，都沒有提到矮人。同一時期，先後有
好幾位西方人士在臺灣探險旅行，包括R.Swinhoe於1856-1866年
間，Cuthbert Collingwood於1866、H.Kopsch於1867、E.C.Taintor
於1869、J.Thomson於1871、B.W.Bax於1872、T.L.Bullock於
1874、Steere於1874、M.beazeloy於1857以及Arthur Corner於
1876，前後二十年間在臺灣各地探險旅行，也都沒有關於矮人的
傳聞或記載。[1]

　　清代文獻對於臺灣小黑人的記錄相當詳細，小黑人出現的
地點相當多。相關小黑人的論文，大都是日本學者所發表。伊
能嘉矩於1898年發表〈台湾に於ける蕃人の想像する矮人〉[2]、
1906年發表〈台湾の土蕃に伝ふる小人の口碑に就きて〉[3]，鳥
居龍藏於1901年發表〈台湾に於ける小人の口碑〉[4]、1907年發

---

[1]　李壬癸：〈臺灣南島民族關於矮人的傳說〉，《中國神話與傳說學術研討會
論文集》（臺北：漢學研究中心，1996），頁579-604。

[2]　（日）伊能嘉矩：〈台湾に於ける蕃人の想像する矮人〉，《東京人類学雑
誌》13（149），1898年。

[3]　（日）伊能嘉矩：〈台湾の土蕃に伝ふる小人の口碑に就きて〉，《東京人
類学雑誌》22（240），1906年，101-104。

[4]　（日）鳥居龍藏：〈台湾に於ける小人の口碑〉，《東京人類学会雑誌》188，
1901年，頁75-76。

表〈台湾の小人はニグリトーなりしか〉[5]，鹿野忠雄於1932於發表〈台湾島に於ける小人居住の傳說〉[6]，陳正希於1952年發表〈臺灣矮人的故事〉[7]。其中以伊能的影響最大，他在日本的《東洋時報》發表了一連串的文獻，標題為「台湾の烏鬼番」[8]；伊能指出臺灣的土著各族之間，除了蘭嶼的達悟族（雅美族）之外，幾乎各族都有他們的祖先與小黑人相處的故事，存在於泰雅、布農、鄒、邵、排灣和賽夏族等的民俗信仰中，布農族和鄒族更指出小黑人比他們早到臺灣。

李壬癸先生也認為，臺灣島上從南到北有泰雅、賽德克、賽夏、噶瑪蘭、阿美、布農、鄒族、沙阿魯阿、魯凱、排灣等各族，都有關矮人的傳說，其中以賽夏、鄒、布農、排灣四族的資料較多。在地理上幾乎遍布於全臺灣。目前還沒有蒐集到卑南族有關矮人的傳說，也就是缺少在臺灣東部的局部資料。西部平埔族，因過去的記錄太少，缺少矮人傳說的資料並不足為奇。就現有各族的傳說內容看來，差異不小，因此這些傳說似乎不是傳播擴散的結果。除了罕見卑南族的資料，蘭嶼島上的達悟族也未見小黑人神話。

相關臺灣原住民族小黑人的資料，有稱小人、小黑人，或稱小矮人、烏鬼番，為了行文方便，大都稱小黑人，既是強調矮

---

[5] （日）鳥居龍藏：〈台湾の小人はニグリトーなりしか〉，《東京人類学会雜誌》252，1907年，頁215-219。

[6] （日）鹿野忠雄：〈台湾島に於ける小人居住の伝說〉，《人類學雜誌》47（2），1932年，頁103-116。

[7] 陳正希：〈臺灣矮人的故事〉，《台灣風物》2（1）、（2），1952年。

[8] （日）伊能嘉矩：〈台湾の烏鬼番〉，《東洋》234，1918年，頁37-40。

小，也是凸顯他的黑膚。學者大都以小黑人為傳說，說明他的歷史真實性，所發表的論文也都是從人類學角度探討的傑出代表作。本文不從歷史敘事的真實與否著眼，故以神話名篇，一併參考《山海經》的周饒國神話，希望從多方面來觀察原住民族小黑人神話的特點與意涵。

　　李壬癸先生曾對原住民族的小矮人神話傳說做過歸納整理，鄒族十則、布農七則、排灣六則、賽夏族三則、泰雅三則、賽德克兩則、魯凱兩則、阿美兩則與邵族一則、噶瑪蘭一則。[9]所列雖然不完整，我們卻可見出原住民族小黑人神話流傳的普遍性。而除了早期日本學者的採集整理外，後來一些學者也有相關的研究，提供取資的材料。[10]

9　李壬癸：〈臺灣南島民族關於矮人的傳說〉，頁579-604。
10　張百蓉：《高雄都會區臺灣原住民口傳故事研究》，中國文化大學中文所博士論文，2003。劉育玲：《賽德克族口傳民間故事研究》，花蓮師院民間文學所碩士論文，2001。浦忠成：《臺灣鄒族的風土神話》（臺北：臺原出版社，1993）。Ho Ting-jui, *A Comparative Study of Myths and Legends of Formosan Aborigines*, 1967。劉育玲：《臺灣原住民族矮人傳說研究》，東華大學民間文學研究所博士論文，2015。

一、鄒族與泛泰雅族群的小黑人是敵我關係

鄒族小黑人神話如下：

> 古時在玉山北方，有矮小人種，皆穴居，形如小兒，能藏
> 匿芋葉下；攀登豆莖，莖不斷折；其體雖小，而臂力極
> 強，又巧使刀槍，曾與布農族爭戰，後不知所往。[11]

> 古時矮人（meefucu）住在黑暗中。如果有人在分獸肉而
> 不夠的話，那就是矮人拿走的。[12]

> 黃昏時有一個小孩不停地哭。他媽媽就對他說，「小孩不
> 停地哭，就把他丟在外頭，讓矮人帶走！」她真的把他放
> 在外頭，真的把他留在那兒。剛好矮人把小孩帶走，到黑
> 暗中去了。有人聽到小孩被帶走時的哭聲。[13]

> 身長三尺左右，極輕捷，以前常與鄒族打仗。但鄒人撲向
> 他們時，卻潛伏在草叢中看不見他們，突然又潛進來，切
> 鄒人的後筋。[14]

[11] 浦忠成：《臺灣鄒族的風土神話》，頁217-218。
[12] 李壬癸：〈臺灣南島民族關於矮人的傳說〉，頁586。
[13] 同前註，頁586。
[14] （日）伊能嘉矩：〈台湾に於ける蕃人の想像する矮人〉，《東京人類学会

李壬癸認為，鄒族人普遍地存在畏懼矮人的心理，都把矮人當作最可怕的敵人。例如，大人嚇唬愛哭的小孩會被矮人帶走。又如，單獨一人在家時，無論是大人或小孩都有可能被矮人帶走。矮人常躲在暗處，或者隱形，隨時都可能加害於鄒族人。[15]

　　浦忠成也提到，阿里山鄒族部落的口碑提及這些矮人稱為「沙由諸」（sayucu），其音與布農族相近，據說他們連樹豆枝幹都能攀爬，行動敏捷，可以憑借些許陰影躲藏，又喜歡惡作劇，譬如大家一起分配物品，人數數好了，物品也按照人數分好了，如果這時發現物品少了，那一定就是「沙由諸」矮人偷走了。他們又稱為「篾夫諸」（mefucu），其意為「裝袋者」，據說這些矮人由於身材矮小，所以很喜歡抓走小孩，帶回他們的部落去，要養大作為他們的一員。夜晚時，部落中有哪一家的孩子哭鬧不停，不耐煩的父母就會讓他站在家屋外，用恐嚇的語氣說：「再哭鬧，等一下『篾夫諸』要來抓你了！」，這時候再頑皮的孩子也不敢發出聲響。[16]

　　泰雅族的小黑人神話傳說：

　　　　泰雅族稱矮人為misinsigot。在遙遠的山後，身材矮短，約三尺左右（只自腰邊到腳底來形容），有弓、箭、鑄模等

　　　雜誌》13（149），1898年，頁427-429。
[15] 李壬癸：〈臺灣南島民族關於矮人的傳說〉，頁588。
[16] 浦忠成：《臺灣原住民族文學史綱（上冊）》（臺北：里仁書局，2009），頁404。

武器，潛伏於草莽間，有時襲殺泰雅，身手非常矯健。[17]

小川尚義描寫泰雅族神話中的小黑人只及常人胸部，但他們的刀很長，那些小黑人砍本族人房屋的柱子，屋子壓住了本族人，而小黑人趁機割了他們的肚子，甚至連肝也吃了。後來，小黑人全被泰雅人殺死了。

佐山融吉著《蕃族調查報告書》（1920）太么（泰雅）族後篇中的泰雅族小黑人有兩篇，他們有大刀，很好色，會危害族人，強姦婦女：

舍加路蕃：從前稱作Snsingut的人，個子極矮小，即使勉強爬上木豆樹也無法摘取果實。因他們經常腰配木刀侵害蕃人，蕃人就以「木豆」之稱呼，稱其為Snsingut。[18]

鹿場蕃：從前巴思誇蘭溪之兩岸有巨樹，樹枝延伸互相交錯，宛如架在河上的橋。有群小矮人，即利用它跑過河來強姦了許多婦女。祖先們生氣之下，便把樹橋砍斷了。又說，當時死者的靈魂都藉此樹橋前往東方的。[19]

---

[17] （日）伊能嘉矩：〈臺灣の土蕃に傳ふる小人の口碑に就きて〉，《東京人類學会雜誌》22（240），1906年，頁82。

[18] （日）佐山融吉編：《蕃族調查報告書》第七冊 泰雅族・後篇（臺北：中央研究院民族所，2010），頁161。

[19] 同前註，頁163。

　　賽德克族的神話說，古時候，某處有成群的小人。有一次社人出去打獵，築一小屋，在睡覺時，小人從梁上擲刀殺死族人。族人怒而找遍各處，但又不知他們逃往何處。後來，又有小人宿在小屋，拆椽又殺傷族人。族人大怒，覺得非報仇不可。他因在同一個地方築小屋，從外面回來時，看到椽已被卸掉，知道小人來過，於是蓋著蕃布、持棒等著。不久，見到小人們進來，大家群起將小矮人全部打死。接著又有大批的小人們跑來，破壞剛蓋好在斷崖下的小屋，族人出其不意地使小屋潰塌下來，把小人全部壓死，從此就沒有再見到過小人。[20]

　　賽德克族稱小黑人為「susungut」，據說是因為小黑人經常攀爬於樹豆之上，或喻其體型短小如豆之意。由於小黑人的神話傳說只流傳於賽德克老人間，至於年輕一輩幾乎未曾聽聞，故在賽德克老人的口中，小黑人是曾經與其先祖在生活中有過交集的現實人物，而年輕人則多認為賽德克族中不可能有小黑人，就算有小黑人的傳說也應該是與賽夏族有關。可見賽夏族的矮靈祭眾所周知，早期賽夏人與矮人有密切關係的傳說也深植人心。其實賽德克族的矮人神話極為普遍。[21]

　　花蓮縣秀林鄉富世村太魯閣族關於小矮人的故事：

　　　很久很久以前，在現在南投國家公園那邊住著一群十公分

---

[20] （日）佐山融吉、大西吉壽：《生蕃傳說集》（臺北：山田重藏書店，1923），頁664。
[21] 劉育玲：《賽德克族口傳民間故事研究》（花蓮：花蓮師院民間文學所碩士論文，2001），頁132-133。

左右的小太魯閣人，講的話跟我們一般太魯閣人一樣。但是很兇悍，而且不通人情。他們喜歡帶著小刀在我們常走的山徑旁邊埋伏，等人一走過，就用刀一直刺人的腳背，等到被刺痛的人在地上翻滾時，他們就砍下那人的頭。太魯閣人都很痛恨他們，所以後來就在路邊用一根大樹幹撐著一塊大石頭，做一個陷阱。小人們以為是小山洞，在那裏玩耍時，太魯閣人就抽掉大樹幹，大石頭「碰」一聲壓死了那些小人們。聽說現在南投國家公園那邊還有這些小人們住的小房子，真的。[22]

花蓮縣萬榮鄉紅葉村的太魯閣族：

我聽父母說過小人的故事。過去族人喜歡上山打獵，放置一種抓鳥獸的陷阱。有一個人在山上放了陷阱，第二天去看，發現抓到獵物了，但一看不是鳥獸，而是一群小人，他們在那裡拉扯陷阱，帶著武器，很兇猛。當小人發現他時，一群小人開始追他，他很害怕地趕快跑，回去跟族人講，等到他和族人回去找他們時，已經看不到那群小人，但還看得到他們的腳印。[23]

---

[22] 許端容：《臺灣花蓮賽德克族民間故事》（新北：中國口傳文學學會，2007），頁91-92。

[23] 許端容：《臺灣花蓮賽德克族民間故事》，頁93。

花蓮縣秀林鄉文蘭村的太魯閣族：

> 聽我的老人家講，以前有一種小矮人，長得像小孩子一樣
> 高，大約一百公分左右，老老的，人數不少，可能是住在
> 宜蘭山區那邊。
>
> 以前我們部落的人上山打獵，一去好幾天，通常會在山上
> 的工寮過夜，那些小矮人常常趁著獵人白天去打獵的時
> 候，進去工寮，用刀把支撐工寮的大柱子橫切，直到木頭
> 只剩一點點沒切斷，然後用泥土鋪在表面上掩飾斷痕。等
> 到獵人回來休息，一進去，碰到支柱，整個工寮垮下來，
> 壓住獵人，他們便進來殺人。我們的族人便決定開戰，大
> 家集合起來商量解決的對策，後來發現那些小矮人常常出
> 入的地方，有個轉彎處，旁邊便是懸崖，於是先把晒乾的
> 山羌皮放在那個轉彎處，然後拿著槍在他們後面亂射，逼
> 他們往那條路上跑，因為山羌的皮很滑，矮人們踏上去以
> 後，就全部往懸崖底下掉了。[24]

花蓮縣萬榮鄉萬榮村的太魯閣族：

> 從前有個小人國，那裡的人大概只跟我們現在讀幼稚園的
> 小孩一樣高，卻很強悍。但是他們沒有屁眼。而且不吃

---

[24] 同前註，頁94。

飯，只燒火，然後吸煙就飽了。[25]

太魯閣族的外太魯閣蕃，流傳有侏儒的故事：

> 昔日，某處有一群小矮人mssungut。有一天，社人外出狩獵，並搭建小屋休息，不料，小矮人竟由樑上丟下刀來刺殺社人。之後，又有社人外出狩獵，同樣也搭蓋小屋居住。此時，小矮人又來了，他們把屋樑拆下，並殺了社人。社人們為了報復，又到同一地點搭蓋小屋，但蓋好後暫時離開，再回去時，又看到屋樑被拆下，就知道小矮人來了。於是每個人都頭蒙蕃布，手持木棍，嚴陣以待。小矮人不知社人已回，再度進屋，結果全被殺掉。之後，社人在斷崖下方搭蓋小屋時，又有小矮人前來想破壞小屋，社人趁其不意，把小屋弄倒，壓死他們。從此再也無人見過小矮人。[26]

魯凱族小黑人神話如下：

> tamaolono—lipalasau是個小矮人，善於捕捉任何獵物，他與uluvai—talialo結了婚。兩人體型一大一小，但在大白天交媾，甚至別人看見也不在乎。[27]

---

[25] 同前註，頁329。

[26] （日）佐山融吉編：《蕃族調查報告書》第四冊，賽德克族與太魯閣族 後篇（臺北：中央研究院民族所，2011），頁103。

[27] 尹建中編：《臺灣山胞各族傳統神話故事與傳說文獻編纂研究》，頁278。

二、小黑人的恩與怨

　　賽夏族的小黑人是文化英雄，會幫他們農作，對賽夏族有恩，卻也會傷害賽夏婦女，讓族人不滿。傳說小黑人住在岩洞中，身長不過三尺，為臂力強大，且長妖術，賽夏族甚畏懼之。有一則大隘社的神話這樣說，從前朱姓的祖先經過溪岸時，總會聽到岩窟裏面有人以優美的聲音，唱出曲調富於變化的歌謠，所以祖先們常常走近模仿學習，最後終於學會了。岩窟裏的人就是矮黑人，他們看見朱姓的人就要求食物，而朱姓的人給予他們帶在腰帶上的食物時，他們說：「以後你們收穫稻子時來叫我們，我們願意幫你們的忙。你們有祭祀時也來叫我們，我們會和你們一起歌舞。」朱姓的祖先回去告訴大家此事後，收穫稻子時就邀請他們，祭祀時也邀請他們，但是他們卻玷辱賽夏族的婦女。因此，賽夏族人對矮黑人感到很憤怒，最後設下陷阱。那時只有二個人倖免於難，他們離去時對我們說，以後你們的耕地將永遠有麻雀和老鼠危害，而且你們到平地出草時，一定會被平地人殺死等等，他們說完就朝著東方離去。[28]

　　宮本延人說，賽夏族的傳說中出現的一種前住民，是一群住在洞穴中的小黑人，很會使用巫術來作弄賽夏族人，但賽夏族人的祖先利用謀略引誘小黑人到斷崖邊，再推他們落入山崖，剩下

---

[28] （日）小島由道編，中央研究院民族學研究所譯：《番族慣習調查報告書》第三卷・賽夏族（臺北：中央研究院民族所，1998），頁11-13；頁23。

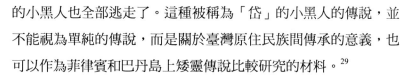

的小黑人也全部逃走了。這種被稱為「岱」的小黑人的傳說，並不能視為單純的傳說，而是關於臺灣原住民族間傳承的意義，也可以作為菲律賓和巴丹島上矮靈傳說比較研究的材料。[29]

今天新竹的賽夏族仍保留「矮人祭」，據賽夏族長老們說，他們拜「矮人」，並不像漢人拜祖先，因為矮人不是賽夏人的祖先，而是這些矮小的「先民」是他們祖先的「好朋友」，教他們祖先如何種粟、收割和跳舞、以及巫術等等技巧，後來因一次糾紛，引起雙方打仗，小黑人幾乎被賽夏人殺光了，小黑人殘餘的人逃走時留下一句話，咒罵賽夏人忘恩負義，必遭天譴！由於賽夏人害怕小黑人報仇，便在每兩、三年收割粟米之後，舉行矮靈祭，一方面向已死的小黑人祭拜，以免矮黑的惡靈騷擾賽夏族，一方面也慶祝收成。[30]

近年所採錄的矮人神話，也可看到賽夏族始終相信矮黑人原是他們的朋友：

> 在大霸尖山上生命初長的時候，矮人來照顧我們，我們問他們從哪裡來？他們說：「我們是從太陽昇起的那個方向來的。」他們告誡我們：「你們這些有五指的人要認真去工作。」洪水發生之後，矮人帶領我們跟著水面遷移，一直到了現在的後龍。我們的人口繁衍的愈來愈多，大家散

[29]（日）宮本延人著、魏桂邦譯：《臺灣的原住民族》（臺中：晨星出版社，1996），頁126。
[30] 洪英聖：《臺灣先住民腳印》（臺北：時報文化出版社，1993），頁46。

居在四處。於是矮人時常召集大家,教我們歌舞,讓大家
認識彼此,互相聯絡。另外,矮人為了不要讓我們近親結
婚,又給了我們姓氏。後來我們又從中港溪往內陸遷移,
分別遷移至南庄和五峰一帶。矮人跟我們相處了很久,等
我們生活各方面都穩定,他們決定回去東方,他們要找一
個離開的理由。於是故意調戲賽夏的婦女,使賽夏的婦女
懷了孕。又化身為賽夏族的人,假裝因仇恨而去砍矮人乘
涼的枇杷樹,害矮人滅族。留下的兩個老人家,離去前跟
賽夏族說:「我們走了以後,你們的生活不會那麼好了,
很多動物都會來吃你們栽種的的東西,所以你們要勤力耕
種。」從前,我們原本是沒有火使用的,後來矮人教我
們用掉落地面的隕石,中午放在太陽下,以聚光的方法取
火,於是我們都有了火。[31]

　　採錄的賽夏族小黑人神話,大都說他們行動敏捷,膚色暗
黑,毛髮捲縮,擅長游泳,精通巫術,樂善好施。住在洞穴裡,
唯一缺點是,該族性好漁色。[32]賽夏族的小矮人是名副其實的文
化英雄角色,好色,會教人們耕種與用火。

　　臺灣的邵族人甚至指出,日月潭除了有三尺高的「矮黑人」
之外,還有比矮黑人更「矮」的「海龍王」,因為只有二尺半,

---

[31] 金榮華:《臺灣賽夏族民間故事》(新北:中國口傳文學學會,2004),頁
　　77-78。
[32] 朱鳳生:《賽夏人》(新竹縣五峰鄉賽夏族祭典管理委員會出版,1995)。

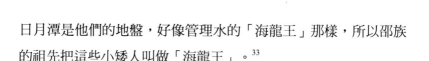

日月潭是他們的地盤，好像管理水的「海龍王」那樣，所以邵族
的祖先把這些小矮人叫做「海龍王」。[33]

《邵族史篇》中〈小黑人堅守日月潭家園的故事〉之內容
如下：

> 邵族的祖先尚未移居水沙連以前，最先居住在日月潭的是
> 一群小黑人，他們也是居住在lalu（珠仔嶼，今光華島）
> 附近，邵族移來之後，兩族族人相處甚佳，並非常歡迎邵
> 族人到他們部落去作客，大家交談甚歡，和樂融融。不過
> 他們常常囑咐邵族族人說：「若要來我們這兒作客遊玩，
> 一定要事先通知我們，不可擅自前來，否則將有災難發
> 生。」幾年之間，兩族的族人互有往來，感情也與日俱
> 增。然而，有一次因有急事，未來得及通告，邵族的人便
> 自行前往，小黑矮人個個倉皇失措，急急忙忙跑到各人的
> 木臼處，並且坐在木臼上。不幸的是有幾位小黑矮人，由
> 於太過慌張，未能坐穩而摔了下來，不慎壓斷了尾巴，這
> 幾位斷了尾巴的小黑矮人抱著屁股哀嚎的跑開。小黑矮人
> 的首領非常生氣，乃對邵族的人下逐客令，從此以後，他
> 們對邵族的人類相當不友善，兩族便不相往來。邵族人一
> 再向他們道歉，小黑矮人非但不理會，更是惡言相向。自
> 此以後，邵族人真的失去了純樸、善良的好鄰居，更失去

---

[33] 洪英聖：《臺灣先住民腳印》（臺北：時報文化出版公司，1994），頁34-36。

了溫和、可貴的好朋友。因為小黑矮人個個都長有尾巴，這是他們的秘密，也深怕別族恥笑他們，於是祇要有客人來訪，都要事先約定，客人來訪前，小黑矮人都坐在木臼上，而木臼裡有一個洞，正好可以把尾巴隱藏在其中，如此則不被別族發現。難怪邵族的人不速造訪，導致小黑矮人驚惶失措，壓斷了尾巴，使小黑矮人感到憤怒和羞怯。[34]

---

[34] 鄧相揚、許木柱：《臺灣原住民史邵族史篇》（南投：臺灣省文獻委員會，2000），頁76。

三、與布農族糾葛不清的小黑人

除了賽夏族之外，布農族的小黑人傳說在臺灣原住民族中最詳盡也最多。鈴木作太郎在1932年所編著的《臺灣の蕃族研究》就收錄十則布農族的矮人資料，分別是鳥居龍藏1901年採錄的五則，笹尾宗晴1931年調查的五則。[35]

布農族卡社群神話說，從前有稱之Sazusu的小矮人，愛吃青蛙，又常在樹枝上跳躍，其敏捷程度不雅於猴子，而且一旦隱入樹叢任誰也尋不著。[36]

布農族神話中出現很多稱為Sazusu的小矮人。

從前在Takilitu住著稱之Sazusu的小矮人，他們身高雖只兩尺左右，卻擅長爬樹，連猴子都無法與之相比，而且一旦躲入樹林或草叢，任何人都休想找得到。據說他們就是仗著這個本事，經常躲在樹下，並從樹葉的縫隙中伸出刀來殺死我們祖先的，所以祖先葬身其刀下者不計其數。[37]

從前有一群稱為Sazusu的小矮人。他們的個子矮到連採摘

---

[35] （日）鈴木作太郎，陳萬春譯：《臺灣蕃人的口述傳說》（新北：中國口傳文學學會，2003），頁28-33。

[36] （日）佐山融吉編：《蕃族調查報告書》第六冊·布農族前篇（臺北：中央研究院民族所，2008），頁181。

[37] 同前註，頁194。

木豆也要用梯子。不過，他們卻擅於打仗，任何巨人也打不過他們。[38]（達啟覓加蕃）

從前有一群稱為Sazusu的小矮人，身高不足三尺。他們經常躲在岩石後或香蕉樹下等隱密處狙擊我們的祖先，眾人對其都恨之入骨。有一次，巒蕃蕃民在割粟時，有一群Sazusu人正好行經他們的田地，蕃民們便趁機狠狠地砍掉許多Sazusu的人頭。[39]（郡蕃社）

據說，古時候有稱之Sazusu的小矮人，但詳情如何並不知曉。昔日，我們到臺北觀光時，曾在臺北車站附近的臺灣人家中見過小矮人，或許就是所謂的Sazusu人。有些蕃民說，小矮人的故事是從臺灣人傳來的。[40]（郡蕃東埔社）
從前有稱之Sazusu的小矮人，據Taulu所言，當時所謂的小矮人，很可能就是指臺灣人。[41]（郡蕃Baul社）

從前有一群稱之Takilili的小矮人，身高約僅三尺。雖勇猛善戰，但終究敵不過我們的祖先，只好渡海逃到對岸。[42]（卓社蕃Qatu社）

---

[38] 同前註，頁188。
[39] 同前註，頁199-200。
[40] 同前註，頁205。
[41] 同前註，頁207。
[42] 同前註，頁214。

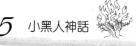

　　書中另一則故事則言及布農族在巒大本社發現一個洞中有小黑人，身高僅及兩三尺，小黑人拿出很多食物，如紅豆、米、粟招待布農人，布農人要求小黑人送一粒種子給他，小黑人不同意。後來布農人又看到一把尖刀，小黑人也不願意給他，布農人便趁著小黑人不注意時將它偷走。[43]神話中幾乎都敘述原住民族從小黑人或小矮人那兒偷穀種與刀箭。

---

[43] 同前註，頁20-21。

四、排灣與魯凱的小黑人

　　從前屏東的排灣族神話中說，據說某地岩石下有個地方，那是小矮人聚居處，不過後來他們逐漸地長高變大。[44]小矮人是住在岩石下的。

　　排灣族的神話中，小黑人與原住民族是平行的兩個世界，彼此關係不那麼密切，他們也住石造房屋，和排灣族一樣種粟、芋、甘藷，也捕山羌，也會到其他蕃社獵首。[45]

　　傀儡族（魯凱）所流傳的口碑，稱小黑人ngutol，其傳說如下：

> 以前，南邊的深山中住著身材矮小的蕃人，眼睛長在膝蓋，白天看不到，常出來和傀儡族交戰。但由於他們白天眼睛看不到，所以常失敗。可是入夜後眼睛就發亮，令傀儡族大為苦惱。[46]

　　臺灣地區以外的南島地區，東南亞許多地區都有小黑人的記錄。例如，菲律賓、馬來半島、安達曼群島、印度南部等地的小黑人，據說他們身材矮小而黑，有的就住在山洞裡，正如賽夏族

---

[44] （日）佐山融吉編：《蕃族調查報告書》第八冊・排灣族（臺北：中央研究院民族所，2015），頁318。
[45] （日）小島由道編：《番族慣習調查報告書》第五卷・排灣族 第一冊（臺北：中央研究院民族所，2015），頁184-185。
[46] 尹建中編：《臺灣山胞各族傳統神話故事與傳說文獻編纂研究》（臺北：臺灣大學文學院人類學系，1994），頁278。

的矮人傳說。[47]

日本史前史提到日本有一種矮黑土著的原始住民，日本歷史上稱之為「土蜘蛛」，即矮黑人。有人說，可能因為他們喜歡住穴屋（洞穴），猶如黑蜘蛛從洞裡出入一般，是日本的原始住民，身體黝黑，與臺灣小黑人一模一樣。印尼至今仍有住在地下窖洞的矮黑族。菲律賓的小黑人更活躍，在菲律賓小黑人則稱呼為「Negritos」、「Ifugao」。臺灣原住民族指稱的矮黑人名稱雖然不同，但都指出矮黑人的共通點，即身材矮小，行動敏捷，膚色暗黑，毛髮捲縮，善於使用弓箭，還會巫術，身上有彩紋，住在山岩石洞，是穀物的原有者。[48]

李壬癸先生提到，從北到南，「泰雅（包含賽德克）、賽夏、噶瑪蘭、阿美、布農、鄒（包含拉阿魯哇）、魯凱、排灣等各族，都有關於矮人的傳說，其中以賽夏、鄒、布農、排灣四族的資料較多。在地理上幾乎遍布於全臺灣。」並言及目前還沒有蒐集到卑南族的矮人傳說，缺乏東部和西部平埔族如西拉雅族的傳說資料。「就現有各族的內容看來，差異不小，因此這些傳說似乎不是傳播擴散的結果。傳說中的矮人，他們的生活方式比南島民族還要原始，例如，住在山洞中。他們對這些晚來或外來的民族大多懷有敵意，因此各族對他們都感到畏懼，必須小心提防。有些族，包括賽夏和布農，在傳說中處心積慮地要把他

---

[47] 李壬癸：〈臺灣南島民族關於矮人的傳說〉，《中國神話與傳說學術研討會論文集》，頁579-604。
[48] 田哲益：《賽夏族神話與傳說》（臺中：晨星出版社，2003），頁78-80。

們趕盡殺絕，以致他們完全消失了，有些族，包括賽夏和排灣，卻又明說族人和矮人通婚，所以也有友善的一面。」傳說和史實不同，「傳說一定有一些誇張或超人的成分。例如，有些傳說矮人身長只有二、三尺。又如，鄒族傳說中的矮人像隱形人一樣，平常用肉眼看不到他們。」而考諸語源，李壬癸先生認為「『矮人』這個名詞，各族的稱呼顯然都不同」「這些詞形差別大都相當大，不像是同源詞。這似乎意味著這些傳說是後起的，只是近百年來才有的，不是古南島民族幾千年就有的文化成分。」[49]

其實，卑南族南王部落也流傳有矮人的故事：

> 從前有稱為kikik的矮人，不穿衣服，住在山上，他們說的語言與卑南社puyuma的語言不同，人口很多。他們的身高，有如四、五歲的小孩一般高，不吃米飯，只吃一種叫tabuna的芳草桿（其草會開花，可以綑在一起，當作掃把用。）矮人看到人時，則逃走。如果人到山上去，為他們看見，他們會馬上避開。[50]

我們所見的資料中，也有許多地底人（穴居）神話，其中或言地底人矮小，但普遍的說法是他們擁有穀物，原住民族都向他們乞求或偷取粟種。因此，在下一節中介紹地底人神話，一併討論、比較。

---

[49] 李壬癸：〈臺灣南島民族關於矮人的傳說〉《中國神話與傳說學術研討會論文集》，頁598-597。

[50] 宋龍生：《臺灣原住民史料彙編》第六輯 卑南族神話傳說故事集：南王祖先神話（南投：臺灣省文獻委員會，1998），頁56。

五、地底人神話

　　臺灣原住民族的小黑人神話中大多論及小黑人穴居，而有的神話描寫的是地底人的世界，有的地底人有尾巴，有的地底人有穀物，有的地底人只吸蒸氣沒有排泄孔，而有的神話中也論及地底人是矮小的，小得有如螞蟻。布農族的神話提及地底人擁有穀物。

　　布農族的神話常說穀物是從地底人那兒偷來的。

　　　曾經有ikolon居住在地下，他們不吃飯也不吃肉，只**聞食物**的香味即可，所以他們的**肛門很小**。那時候祖先尚未有米，到ikolon去玩，就想偷米，起初藏在男子的陰莖中，被發現取回。所以又藏在女子的陰道內，ikolon不好意思搜查，所以沒被發現。[51]

　　　從前，巒社asanlaiga社的洞穴中著著一個有尾巴的人，名叫ikolon。有一次，幾個asanlaiga社的人進入洞裡，他非常高興地拿出米飯來饗客，asa-nlaiga社的人吃了，覺得味道甚美，遂向ikolon索取**種子**，可是ikolon堅拒不給，他們只好趁著ikolon不注意時，偷了些米穀及柿子的種子，藏在陰莖的包皮裡帶回家。這便是我們的祖先種植稻米和紅

51　（日）小川尚義、淺井惠倫：《原語による臺灣高砂族傳說集》（東京：刀江書院，1935），頁667。

柿之始。[52]

另一則布農族丹蕃神話的情節也差不多。

> 從前有個人名叫Ikunlun，不僅長有尾巴還住在地洞裡。有
> 一次，他跑到地面上，帶了我們四個蕃民回去，而且盛情
> 款待。這四個人看到堆積如山的佳餚美饌，高興得渾然忘
> 我地大吃起來，飽餐後撫著微凸的腹部，瞧了瞧Ikulun，
> 發現他都沒有吃肉，只吸著蒸氣。四個人覺得很詫異，但
> 也不便多問，之後就告辭回家。後來，有一天這四個人出
> 其不意地再去拜訪Ikulun。由於事出突然，Ikulun來不及
> 將尾巴藏起來，便想將它藏進臼的凹處，可是匆忙間，尾
> 巴因多次碰到臼的邊緣而從中折斷。此次這四個人受到比
> 上次更豐盛的招待。但是，痛失尾巴的Ikulun卻後悔不已，
> 於是以巨石堵住了洞口，從此再也沒有人能進得地洞。[53]

布農族的地底人有尾巴，有穀種，卻是聞食物香味或吸蒸氣
維生，布農族的穀種也是從地底人處偷的，他們將穀種藏在包皮
或陰道帶回。劉育玲認為，關於黏合化的矮人傳說，不同族群有
不同的黏合對象，布農族、邵族、鄒族、拉阿魯哇族、卡那卡那
富族以及魯凱族等，其矮人傳說黏合的對象則多為有尾人傳說或

地底人傳說。[54]

　　達悟族東青社地底人傳說故事則敘述弟弟到地底下向地底人學習各種生活技能，達悟族人現在的生活就是地底人生活的實踐。[55]

　　達悟族另有被虐待的女兒受夢指引而到地底下世界生活的故事。[56]達悟族的地底人神話十分普遍，他們取火種的魔鬼也住洞穴。相關資料可參考拙著。[57]傳說中取火處在岩洞，而洞裏乾坤相當奇異，有的版本描述的項目非常多，裏面的人除了捕魚、織布、造船外，還有在舂小米、製陶、揹籃、削地瓜、編竹簍等。[58]達悟族神話中的地底似乎是一個文明的異世界，是一個仙境、神域。

　　關於魯凱族的食物起源神話：

> 從前入仔山這個地方，地中有一個地方，可通往地下蕃社；地下蕃社的人均有長尾巴，當人們走進時，他們便將尾巴藏在臼裡。人們到那去喝了水就大便，大便都會變成紅色小圓柱狀的玉石，將之拿起吸一下，裡面就會形成了洞孔。地下蕃社擁有大量的穀物，而大南社卻沒有任何種

---

[54] 劉育玲：《臺灣原住民族矮人傳說研究》，花蓮：東華大學民間文學研究所博士論文，2015，頁194。

[55] 余光弘、董森永：《臺灣原住民史雅美族史篇》（南投：臺灣省文獻委員會，1998），頁25-31。

[56] 夏曼藍波安：《八代灣的神話》（臺中：晨星出版社，1992），頁89-95。

[57] 鹿憶鹿：《洪水神話——以中國南方民族與臺灣原住民為中心》（臺北：里仁書局，2002），頁233。

[58] 陳敏慧：〈從敘事形式看蘭嶼紅頭始祖傳說中的蛻變觀〉，《中央研究院民族學研究所集刊》第63期，1987年，頁133-193。

子。祖先去那兒，回來均要被檢查是否有帶穀子，祖先心
想沒有食物準會餓死，便把穀物藏在生殖器回來，從此便
開始耕種，食物不匱乏。[59]

魯凱族的神話中都提到矮人給予他們食物：

在魯凱好茶人存在之先，有一族群達利卡哦格勒
（Tharikaegele，矮人之意），較我們現在的人矮小許
多。在我們剛移民來古茶布安（舊好茶）時，他們幫助族
人們打石板、搬運石板、蓋石板屋，甚至在缺糧時，還為
我們到地下城糴糧；但是，這個族群突然從人間消失，不
知去向，留下非常有限的口述傳說。[60]

米貢祭是卡那卡那富族傳統歲時祭儀中之收割完畢祭，在每
年的小米收成後舉行，主要祭祀對象為粟神與歷代祖先，感謝其
庇佑族人豐收、平安與興旺。一個與粟作關係如此密切的祭典，
與其族群內的穀物起源傳說（地底人傳說）產生連結，自有其合
理之處。地底人之相關神話傳說在卡那卡那富族中流傳頗盛，也
有不少族人將其視為米貢祭之相關傳說，但考諸相關文獻及劉育
玲的實際調查，都認為將矮人等同於地底人的說法並不全面。[61]

---

[59] 尹建中編：《臺灣山胞各族傳統神話故事與傳說文獻編纂研究》，頁271。
[60] 奧威尼・卡露斯：《雲豹的傳人》（臺中：晨星出版社，1996），頁166-167。
[61] 劉育玲：《臺灣原住民族矮人傳說研究》，東華大學民間文學研究所博士論
文，2015，頁206-207。

阿美族的地底人神話母題中未見言及穀物情節，阿美族的神話中最早的穀物幾乎都是由天神所賜予的。[62]我們似乎可以推測阿美族的神話中穀種都是來自天上，與其他族群源自小黑人、地底人處有異；然而這樣的差異性似也是異曲同工，穀物來自一個遠方「神域」，只是天上或地底的不同罷了。

布農、魯凱的地底人有尾巴，這在小矮人中是少見的，而地底人的只吸蒸氣與女人部落的女人近似，與小矮人不同。本書另一章原住民族女人部落神話中，女人也是沒有肛門，只吸蒸氣，似與地底人異曲同工，可一併參照。

地底人神話中並非全是小黑人，然而，可以想見，既是穴居，住地底下，應非巨人之屬，可能長得短小。地底人所以與小黑人有雷同之處，自不意外。原住民族所流傳的小黑人神話與地底人神話同樣普遍，甚至小黑人神話與地底人神話常是重疊的，小黑人穴居，而地底人矮小，他們都有穀物，都有弓箭，都會巫術。

臺灣原住民族神話中普遍流傳的小黑人神話母題也見於古籍中，古籍中有許多小人或黑人的神話傳說，雖然學者也多有論述，，而為了參照方便，本文一併討論。

---

[62] 相關資料可參考以下論述：

劉斌雄等：〈秀姑巒阿美族的社會組織〉，《中央研究院民族所研究專刊》8卷8期，1965年。

杜而未：〈阿美族的傳說與故事〉，《考古人物學刊》44卷66期，1984年。

達西烏拉彎・畢馬：《阿美族神話與傳說》（臺中：晨星出版社，2003），頁116-124。

六、古籍中的小人神話

《山海經》所記這類小人有四，除《海外南經》的周饒國，《大荒東經》的靖人，《大荒南經》的焦饒國，還有名菌人的小人，均有圖，都屬於侏儒一類。

> 周饒國在其東，其為人短小，冠帶。一曰焦饒國在三首東。《海外南經》

> 東海之外，大荒之中，有小人國，名靖人。《大荒東經》

> 有小人，名曰焦僥之國，几姓，嘉穀是食。《大荒南經》

> 有小人名曰菌人。《大荒南經》

周饒國即焦僥國、小人國，袁珂認為，周饒、焦僥，都是侏儒之聲轉，疑菌人、靖人也是侏儒之聲轉。郭璞在注《山海經》時特別強調，「其人長三尺，穴居，能為機巧，有五穀。」[63]周饒國的人住在山洞裡，身材雖然短小，卻和常人一樣穿衣戴帽，而且生性聰明，能製造各種精巧的器物，還會耕田種地。周饒

---

[63] 袁珂：《山海經校注》（臺北：里仁書局，1992），頁200。

國、焦僥國等小人國的穴居、有五穀的特點與臺灣原住民族神話的小黑人、地底人近似。

古籍中有關小人的記載很多。

《初學記》十九引郭璞《圖讚》云:「焦僥極麼,諍人又小,四體取足,眉目才了。」《淮南子》作諍人,《列子·湯問篇》「東北極有人名曰諍人,長九寸」與郭引《詩含神霧》同,諍、諍或以為古字通用。《國語·魯語》云:「焦僥氏長三尺,短之至也。」焦僥之見於史籍者始此。

《史記·大宛列傳》正義引《括地志》云:「小人國在大秦南,人纔三尺,其耕稼之時,懼鶴所食,大秦衛助之,即焦僥國,其人穴居也。」言小人國的小人有耕稼、穴居。

《魏志》卷三十〈東夷傳倭人條〉:「又有侏儒國在其南,人長三四尺,去女王四千餘里。又有裸國、黑齒國,復在其東南,船行一年可至」《唐書》卷二二二下〈室利佛逝傳〉:「咸亨至開元間,數遣使者朝表……又獻侏儒僧祇女各二及歌舞。」

《後漢書》卷一一六〈西南夷傳哀牢條〉:「永初元年,徼外焦僥種夷陸類等三千餘口,舉種內附,獻象牙、水牛、封牛。」《通典》卷一八七:「焦僥國,後漢時通焉。明帝永平中,西南夷焦僥貢獻。安帝永初中,永昌徼外焦僥種夷陸類等三千餘口,舉種內附,獻象牙、水牛、封牛。其人長三尺,穴居善游,鳥獸懼焉。其地草木,冬生夏落。」凌純聲先生認為,對於焦僥的體質,多僅言其短,身長三尺,不言其皮膚的色黑。Terrien de Lacouperie解釋「僬」字謂人旁,「焦」字乃火灼或日

晒而成黑色，此拉氏望文生義之說，殊不足使人信服。又《國語》謂：「焦僥，官師所不材也，以實裔土。」明言焦僥原居中土，因其無用，故遷實邊徼。而在蔡邕的〈短人賦〉云：「出自外域，戎狄別種，去俗歸義，慕化企踵，遂在中國。」則又是自外遷入，或因時代先後，而生異說。且云：「侏儒短人，焦僥之後。」侏儒與焦僥是同一人種。[64]

《神異經·西荒經》云：「西海之外有鵠國焉，男女皆長七寸，為人自然有禮，好經綸拜跪，其人皆壽三百歲。其行如飛，日行千里，百物不敢犯之，惟畏海鵠，遇輒吞之，亦壽三百歲。此人在鵠腹中不死，而鵠一舉千里。」[65]然檢《太平御覽》卷三百七十八，只引有《博物志》逸文一則，云：「齊桓公獵，得一鳴鵠，宰之，嗉中得一人，長三寸三分，著白圭之袍，帶劍持車，罵詈瞋目。」[66]不論是七寸、三寸三分或壽三百歲，都可見出純粹是神話而非真實。

《神異經·西北荒經》復云：「西北荒中有小人，長一寸（或作分），其君朱衣玄冠，乘輅車馬，引為威儀。居人遇其乘車，抓而食之，其味辛，終日不為物所咋，并識萬物名字，又殺腹中三蟲，三蟲死，便可食仙藥也。」[67]一寸或一分，都屬神

---

64 凌純聲：《中國邊疆民族與環太平洋文化·中國史志上的小黑人》（臺北：聯經出版公司，1979），頁345-361。
65 史仲文主編：《中國文言小說百部經典》（北京：北京出版社，2000），頁41-50。
66 〔宋〕李昉：《太平御覽》，據四部叢刊影印（臺北：新興書局，1959），頁1777。
67 史仲文主編：《中國文言小說百部經典》，頁41-50。

奇。《抱朴子·仙藥篇》記載:「行山中見小人乘車馬,長七八寸,捉取服之,即仙矣。」[68]小人也是可食之成仙的仙藥。

有的小人是由植物而來。《述異記》記載:「大食王國,在西海中,有一方石,石中多樹幹,赤葉青枝,上總生小兒,長六七寸,見人皆笑,動其手足,頭著樹枝。使摘一枝,小兒便死。」[69]

吳任臣《山海經廣注》引《南越志》云:「銀山有女樹,天明時皆生嬰兒,日出能行,日沒死,日出復然。」又引《事物紺珠》云:「孩兒樹出大食國,赤葉,枝生小兒,長六七寸,見人則笑。」[70]都是類似的情節,小人是從植物而來,可以養生長壽,此即《西遊記》「五莊觀」人蔘果之所本,也是仙藥一種。

袁珂先生對《山海經》中的周饒國神話發表看法:「人體大小,自古恆為士庶興會所寄,擴而張之,想像生焉。故莊周寓言,乃有蠻觸蝸角之爭;六朝野乘,亦極詼詭滑稽之寫。」[71]他似乎肯定小人國的記載是誇張、想像的結果,並不一定有真實性。

古籍中的小人國神話似乎在中土內外都有,又以外域,外國為多。然而,袁珂、凌純聲兩位先生所談的古籍上材料縱然豐富多姿,卻只見到《山海經》中周饒國、焦僥國有穴居、耕稼之事。當然,凌純聲也注意到人的膚色是否焦黑問題。

68 〔晉〕葛洪著,陳飛龍譯註:《抱朴子今注今譯》(臺北:臺灣商務印書館,2001),頁432。
69 〔梁〕任昉:《述異記》卷上,《百子全書》(臺北:古今文化出版社,1963),頁10131。
70 〔清〕吳任臣:《山海經廣注》卷十五,《歷代《山海經》文獻集成》(西安:西安地圖出版社,2006),頁2494。
71 袁珂:《山海經校注》,頁200。

七、古籍中的黑人神話

中國古籍中所載資料，也有通稱黑人的。

二曰川澤……其民黑而津。《周禮・地官司徒》

又有黑人，虎首鳥足，兩手持蛇，方啗之。《山海經・海內經》

黑齒國在其北，其人黑，食稻啖蛇，一赤一青在其旁。一曰：在豎亥北，為人黑手，食稻使蛇。《山海經・海外東經》

雨師妾在其北，其為人黑，兩手各操一蛇，左耳有青蛇，右耳有赤蛇。一曰在十日北，為人黑身人面，各操一龜。《山海經・海外東經》

勞民國在其北，其為人黑。或曰教民。一曰在毛民北，為人面目手足盡黑。《山海經・海外東經》

《山海經》一書不只有周饒國神話，相關黑人的資料也以《山海經》較多，《山海經》的價值，誠如Schlegel氏所說：

明代與清代《山海經》中的小人國圖像

「《山海經》一書，一如希臘古代歷史家耶洛多特（Herodote），後謗之者頗多，然傳之愈久，真理愈明，特需加以揀擇耳。」在《山海經》成書時代（戰國晚期），在中國境內南部或境外東方，即現在的東亞及東南亞確實有黑人存在。[72]似乎《山海經》中的黑人與臺灣原住民族等南島民族有密切關係，只是《山海經》中或「虎首鳥足」，或「持蛇」、或「啖蛇」、或「使蛇」的黑人，在南島民族中著重的是矮黑、穴居、善泳，或是有尾巴、無肛門。

法人Legendre在中國四川雲南多年，曾見兩種黑人：A型，據黑種人的特徵：下顎突出、口唇厚、皮膚紫銅色、身高平均約

---

[72] 凌純聲：《中國邊疆民族與環太平洋文化·中國史志上的小黑人》，頁345-361。

150cm；B型，皮膚近於棕黑色，頭髮捲曲，體高較前者為矮。並在雅礱江流域，西番族中，遇到一小黑婦人，身矮髮鬈，很像新幾內亞的NegritoPapua型。凌純聲也言及他在西南旅行時，尤其雲南的西南部常見到色黑髮鬈的混色人種；在臺灣及蘭嶼也與大陸西南的情形一樣，時可遇到混血的黑色人的遺子。[73]凌純聲的意見十分值得參考，臺灣原住民族神話中的小黑人在《山海經》中就已出現。

Negrito一字，始於1521年，當西班牙人初抵菲島，發現此一人種時之名稱，最初稱其為「Little Negroes」，其後人類學者按其音義正式命名為「Negritos」。在今日一般書籍中，遂成為專指菲島小黑人而言。

此小黑族並不僅僅分布於菲律賓，即在Andaman Islands，東部婆羅洲、西部新幾內亞、太平洋的Melanesia區諸群島，以及馬來半島等都可以發現。分布於Andaman島者稱Mincopies種，住在Malacca者有Mantras及Sakaies，住在Nicobar Isles者稱Schobaengs。此等人種，有時甚至可以把Semangs包括在內。Negrito一字原指黑種而言，可是小黑人常因地域關係致使皮膚有時變淺，故此有時甚難分辨。[74]

這種種特徵與特性，與現今居住在印尼爪哇婆羅州的「尼克利多斯」種族非常相近。事實上，在一八九七年，即日本佔領臺灣的第三年，就有歐洲來遠東研究人類學的學者指出，臺灣是

---

[73] 同前註，頁345-361。

[74] 劉其偉：《菲島原始文化與藝術》（臺北：臺北市立美術館，1989），頁66-67。

「尼克利多」種族的分佈區之一。至少,臺灣南鄰的菲律賓群島中仍為尼克利多種族的分佈核心區。德國人雷斯(Riess)指出,尼克利多種與早期琉球種非常相近。據東海大學史學教授洪敏麟推測,臺灣原住民族「矮黑人」的滅絕,可能滅種還不到兩百年。兩百年前的清代臺灣文獻,也曾描寫臺灣原住民族矮黑人的生活外貌。國內外百科全書也記載:「小黑人(矮黑人)(Negritos)是住在東南亞、澳洲北部、印尼、新幾內亞、菲律賓的矮人,還有安達曼島的安達曼人,馬來半島的塞范人也屬於小黑人種之一。他們住在孤立、多山的內部地區,身長不到五英呎(一百五十公分),以捕魚、狩獵、耕種、採集水果和植物為生。也能「吹毒箭」,射程可達一百五十公尺之遠。」菲律賓呂宋島的內褲利得族也是其中之一,是菲國七種土著群中最原始的一族,也穿丁字褲駕獨木舟捕魚;他們自稱為「黑人」。[75]學者似乎都以為小黑人是整個南島民族共有的文化現象。

據人類學家的考察,菲律賓、錫蘭、馬拉加半島內地,以及前印度、西利伯、蘇門達臘、異他諸島,都有矮小人種。[76]其中又以與臺灣原住民族同處於南島語族的Negritoes種族較為重要,他們分布於現在爪哇、蘇門答臘、馬來西亞、菲律賓巴拉望及呂宋島,不僅身材矮小,約在一米五以下,皮膚黝黑,因此有矮黑人之稱,也是過去中國歷史上曾記載的南洋毗舍耶番。[77]南島民

[75] 洪英聖:《臺灣先住民腳印》(臺北:時報文化出版公司,1994)。
[76] 宋龍飛:〈臺灣的小黑人〉,《藝術家》14卷2期(1982),頁159。
[77] 矮黑人(Negrito)身高在一米五以下,皮膚黃褐或茶黑,頭髮卷曲如羊毛,下頦突出,鼻短而闊,性情溫和,狡猾急智,善於爬樹,以採集野果、青蛙

族的矮黑人的特徵與臺灣原住民族的情節頗多相似。

　　《山海經》的書面資料當然提供早期人類學研究者一併討論的價值，卻對了解小黑人神話敘事者的動機沒有直接的證據。然而，這提供一個思考方向，原住民族神話敘事者將焦點真正轉移到「遠國異人」的神域敘事，小黑人、地底人的世界有穀種、火種及弓箭的神域，而這些非原住民族所原有的。

　　和昆蟲維生。懂得製造毒箭，住在岩洞或樹上，是最早從亞洲大陸遷到東南亞和太平洋海島的原始種族。參閱王家祥《小矮人之謎》（臺北：玉山社，1996），頁30。

八、小黑人的文化英雄角色

宋龍飛先生曾肯定表示：「如果將這些故事與荷蘭人帶來的烏鬼仔蕃聯想在一起，故事便不難解釋，因為漢人的勢力伸展到平地，烏鬼蕃無法立足，便聚眾逃亡到山地，而山地各族又視他們為異類，與他們對抗，逐漸地將他們銷毀。」[78]而劉育玲女士也認為，由臺灣各原住民族所流傳的矮人傳說看來，矮人曾經存在於臺灣似乎是不爭的事實，且各族矮人傳說中又不約而同都有與矮人相對抗繼而殲滅矮人的說法。而人類學家普遍認為這些傳說中的矮人是屬於較原始的人種，是臺灣真正的原住民。[79]不論小黑人是屬於何種人，學者似乎都傾向他們是早於現今臺灣原住民族的人種。

李壬癸先生歸納臺灣南島民族關於矮人的傳說都有一些共同特徵，這些特徵和太平洋島嶼上普遍流傳的矮人傳說也相同。這些特徵包括：

> 矮人都住在山中、森林中或偏僻的地區。矮人都住在山洞中或地下。
> 矮人大都集體地住在同一間房子。他們有的房子用粘板岩建造。

---

[78] 宋龍飛：〈臺灣的小黑人〉，《藝術家》14卷2期（1982），頁159。
[79] 劉育玲：《臺灣原住民族矮人傳說研究》，東華大學民間文學研究所博士論文，2015。

矮人個子特別矮小、膚色黑，有的據說捲髮。

矮人善用使用弓箭。矮人獵野獸，有的出草。

矮人雖然矮小，但身體強壯，行動敏捷，神出鬼沒，令人
難以捉摸，上下樹如猿猴，又善於游泳。矮人有高明的技
術和手藝。

矮人愛唱歌、矮人懂法術，並有超人的能力。

矮人對人尚稱友善，但有時也會惡作劇，以至貪婪、任性
和好色。

矮人在各地都是早於南島民族的真正原住民。

許多臺灣南島民族，都有一段時期被這些矮人所困擾，但
最後都把他們殲滅或趕到別處去。

矮人在各地幾乎都已消失，只有少數地方可能還有殘留或
遺跡。[80]

　　李先生所列的南島民族的小黑人特徵，十分詳細，值得參
考，而他對小黑人是虛構或真實抱著保留態度，他說「矮人」這
個名詞，各族的稱呼顯然都不同，詞形差別大都相當大，不像是
同源詞，似乎意味著這些傳說是後起的，只是近幾百年來才有
的，不是古南島民族幾千年就有的文化成分。[81]或者原本是神話
的母題，在流傳的過程中有了好惡、誇大的現象。

---

[80] 李壬癸：〈臺灣南島民族關於矮人的傳說〉，《中國神話與傳說學術研討會
論文集》，頁579-604。
[81] 同前註，頁579-604。

　　《山海經》等古籍與臺灣原住民族的小黑人神話有幾項共通的特點：矮小、穴居、善用弓箭、有穀物。因此本文將原住民族與《山海經》的周饒國、焦僥國、黑人國一併觀察。

　　小黑人常是穴居，而即使未言明矮小，地底人應也不是太高大的人，可與小黑人似也可一併討論。小黑人、地底人或女人部落都會言及他們有穀物，用巫術，甚至無肛門，吸蒸氣維生，原住民族的女人部落神話也是值得注意的。

　　小黑人擅用弓箭，神出鬼沒、好色，地底人、女人部落的女人無肛門，地底人有尾巴，似乎都刻意將之說成非我族類的樣子。神話中偶有言及地底人出入口被堵住，其他大都未明言地底人的下落，卻都強調小黑人、女人部落被消滅了。

　　對於小黑人的食物，或說他們吃的東西與一般人無異，如地瓜、芋頭、花生等；但也有人說小黑人不但會趁人熟睡之際殺人而食，尤嗜食人肝。特別要注意的是，小黑人是沒有「屁股」（肛門）的，故其有一種嗅聞炊煙即能飽食而無須排泄的奇特習性。事實上，聞炊煙即飽的情節在原住民族神話傳說中以三種不同面貌出現：其一，與矮人故事相涉；其二，與女人之地故事相涉；其三，獨立出現。據劉育玲女士說法，部分講述者曾明言表示，吸食炊煙者乃是某一地方之人，並非矮人；且此情節雖曾獨立出現，但並未提及矮人或女人，但故事結構與內容卻與女人之地故事相仿；再者，矮人傳說有其現實基礎，基本上較具現實性而少有幻想性，因此，此一幻想性較高的情節極有可能是矮人傳說在流傳過程中黏合了女人之地故事中的部分情節始產生今日之

變異。[82]無肛門、吸聞湯氣是小黑人、地底人、女人部落神話的流傳過程中相互黏合而成的母題。

李福清認為，這種牽涉到身體結構上完整與否的情節可能是早期神話的殘留，因為最早的人經常是未完工的、不完整的。女人部落中女人缺肛門與嘴，大概與人無肛門母題（不專指女人）有關，這個母題（Thompson母題F529.2）在亞洲幾個地區流傳。[83]可見小黑人、女人部落或地底人神話的無肛門母題在原住民族中並非特例。在故事中也似乎認為自己能吃東西、能排泄就略高人一等，於是為了讓地底人、女人同樣能夠享受美食而助其穿孔。其實神話中出現與平常人長相有異的非我族類描述一向屢見不鮮，將非我族類神聖化或汙名化，都是常態。

日本松村武雄則在〈異形考〉一文中對一目、一足或狗頭等異形神話提出值得省思的看法，他認為一目等異形的原因可能有幾種，可能是與異於普通的存在來表現超自然，強調神靈的超能力，而神靈的信仰崩壞後，異於普通的存在就成了異形，成了怪物；或者因為語言疾病的以訛傳訛；或民族對其他民族的感情表現（畏怖感或邪物觀）；或民族對其他民族肉體特徵的誇大化；或是因為咒術宗教祭儀的影響等等。如果以一個單純的原因來解釋一目等異形神話是危險的，異形族的發生是多元而非一元

---

[82] 劉育玲：《臺灣原住民族矮人傳說研究》，東華大學民間文學研究所博士論文，2015。

[83] （俄）李福清：〈從古代希臘到臺灣──女人部落神話比較研究〉，《從神話到鬼話─臺灣原住民神話故事比較研究》（臺中：晨星出版社，1998.1），頁188。

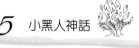

的。[84]任何神話的成因或起源可能都是多元的，非一元的，小黑人神話亦然。超乎平常的矮小、黝黑，或無肛門、有尾巴，正如巨人神話的巨人有巨大的陽具，小人神話短小成一分或一寸，或多是對非我族類的誇大化或縮小化。松村的觀點也可以對神話的詮釋態度提供一些省思。

另外，我們也可以從另一個角度去看小黑人、地底人神話，而神話中所描述的大都是一個令原住民族羨慕的世界，有穀種、有弓箭，原住民各族通常都由他們那裡偷器具與穀種。達悟族的地底人甚至有火種，會捕魚、織布、造船，還會舂小米、製陶、編竹簍等。而會巫術的小黑人或地底人也不在少數。小黑人或地底人神話所顯現的似乎是一個比原住民族所處更文明的「神域」、「仙境」。

林衡道先生認為所謂「女人國」、「仙境」、「神域」大概是指農耕經濟之村落而言。換言之，假使有一採集經濟、漁獵經濟或牧畜經濟階段的原始人，誤入其鄰接的農耕經濟村落，看見初期農耕階段所特有的母系家族，他必會起了誤會，以為這個村落是女人國。農耕村落，文化之進步，衣食住之美善均足以眩惑原始人，因此他們把這個村落看做「神域」或「仙境」，這是極其自然的。[85]似乎，小黑人、地底人神話也可做如是觀，或許是一採集經濟、漁獵經濟的原始人誤入鄰接的農耕經濟村落。農耕

---

[84] （日）松村武雄：《儀禮及び神話の研究・異形族考》（東京：培風館，1948），頁225-270。

[85] 林衡道：《臺灣山胞傳說之研究》，《文獻專刊》3（1），1952年，頁27。

村落的飲食、器具，都足以眩惑原始人，因此把這個村落視為更
文明的「神域」或「仙境」。原住民族從小黑人、地底人那兒偷
來穀種、火種或弓箭的神話敘事，讓人聯想起文化英雄的角色。

　　梅列金斯基出版的百科辭典《世界各民族的神話》所撰《文
化英雄》條目說：

> 文化英雄，神話人物，他為人類獲取或首次製作各種文化
> 器物（火、植物栽培、勞動工具）、教人狩獵、手工和技
> 藝，制定社會組織、婚喪典章、禮儀節令。[86]

《韋氏大辭典》關於文化英雄條目列舉了兩層含義：

> 1. 文化英雄，傳說人物，常以獸、鳥、人、半神等各種形
>   態出現。一民族常把一些對於他們的生活方式、文化來
>   說最基本的因素（諸如各種重大發明、各種主要障礙的
>   克服、神聖活動、以及民族自身、人類、自然現象和世
>   界的起源），加諸於文化英雄身上。
> 2. （文化英雄）為一民族或一社團之理想的象徵。

　　上述諸說，有兩點是共同的：（一）文化英雄與創世造物
者、人祖等同，是最先創製文化器物、教人技藝、制定社會典章

---

[86] （俄）梅列金斯基：《世界各民族的神話》卷II，（蘇聯大百科全書出版
　　社，1982），頁25。

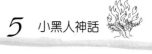
制度的神話人物；（二）常以獸、鳥、人、半人半獸的形態出現，文化英雄大都形體短小。[87]

在學術界，人們對於這些給人類帶來有益的、意義深遠的發明和發現的人物啟用了一個術語叫文化英雄（Culture hero）。中國古代神話中發明火的燧人氏和嚐百草而成為醫藥開山祖師的神農氏等都具有文化英雄的性質。這裡，首先文化英雄以世界已經存在為前提，在這種前提下，他才把各種新的發明和發現帶給了人間世界。其次，文化英雄絕非萬物的創造者，它的創造只限於火、農耕等這些特定的文化因素範圍之內，和創造神的全面創造行為迥然不同。另外，創造神都是以人的形體出現的，而文化英雄雖然有的也採取人的形體，但較多的還是以動物的形體出現的。[88]

在神話時代，日月、水火一類自然物把持在另一世界的占有者手中，人要獲得陽光和火種，常常要靠文化英雄到另一遠方世界去偷來。馬昌儀曾統計過老鼠當文化英雄角色的例子，而穀種幾乎全是偷來的。文化英雄是史前人類文化業績的曲折投射，是人類開創世界、征服自然的藝術反映，把人從象徵另一世界的岩洞中引出來；還是為人偷來日月、火種、穀種；教人耕種、製作獨木舟，幫助人尋找集居地，組成氏族和部落。凡此種種，無一不是人類自身戰勝自然、開創文化、艱苦創業的真實寫照。從

---

[87] 馬昌儀：〈文化英雄論析——印地安神話中的獸人時代〉，《民間文學論壇》1987年第一期，頁54-63。

[88] （日）大林太良著，林相泰、賈福永譯：《神話學入門》（北京：中國民間文藝出版社，1988），頁88-89。

動物到人，從自然到文化的歷史進程之中，作為文化英雄所扮演
的是一個中界者的角色，在天與地、神與人、人與獸、生與死、
聖與俗、自然與文化之間，起著兩個世界溝通者的作用。另一方
面，他又貪圖食色，狡詐善變。[89]小黑人、地底人神話敘事者所
講述的事件或許可以做這樣的解釋，文化非故有的，火種、穀種
都是從另一個遠方世界偷來。

　　日本學者鈴木健之曾對這種文化英雄現象作如下概括：「他
的特點是同時具有兩種矛盾的性格，或兩種人格，說他善吧，同
時又是惡，說他是創造者吧，同時又是一個破壞者，他既是聖者
又是一個褻瀆者，既是賢者又是愚者，既是神又是人，既是小孩
又是老人，既是煽動者，又是調停者，既是否定者又是肯定者，
又認真又不認真，既親切又使壞，自欺欺人。」等等。[90]小黑人、
地底人的敘事事件似乎都具有文化英雄角色聖與俗的兩面特點。

　　駱水玉認為，沃之野、載民之國、都廣之野在《山海經》的
神話輿圖中皆屬「遠國異人」之境，所謂的至福狀態，即使是經
過迂迴派生、轉嫁的樂土，仍已是寥遠的異境，而「帝之下都」
──崑崙恆是凡俗世界「至高」的禁地。所謂的「樂土」，當然
隱含了自然生命所企求的某種存在的型態，其具體內涵或規劃雖
可有多種樣貌，但恆與人的現實生存相關。《山海經》的樂土充
盈著肥美和諧的生命意象，不僅體現凡俗對物質欲求的滿足與渴

[89] 馬昌儀：《鼠咬天開》（北京：社會科學文獻出版社，1998），頁8-35。
[90] （日）鈴木健之著，賴育中譯：〈《機智人物故事》筆記──試論其欺騙性〉，
　　《民間文學論壇》1984年第2期。

望，更孕藏著人與大地親密的情感與堅實的聯繫。[91]臺灣原住民族神話敘事者所提供的小黑人、地底人母題也在某一種意義上與《山海經》的「遠國異人」之境相呼應。小黑人、地底人築居之地為凌駕現實生活的樂土，常有穀種，甚至有些穀子一粒就可吃飽，或是可無限量供應。

　　從文化英雄的角度思考小黑人、地底人神話，或許是可以嘗試的方式之一。小黑人神話或是被認為歷史的呈現，或是非我族類的被誇張、被汙名化，被汙名化的同時也可能被神聖化。小黑人神話、地底人神話或女人部落神話，所提供的可能是一個神域、仙境，他們擁有各族所憧憬的穀種、器具，較文明的他們讓偶然的侵入者感到不解與不安。

---

[91] 駱水玉：〈聖域與沃土——《山海經》中的樂土神話〉，《漢學研究》17卷第1期，1999年6月。

女子國神話

Chapter 6

前言

　　根據湯普森St.Thompson母題索引（F565.1「亞馬遜女戰士」及F112「女人國之旅」）提及古代希臘、古代英國、愛爾蘭、冰島、北美及南美洲印地安人、印度、中國、菲律賓、馬奎斯島、西印度群島都有關於女人之國或女人之地的神話概念。[1]根據B.F Kirtley編的玻里尼西亞、美拉尼西亞、密克羅尼西亞故事母題索引，太平洋南島的新幾內亞、夏威夷、斐濟島、新不列顛等地都有「女人國之旅」的母題。[2]

　　《山海經・海外西經》中也有關於女子國的記載：「女子國在巫咸北，兩女子居，水周之。一曰居一門中。」（見右圖，明・蔣應鎬《繪圖本山海經》）郭璞注：「有黃池，婦人入浴，出即懷妊矣。若生男子，三歲輒死。周猶繞也。」郭璞《圖贊》又曰：「簡狄有吞，姜嫄有履。女子之國，浴於黃水。乃娠乃字，生男則死。」《離騷》曰：「水周於堂下也。」女子國是《淮南子》所記海外三十六國之一，其民曰女子民。《大荒西經》有女子之國。傳說女子國在海中，四周環水。國中無男子，婦人在黃池中沐浴即可懷孕生子；若生男子，三歲便死，故女子

---

[1]　St. Thompson, *Motif-Index of Folk-literature*, Bloomington and London, Indiana University Press, 1955, v. 3. pp. 170, 20。

[2]　Kirtley B.F. A, *Motif-Index of Polynesian, Melanesian and Micronesian Narratives*, New York, Arno Press, 1980, pp. 412-413。

明代與清代《山海經》圖中的女子國圖像

國純女無男。[3]郝懿行注：「居一門中，蓋謂女國所居同一聚落
也。」袁珂先生注：「郝說非也。所謂『居一門中』者，亦圖象
如此，猶『兩女子中，水周之』之為另一圖像然。」[4]馬昌儀先
生則以為郝說是從民族學角度釋經，而袁說則以圖釋經，二者僅
角度不同而已。[5]

　　中國有不少古書有關於女子之國的記載：如陳壽《三國志・
魏志・東夷傳》中說：「有一國在海中，純女無男」[6]；范曄
《後漢書・東夷傳》中又加入了一些新的細節：「海中有女國，

3　馬昌儀：《古本山海經圖說》（濟南：山東畫報出版社，2001），頁446。
4　袁珂：《山海經校注》（臺北：里仁書局，1981），頁220。
5　馬昌儀前揭書。
6　〔晉〕陳壽：《三國志》（臺北：鼎文書局，1981），頁847。

無男……其國有神井，闚之輒生子」[7]；《梁書・東夷傳》：
「扶桑東千餘里有女國，容貌端正，色甚潔白，身體有毛。髮
毛委地，至二、三月競入水，則妊娠，六、七月產子。」[8]唐、
宋、元三個朝代的書中也有關於女人之國在很遠地方的說法。南
宋周去非《嶺外代答》也有女人國，記載的情節差不多。東海上
有女子國，每年到了吹風的季節，只要有女子裸體迎向吹來的南
風，就會懷孕生子。

> 東南有女人國，水常東流，數年水一泛漲，或流出蓮肉長
> 尺餘，桃核長二尺，人得之則以獻於女王。昔常有舶舟飄
> 落其國，群女攜以歸，數日無不死。有一智者，夜盜船亡
> 命得去，遂傳其事。其國女人遇南風盛發，裸而感風，咸
> 生女也。[9]

南宋還有趙汝适的《諸蕃志》[10]、據傳為元代周致中所編
《異域志》[11]的女人國，也是同樣的內容，似都是沿襲《嶺外代
答》而來。到明代《異域圖志》[12]、《新刻臝蟲錄》[13]、《三才

7 〔劉宋〕范曄：《後漢書》（臺北：鼎文書局，1981），頁2817。
8 〔唐〕姚思廉等：《梁書》（臺北：鼎文書局，1981），頁809。
9 〔宋〕周去非著，楊武泉校注：《嶺外代答校注》（北京：中華書局，1999），
   頁111。
10 〔宋〕趙汝适著，楊博文校釋：《諸蕃志校釋》（北京：中華書局，2000），
   頁130。
11 〔元〕周致中著，陸峻嶺校注：《異域志校注》（北京：中華書局，2000），
   頁54。
12 〔明〕《異域圖志》，明刊本，現藏劍橋大學圖書館。
13 〔明〕胡文煥：《新刻臝蟲錄》，4卷（胡文煥編《格致叢書》本收錄此書，

圖會》[14]，也都有女人國神話的類似記載。

李子賢將東方型女兒國神話內容歸納成幾點：

　　1.女子立國，國中無男子；

　　2.女子的受孕方式多為迎風、迎水或浴水等貞潔受孕；

　　3.殺男子或棄男嬰，只留女孩繼嗣；

　　4.大多從空間上來安排女兒國的存在，女兒國大都在遠處
　　　海中或某一異域；

　　5.未提及女兒國被男性英雄征服的結局；

　　6.女兒國被視為一種傳聞，講述者未將女兒國成員視為自
　　　己的祖先。[15]

所謂的女子國幾乎都提及國中純女無男，這似乎只是在敘述
一個個神話傳說，女子國大都在遠處海中或某一異域，是一種神
秘的、非我族類的人，神話中大都未曾提及女子國中的女子更有
能力，可以與男人一較長短。

原住民族中阿美、泰雅、布農、排灣、賽夏、達悟六族都有
女人部落神話，而女人部落神話流行最普遍的大概是阿美族與泰
雅族，在日本學者採錄的二十二個這類型的神話中，十五個是女

萬曆21年（1593）文會堂刊本，現藏首都圖書館，東京尊經閣文庫胡文煥編
　《古今人物圖考》亦收錄此書。）
[14]　〔明〕王圻纂輯：《三才圖會》，明萬曆35年刊本（臺北：成文出版社，1974），
　　據槐蔭草堂藏板影印。
[15]　李子賢：《探尋一個尚未崩潰的神話王國─中國西南少數民族神話研究》（昆
　　明：雲南人民出版社，1991），頁173-185。

人之土地的故事，另七個則是女人之島的故事。李福清先生說，
只有在魯凱、卑南與鄒族，學者沒有採錄到這類神話。[16]正如李
福清所言，我們很少見到鄒族神話中有類似女人部落的資料。卻
發現卡那卡那富族有類似的女人部落情節，講述從前女人部落的
女人沒有丈夫，獨自就能懷孕生子。[17]卡那卡那富族倒是未曾提
女人如何生孩子。

[16] （俄）李福清：《從神話到鬼話——臺灣原住民神話故事比較研究》（臺
中：晨星出版社，1998），頁184-218。
[17] （日）小川尚義、淺井惠倫：《原語による臺灣高砂族傳說集》（東京：刀
江書院，1935），頁739。

一、阿美族的女人島

　　阿美族的神話中，人以為到了一座島，沒想到他是坐在鯨魚背上，鯨魚把人送到女人之島，這樣不平常的旅行是民間故事典型的母題（根據St. Thompson索引母題J1761.1，人以為鯨魚是一座島）。阿美族奇密社採錄的神話中描述近海岸的部落中一個男子去捕魚，到一個小島去，當他要在島上起火烤魚充飢時，小島突然開始移動起來，原來他身處之地非小島，而是一條大鯨魚的背上，鯨魚送他到女人之島巴里桑，最後鯨魚又送他回去。在另一個阿美族神話中，一個人去撿材，坐筏要回家，但是被湍急的水流沖到一個小島，即女人島，後來一隻鯨魚又送他回家。[18]女人之島或以為鯨魚是一座島的神話母題普遍流傳於阿美族，在其他族群中極為罕見，而這樣的母題又與日本的蒲島太郎仙鄉傳說雷同，其實強調的是仙鄉的母題，與純女無男的女子國神話有些差距。

　　阿美族太巴塱社的神話說，古時候，有名男子到河邊漁撈，不小心掉到河裡，漂流入海，並隨著海流漂到一座島嶼。島上只見女子，未見男子蹤影，又因島上女子也未見過男子，便誤以為漂來的是豬，就用剩餘飯菜或芋頭皮來餵食。長期下來，此人變得又瘦又憔悴，思鄉之情也與日俱增，每日苦思著返家計策。有

---

[18] 林道生：〈乘鯨到巴里桑：奇密社阿美族的教育故事〉，《東海岸評論》39期，1991年10月，頁52-53。

一天，他來到海邊，眺望海空之際，突然發現有隻鯨魚游過來對他說：「請你坐到我的背上，我帶你回家。」男子聽聞非常高興，心想若不幸遭逢海難，也比在這兒吃豬食好，一切命運就交由上天安排！於是立即乘坐在鯨背上。只見鯨魚鰭振動了兩三下，故鄉的天空馬上映入眼簾。此時鯨魚對男子說：「你回家後記得拿祭品來祭祀我。」回答：「祢是我的恩人，我一定遵守約定準備祭品來祭祀。」鯨魚又說：「那我就送你上岸！」只見鯨魚將身體搖動個兩三下，人就上了岸。男子趕緊回家準備祭品再回岸邊。首先，他在岸邊鋪上蓆子，蓆上放置酒、麻糬、檳榔，等待鯨魚到來。不久即見遙遠處出現鯨魚蹤影，而且鯨魚才揚頭一兩次，海天地就為之震動，瞬間巨浪掀起，湧上岸邊，祭品也在蓆子一捲一放之間，全部被捲入海中。現在常見海水拍打岸邊，據說就是這個緣故。而現在火燒島和本島之間的原有的橋樑所以不見了，也是當時海浪衝斷的。[19]

阿美族南勢蕃里漏社的神話，說的是古時候有一個叫馬丘丘的人，有一天他到河裡捕魚，不小心就掉到河裡，且隨著激流被沖到海上。馬丘丘一直漂浮在水面，不久之後，就聽到人的聲音，原來已近陸地，於是擺動手腳遊到了岸邊，上岸後卻發現島上只有女人。女人們如獲至寶似地圍繞在他的身邊。之後，一邊將他帶到美輪美奐的宮殿、一邊討論著該把這珍貴的男人許配給誰當丈夫，而且還對他毛手毛腳的。這座女人島有堆積如山的山

---

[19]（日）佐山融吉編：《蕃族調查報告書》第二冊·阿美族（臺北：中央研究院民族所，2009），頁146-147。

珍海味，馬丘丘一住下，便覺得樂不思蜀，但時間一久，思鄉之
情卻油然生起。一天，馬丘丘還偷偷地跑到海邊，眺望那遙遠的
故鄉，油然生起思鄉之情。此時，水面突然出現一條大鯨魚，對
馬丘丘說：「我帶你歸返故鄉。」馬丘丘高興地立刻祭祀神靈，
並跳上鯨背。鯨魚迅速地衝破白浪，轉眼間就來到了故鄉的岸
邊。馬丘丘只覺離鄉數年，但故鄉卻完全變了樣，當他回到家一
看，卻連一個親戚也尋不著，待其費盡唇舌後，才有人憶起了馬
丘丘這個名字。鯨魚將馬丘丘送上岸時曾說：「五天後要帶著五
頭豬、五碗酒、五串檳榔到海邊祭祀。」五天以後，馬丘丘依約
前往海邊祭祀鯨魚，據說鯨魚就在那個時候把造船技術傳給了阿
美族人。[20]其實阿美族的女人島神話都大同小異，都在說明與海
祭有關的騎鯨神話。

　　據說今里漏部落依舊保存該獨木舟，但是該獨木舟並非用以
航行，而是模仿馬丘丘在該島被女人居留時使用的飼料容器所製
成，現在它已經成為祈願的對象。阿美族定時舉辦的海祭，據說
與這故事有關。又據說當南風颼颼吹來時，女人島之女子面向南方
吸取大氣即可懷胎。若是生出男嬰則其屋頂上方必有惡氣昇起，
島女們見狀會奔至該家將男嬰吃食，所以這女人島上無男子。[21]

　　排灣族斯庫斯庫斯社的神話和布農族卓社蕃的神話，都和阿
美族的女人島類似，古時候，兩個男子乘竹筏漂流到一個孤島，

---

[20] （日）佐山融吉編：《蕃族調查報告書》第一冊・阿美族、卑南族（臺北：
中央研究院民族所，2007），頁93-94。

[21] （日）小島由道編：《蕃族慣習調查報告書》第二卷・阿美族、卑南族（臺
北：中央研究院民族所，2000），頁20。

島上都是女人，沒有一個是男子。島名「利几烏雅」，女子因風
吹就懷女胎，女子的人數越來越多。在這種情形之下，來了兩個
稀罕的青年，女子們非常高興地款待他們，但不久之後，男子就
憔悴而死。不過，之後她們之中也生了一個男孩子，長大後，據
說也依正常的婚姻留下了很多的子孫。[22]這則女子因風懷孕的神
話最後回到男女婚配上，可能是後來的演變。

我們在粟種神話那一章也討論到，排灣族神話說，從前紅頭
嶼是個女人島，只要有男子到島上，必被脫得全身赤裸。然而，
該島卻有一種小米，味道極美，向來引人覬覦。有個男子想到一
個妙招。某日，他登上紅頭嶼，把小米藏在陰莖包皮順利偷回。
現在社內還保有該類小米。[23]女人島神話與粟種來源神話的結
合，紅頭嶼女人島對排灣族是個神聖的遠方他界。

阿美族因為靠海以漁業為主，女人島都像海外的仙鄉。如前
所述，阿美族的女人之島像似仙鄉，情節中描述島上全是美女，
誤入的男子甚至飽享雲雨。而排灣族所稱的女人島甚至有美味的
小米，似是另一種聖地。

美拉尼西亞的島嶼神話說，航行到卡伊塔魯基島，有許多村
莊，只有漂亮的女人住在這裏，他們赤身裸體無拘無束地走來走
去，當船員們的獨木舟在海灘上擱淺時，女人們就全部衝過去，
將身體壓在男人身上，扯掉男人身上的遮蔽物，對他們施暴，一

---

[22]（日）佐山融吉、大西吉壽：《生蕃傳說集》，頁605。
[23]（日）佐山融吉編：《蕃族調查報告書》第八冊・排灣族（臺北：中央研究
院民族學研究所，2015），頁268。

個完事，一個又來，直到男人死去。島上也出生男孩子，卻從來沒有一個男孩長大過。島名叫「卡伊塔魯基」，意思就是「交媾完全滿足」。[24]

　　還有一個故事講述了男人到達那裡後成功逃脫的故事。為了捕鯊魚，男人出海到了很遠的地方去。他來到了卡依塔魯基島，並同這裏的一些女人結了婚。由於對女人過於緊密持久的擁抱感到厭倦，他把當地所有的獨木舟都鑽了洞。把自己的獨木舟進行了徹底的檢查，然後建議他的妻子當天早晨去捕魚，早晨的魚非常好。於是，他下海啟航了。卡依塔基島的女人們把她們的獨木舟也推進水中，要去追他，但是，她們的獨木舟全都進水而沉沒大海之中，這個男人卻安全地返回家裏。[25]其實男人誤入一個所謂女人島，似都在強調其地的女人對交媾的索求無度，有的男人最後是以狼狽逃脫作結。

---

[24] （英）馬林諾夫斯基（B.K. Malinowski）著，王啟龍、鄧小咏譯：《原始的性愛》下冊（北京：中國社會科學出版社，2000年），頁435-436。
[25] 同前註，頁438。

二、被消滅的女人部落

　　泰雅族與賽德克族等的女子部落神話大都講述，女子部落最後被消滅的命運，似乎暗示女子部落的特異，難以被接受，是一個被汙名化的他者。

　　舍加路蕃的女人部落神話，描述男子誤闖女人禁地，後來女人部落被燒毀：從前有個男子為尋愛犬而四處奔走，不知不覺來到了女人社，並在此約停留了兩個月。由於不分早晚，總有十幾個女人，不停地強迫他交合，精疲力盡的男子，因此逃離。之後，他又召集社眾前往女人社將之燒毀。然灰燼中卻不見屍骸，只有許多焦灰的蛇。[26]泰雅族的女人社神話中女人社被燒毀以後，變成蛇的例子似乎很普遍，有對女人社汙名化的暗示。

　　泰雅族加拉歹蕃也有吸食炊飯水氣便能生存的女人社，後被一男子用燒紅的鐵棍戳穿臀部，滅絕不見蹤影。從前有個女人社，社眾僅吸食炊飯的水氣即能生存，而其身上亦無任何排泄口。有一次，某個生蕃因迷路而來到女人社，看見女人們擺了許多米飯，心中非常高興。吃飯時，他也不客氣地走過去，用手拿起米飯不斷地往嘴裡塞。女人們見狀，異常驚訝地問男子：「為何要吃我們的糞便？」男人也覺得不可思議，心想美味的飯食怎會被稱為糞便？一定是她們身上缺少肛門所致。於是，趁女人睡午覺時，用

26　（日）佐山融吉編：《蕃族調查報告書》第七冊：泰雅族・後篇（臺北：中央研究院民族學研究所，2010），頁161。

一根燒紅的鐵棍，依序往女人臀部戳穿過去，然後趕緊逃跑。之後，男子再度前來女人社，但女人們皆已滅絕不見蹤影。[27]神話中暗示女人社因為被男子用燒紅的鐵棍戳洞而消失了。

宜蘭大同鄉茂安村泰雅族有巫婆女人國的故事：

> 迦南菜園旁邊的一個山頭有一個女人國，那邊有個平坦地方，都是女子，她們都是不簡單的女人，大多是巫婆。有一天有一個男人帶著一隻狗去打獵，那隻狗聞到獵物的味道，一不小心就跑不見了。男人跑去找狗，發現牠被女人部落的人帶走了，女人們把狗殺掉。女人部落的人後來又看到這個男人，她們喜歡這個男人，把他留下來。後來，她們把這個男人的生殖器官切掉，女人國的酋長就把這男人的生殖器官像項鍊一樣掛在胸前，代表喜歡那個男的。這個女人國就在大同鄉，她們是壞的巫師。[28]

賽德克社會所流傳的女人之地的故事，也多了女人之地被消滅的情節：

> 以前有一個部落都是女孩子，沒有男孩子。有一次，有兩個男孩子在找他們的狗，忽然從山上傳來狗叫的聲音，他

[27] 同前註，頁157。
[28] 劉秀美整理：《臺灣宜蘭大同鄉泰雅族口傳故事》（新北：中國口傳文學學會，2007），頁64-65。

們去找的時候就被那個部落的女孩子抓走了。原來那不是狗叫聲，而是女孩子裝狗的聲音。他們被抓到部落以後，看到女孩子用鍋子煮地瓜，然後光吸那個煙就飽了。而男孩子直接用手抓地瓜吃，她們卻說：「怎麼像豬一樣？」因為她們不吃地瓜，只有吸那個蒸氣。女孩子先把他們兩個人關在豬舍裡，然後開始討論要吃掉他們。她們覺得比較胖的那個可能肉比較多，會比較香，比較好吃。後來有一個老女人偷偷對兩個男人說：「等一下就要殺你們，快點走！快點跑！」那個比較瘦的對那個比較胖的說：「我先爬啦！如果你先爬的話，掉下來會有聲音啊！他們會吃掉我啦！」所以瘦的就先爬，掉下來比較輕。瘦的跳下來以後就對胖的說：「快點！快點！」結果胖的跳下來以後聲音很大，被她們發現了。她們說：「啊！那個豬跑掉了！」他們一直跑，女孩子就一直追，還把那個蛇啦！蜜蜂啦！虎頭蜂啦！全部放出來追他們。後來他們看到有一隻狐狸從斜坡上的樹藤跑下來，他們就沿著樹藤一直爬上去，然後上面堆滿了石頭。女孩子看到以後就一堆人跟著爬上去，因為人太多，太重了！藤子一拉石頭就全部掉下來，有的被壓死了。他們就回部落召集其他男孩子，把她們全部殺光了。[29]

---

[29] 劉育玲：《賽德克族口傳民間故事研究》，花蓮師院民間文學所碩士論文，2001，頁218-219。

花蓮縣秀林鄉崇德村的賽德克族：

> 以前有一個女人國叫「馬哈慧」，有一次一個打獵的人經過那裡，一進去全是女人，這些女人很色，喜歡摸他的生殖器，還有身體。到了晚上吃飯的時候，他們只吸飯、肉的蒸氣，在一旁的獵人肚子餓了，就拿肉來吃，她們一看「耶！奇怪？怎麼跟山豬一樣吃肉阿！」獵人覺得她們很變態，既不吃肉，只吸煙，又喜歡摸我的身體，便趕快找機會逃走，這些女人發現他逃走後，就放虎頭蜂去追他，虎頭蜂就像是她們的獵狗一樣，一路追來，獵人急忙放火燒芒草，很快地草叢燒成一片火海，把虎頭蜂全部都燒光了，他就安全回到家。[30]

賽德克族故事的最後，被抓的男人有的在其部落被折磨至死，有的則逃出部落求援，據說今天之所以會有女人之地的故事就是當初逃出來的人所口耳相傳的。此外，今之賽德克故事中多有著女人之地被消滅的情節。由於女人擅長養蜂，而且據說她們養的蜂像麻雀一樣大，因為蜂翼怕火，因此今人大部分都說女人地是被放火燒掉。如今其中一則故事還言及因為那邊的女人看到男的就抓，所以男人就穿起女人的衣服，打扮成女人的樣子混進其部落，裡應外合把它給燒了，所以現今已無女人之

---

[30] 許端容：《臺灣花蓮賽德克族民間故事》（新北：中國口傳文學學會，2007），頁323。

地的存在。[31]

　　學者所採錄的一則花蓮縣秀林鄉銅門村的賽德克族神話是這樣的，從前有一個「馬哈慧」族群，她們都是女人，長得很矮，大概只有小孩子這麼高，而且沒有屁眼，她們不吃食物，通常是圍在煮熟食物的旁邊吸食飯菜的煙。[32]這樣的情節與原住民族普遍流傳的小矮人神話近似，長得很小，不吃食物，只吸食的蒸氣水氣，因為沒有屁眼，不能排泄，這明顯是本書另一章討論的小矮人神話的翻版。

　　太魯閣族神話講述男人入山未歸的故事。昔日，人們外出狩獵皆纏腰帶，以保平安返社，但若疏忽，就無法返家，而且從未有忘記者能夠倖免於難。據說因深山裡有個女人社，一見男人到來，皆將他們留下，不許其返家。她們飼養著熊蜂，知道男人前來，就放出熊蜂，把男人誘導到她們那裡。有一天，有兩個未纏腰帶就外出狩獵的男人，途中有熊蜂前來引導其前往某蕃社。兩人走入社中，發現每戶人家門口都站著女人，一看到他們立刻趨前抓人，並把人推倒在地，強行交媾，兩人累得消瘦衰老，甚至死亡。之後，女人們生下孩子，但男嬰都被咬死，只撫養女嬰。此外，女人社之人從不吃硬食，僅吸取食物的水蒸氣維生。[33]這則神話似在解釋太魯閣族男人外出狩獵纏腰帶的習俗，而神話內容還暗示這個女人社似乎也是無肛者，她們只能吸取食物的水蒸氣維生。

[31]　劉育玲前揭書，頁222。
[32]　許端容前揭書，頁325。
[33]　（日）佐山融吉編：《蕃族調查報告書》第四冊·賽德克族與太魯閣族後篇（臺北：中央研究院民族所，2011），頁108。

　　賽夏族也有關於女人社的神話，她們都沒有肛門，所以只能
吸取食物冒出的水蒸氣維生。有一次，一個男人說要給她們造肛
門，用燒紅的鐵棒去刺她們臀部，刺死了幾個人之後說：「我到
山上大叫一聲，她們就會醒過來。」可是，他只是假裝上山，事
實上是跑回家。由於死者未醒，女人們知道上了當，於是全社追
出，以求報復。追到了一個地方，她們發現一個洞穴，猜測男人
必在其中，於是把洞穴包圍起來，大家用所攜竹竿刺入洞內，結
果每根竹竿尖端都染紅，就以為男人已死。可是挖出來一看，卻
是一個薯榔。[34]

　　女人部落的神話有無肛門人的情節結合，似乎不在少數。李
福清認為這種牽涉到身體結構上完整與否的情節可能是早期神話
的殘留，因為最早的人經常是未完工的、不完整的。[35]男人在故
事中也似乎認為自己能吃東西、能排泄就略高於女人一等，於是
為了讓女人同樣能夠享受美食而助其穿孔。其實神話中出現與平
常人長相有異的非我族類描述一向屢見不鮮，將非我族類神聖化
或汙名化，都是常態。

---

34 （日）佐山融吉編：《蕃族調查報告書》第八冊・賽夏族，頁56。
35 （俄）李福清：《從神話到鬼話──臺灣原住民神話故事比較研究》（臺中：
　　晨星出版社，1998），頁184-218。

三、因風受孕的女人部落

　　泰雅族大部分的部落都流傳這樣的神話，古時候，深山中有一處叫「西悠馬」的、只有女子的社。當陽光普照，涼風舒爽的日子，這個社的女子們就會跨在斷崖上，盡量的享受和風。可是說也奇怪，這樣她們就懷孕生子，而且其妙的是，所生的孩子都是女生。她們的食物只吸食東西的熱氣就可以，如果有外敵來襲，也有熊蜂、土蜂、蛇等予以擊退，因此，可以說是極為悠閒的社。有一天，一個出去打獵的青年去深山找狗，發現遠處有一個女子。但那個女子見到從來不曾見過的人出現在面前，頓時愣在那裡，默默地只是上上下下地看著，無意間發覺他雙股間的異物，因而奇怪地問他，男子就把它靈妙的作用說給她聽。男子後來成了一群女子取樂的工具，最後還被一個老女人割掉陽具。[36]泰雅族的女人部落幾乎都會講述女人部落的形成原因，不會涉及女人部落消失與否。

　　太魯閣族的外太魯閣蕃，有女人社的故事。昔日，深山中有女人社，她們無丈夫，想懷孕生子，只須跨坐石上張開雙腿，讓風吹入即能懷孕。不過，生下的孩子全是女孩子。有一天，五個社人外出狩獵，因獵犬追逐野獸而不知去向。為了尋找獵犬，五人便深入山中。之後，發現有女人綁住了他們的獵犬，於是走過

---

[36]　（日）佐山融吉、大西吉壽：《生蕃傳說集》，頁600-601。

去要求歸還。五人因此成了女人社的俘虜，而且一直無法脫逃。終於，有一天，某個人逃了出去。他返社之後，馬上將其經歷告訴社人，社人即隨之前往復仇。但竟連社人也遭俘虜，而且還被砍斷陽具。如此重要東西被砍，失去者當然怒目視之，但女人們仍把陽具插入大腿間。有人說，那些女人其實並非女人，而是蟲變的妖怪。[37]

太魯閣族女人感風懷孕的神話並不罕見，昔日，有個女人來到山上，當其張開雙腿站在大石上時，突然吹來一陣風，人也因此懷孕了，並於隔月產下一個男嬰，孩子很快地長大成人，但卻無人可以成為其妻子。母親也因寂寞，想欺騙兒子娶其為妻。因此，有一天母親走入山中，把整張臉塗黑再返家。她站在兒子面前說：「我想找個丈夫，可是始終找不著，今天幸運遇到你，可否娶我為妻。」兒子在不知情的情況下，娶了母親為妻，成了太魯閣族的祖先。由於整臉施刺並不美觀，遂改為現今所見到較纖細的模樣。[38]這個神話雖是講述感風懷孕，卻是在母子婚的情節背後強調太魯閣族的文面習俗由來，然而，我們可由此了解原住民族感風懷孕的神話並不罕見。

賽德克族神話中也有許多女人因風懷孕的情節，如花蓮縣萬榮鄉幾則女孩因吹風而未婚懷孕的例子：

---

[37] （日）佐山融吉、大西吉壽：《生蕃傳說集》（臺北：杉田重藏書店，1923），頁604。

[38] （日）佐山融吉編：《蕃族調查報告書》第四冊・賽德克族與太魯閣族後篇，頁105。

聽祖父說，從前有一個女孩子到外面去，突然吹來一陣風，
回來之後，就懷孕了。現在引申說，一個女孩子沒有結婚
就懷孕，就叫「斯嗶喝」，意思是說「你去吹風拉？」[39]

　　以前有一個女孩子，不知道去哪裡，有一陣風吹來，她就
大肚子了。所以現在我們如果說「妳去吹風」，就是說妳
去外面亂來，弄大了肚子的意思。[40]

　　從前，有一個女孩子出去時好好的，回家就大肚子。家人
問她怎麼會這樣？她說在外面被一陣風吹過，就懷孕了。
現在說未婚懷孕的女孩子，就說是被風吹懷孕的。[41]

　　布農族的女人部落神話也是強調迎風而孕，達啟覓加蕃的女
人社故事是這樣說的，從前有一個蕃社，全社皆是女人。她們若
欲生子，就跑到山上張開雙腿，讓山風吹入大腿間即可受孕，不
過所生下的依舊是女孩。有一次，不知吹的是什麼風，有位女子
竟然生下男孩，社人都視之為寶，百般呵護。男孩長大後，成為
人見人愛的美男子，而女人們也認為讓這樣一個美男子閒著豈不
是太可惜，也很可憐。因此，爭先恐後向他求愛，最後男子終因
耗盡精力而撒手人寰。[42]

[39] 許端容前揭書，頁330。
[40] 同前註，頁331。
[41] 同前註，頁332。
[42] （日）佐山融吉編：《蕃族調查報告書》第六冊・布農族 前篇（臺北：中央

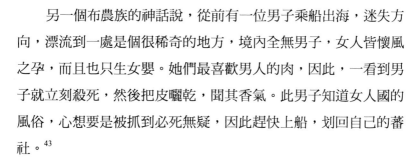

　　另一個布農族的神話說，從前有一位男子乘船出海，迷失方向，漂流到一處是個很稀奇的地方，境內全無男子，女人皆懷風之孕，而且也只生女嬰。她們最喜歡男人的肉，因此，一看到男子就立刻殺死，然後把皮曬乾，聞其香氣。此男子知道女人國的風俗，心想要是被抓到必死無疑，因此趕快上船，划回自己的蕃社。[43]

　　賽夏族神話說，古時有一少女到山上游玩，忽然覺得陰部奇癢難受，於是掀起腰布，讓冷風吹進去。不久，她就懷胎，並生下了一個男孩。另一則神話說，古時東方有個全是女人組成的社，她們是因風懷孕，且只產女嬰。若有別社的男人迷路走進其社，她們必定把人殺死，割下其肉曬乾，無聊時，取出聞其香味消遣。[44]

　　關於女人社的名稱，排灣族的大竹高社、卡斯坡康社說是「卡魯巴利巴利」，牡丹路社是「西濟雅可巴利巴利」、馬西利吉社是「斯庫拉巴利」、斯庫斯庫斯社則是「利几雅烏」等等，排灣族的神話說讓風吹過私處而懷女胎，或是男子偶爾迷路進來，受到慘痛遭遇等的事，大概和前面泰雅、布農的神話近似。而大竹高社說，現在的恆春附近有女人部落，斯庫斯庫斯社則說是一個孤島，其他的都說女人部落在深山中。[45]

　　泰雅族與賽德克族說女人之地的發現，多是因為男人狩獵時

　　研究院民族所，2008），頁187。

[43] 同前註，頁214。

[44] （日）佐山融吉編：《蕃族調查報告書》第八冊·賽夏族，頁48-50。

[45] （日）佐山融吉、大西吉壽著：《生蕃傳說集》，頁605。

誤闖部落或女人計誘男人進入其部落。排灣族、布農族則因為追逐獵物而誤入,比較特別的則是阿美族人的說法。阿美族的故事說,有一個人在河邊釣魚,不慎誤落河中,而漂流到一座島上,而這座島也是一個純女無男的女人島。由於泰雅、賽德克、布農、排灣都是典型的山居民族,而狩獵活動又是其基本的經濟型態,故女人社隱沒於深山中。

四、女子國神話的意涵

　　李福清認為，菲律賓、西印度群島、玻里尼西亞、美拉尼西亞、密克羅尼西亞、新幾內亞、夏威夷、斐濟島等地都有關於女人之國或女人之地的神話概念。而以為鯨魚是一座島的母題中，除了習見於原住民族神話中，St.Thompson的記錄也流傳於印度、印尼等地。顯而易見的，臺灣原住民族的女人國神話與太平洋南島語系民族是同一個系統，神話有極大的相似性。St.Thompson母題索引中也有記載，T524母題「女人吹風而懷孕」，其中提到中國（漢族）、日本、美洲印第安人、Celebes島、芬蘭神話，敘事詩與民間故事也有「女人吹風而懷孕」的母題。臺灣原住民族神話中除布農族外沒有說女人迎什麼風，只說涼風。宋、元的記載皆說南風，日本北海道的蝦夷族，也有迎南風，也有迎東風而懷孕之說法。[46]

　　其實男子出海飄到女子島的情節，在琉球、菲律賓、南洋群島各民族中都是常見的。日本的八丈島神話說有一個女人國，女人每年南風吹來的時候，會在太陽下裸體迎風而受孕的。而南方青島上的男人則在南風吹時渡到女人島上。[47]

　　王孝廉先生說，女子懷孕生子和風有關係是太平洋周圍文化

---

[46] （俄）李福清前揭書，頁192-193。

[47] （日）石田英一郎：〈女人島の話〉，《石田英一郎全集》（東京：筑摩書房，1971），頁259-274。

圈共同的神話類型。此外日本的蝦夷族傳說女人島上的女人的懷孕是由於東風吹打女人的陰部而受孕的，又說女人注水於陰部然後在風中搖動就會懷孕等這種以東風、南風和女人懷孕生子連在一起的思想，我想或許是與古代人在農業上因東風而產生的「生殖思想」有些關係的。[48]女子國神話母題似乎與迎風受孕母題同樣是一個世界性的神話母題，而且是普遍流傳於太平洋南島語系諸民族，然而，是否與農業或生殖思想有關，可能需要更進一步思考。

臺灣原住民族中唯一仍有傳統、典型的、母系社會的阿美族（有母方繼嗣，母系財產繼承與從妻居等性質，同時是以母系伸展家庭為主的家族型態。母系的親屬成員比父系的重要等。）阿美族也普遍流傳有典型女人島的神話。[49]雖然阿美族與泰雅族是學者公認為女人部落神話流傳最普遍的，我們也仍然找不出阿美族的女人部落神話與它被認定為從妻居的母系社會有何關聯？

女人國神話是怎麼形成的？李福清先生認為，一般說這些神話是反映母系社會。父系社會的人到遠地看到母系社會的地方（島），回故鄉敘述所見的情況就是這些神話的現實基礎，亞洲許多地區真的殘餘許多母系制度。或以為這類神話傳說是父系社會部落對殘餘母系社會部落的反映。[50]

其實李福清先生所說女人國與《山海經》中女子國不同，

---

[48] 王孝廉：《中國的神話與傳說》（臺北：聯經出版公司，1977），頁235。

[49] 許木柱：《阿美族的社會文化變遷與青年適應》（臺北：中央研究院民族學研究所，1987），頁10。

[50] （俄）李福清前揭書，頁184-218。

女人國或女子國並無女國王，「國」原就是地方之意，如《淮南子》中所說三十六國並非指三十六個國家。女子國神話與母系社會、父系社會或女國王似無任何關聯，女子國神話應視為一單純的神話母題。

李子賢先生認為，以女性為中心的母系氏族社會，是每一個古老民族都經歷過的歷史發展階段，然而，並非每一個民族都產生並保留著女兒國神話。就目前已知的神話資料看，女兒國神話在世界各民族中並非是一種普遍流傳的神話。有些民族（如納西族）雖然歷史上較長時間地保存了母系氏族社會，但並不都產生流傳女兒國神話。[51]被認為歷史上較長時間地保存母系氏族社會的摩梭人[52]迄今未發現產生流傳女兒國神話，又何以斷言流傳女兒國神話的民族都曾經經歷「以女性為中心的母系氏族社會」？

林衡道先生認為所謂「女人國」、「仙境」、「神域」大概是指農耕經濟之村落而言。換言之，假使有一採集經濟、漁獵經濟或牧畜經濟階段的原始人，誤入其鄰接的農耕經濟村落，看見初期農耕階段所特有的母系家族，他必會起了誤會，以為這個村落是女人國。農耕村落，文化之進步，衣食住之美善均足以眩惑原始人，因此他們把這個村落看做「神域」或「仙境」，這是極其自然的。[53]而有的女人部落最後的結局是女人全被燒死，這更

---

[51] 李子賢前揭書。

[52] 應為摩梭人。研究摩梭語的李霖燦先生一直使用「摩梭人」一詞，而長年研究摩梭人的宋兆麟先生早年的著作都稱納西族，近年也改稱摩梭人，因此本文一律稱摩梭人。

[53] 林衡道：〈臺灣山胞傳說之研究〉，《文獻專刊》第3卷第一期，頁27，1952年。

與仙境、神域大相逕庭。

　　林衡道先生所言女人國是仙境大概是指阿美族一類之故事，而對賽德克而言，從男人在部落中被女人折磨至死甚至被割下陽具的情節看來，其所傳述的女人之地似乎與所謂仙境有所落差。

　　多數人都認同女人之地的故事與遠古時期「知母而不知父」的母系社會有密切關係，但從賽德克族之女人之地故事看來，似乎應該還有其他的解釋。[54]女人之地之所以只有女人是因為她們精通巫術，所以沒有男人敢娶之故。果真如此，則賽德克在女人之地故事中言及女人以炊煙為食、強以男人交歡以及能養出像麻雀般大的蜜蜂似乎也就不足為奇了。[55]被放逐或集體出走更與母系社會無關，倒更像男權社會的產物。

　　在阿拉伯人所撰之《印度珍奇》中，載有一個女人島的傳說，據說他們來自一海島，因為島中女多男少，乃以舟載之棄於馬拉圖海的女人島上。而楞諾斯島上的男人因為從別處帶來許多姬妾，引起了妻子們的憤怒，她們便武裝起來殺了島上所有的男人和姬妾。另一則西班牙傳說，說古時有一公主，為了反抗異教徒國王的強娶，在10999個姑娘陪同下集體出逃，漂泊海上，據說維爾京群島（貞女群島）的命名就與這則傳說有關。周星認為上述這些傳說隱喻著女人或受男性之壓迫，或被放逐而集體出走，才使其游離了原來的文化母體。[56]

---

[54]　劉育玲前揭書，頁223。
[55]　同前註。
[56]　周星：〈《女兒國》傳說的類式〉，《民間文學論壇》第31期，1988年，頁36。

學者的意見可以大致得到一個結論，女人國神話或女兒國神話與母系社會有關，或是對母系氏族社會的追憶，或是對保留殘餘母系社會部落的反映。然而，真有母系社會嗎？女人國神話是反映母系社會嗎？

　　摩爾根在《古代社會》一書中曾說：「在中國山區裡還住著一些野蠻的土著部落，他們操著與官方不同的語言，在這些部落中還可能發現處於原始型態的民族，我們自然應當向這些與世隔絕的部落中去探索中國人的古代制度。」永寧摩梭人的走婚就是摩爾根所說存在著不同於當今世界任何民族、任何國家的家庭和婚姻型態，就是母系型態的婚姻和家庭，也是被中國學者所津津樂道的婚姻文化現象，因為摩爾根的視野延伸到了中國雲南。

　　學者於是認為，摩梭人這樣的婚姻是最直接描繪母系家園風貌色彩的，是母系家園的重要組成形態。學者所以都認為摩梭人的走婚保留母系制遺跡當然是受摩爾根的影響，而摩爾根的說法所以成為金科玉律，或許是因為馬克思曾經極力讚揚過摩爾根。學者所以不敢質疑母系制的論調，是因為質疑母系制等於否定摩爾根，否定摩爾根等於質疑馬克思，這違反一向信奉唯物史觀學者的詮釋模式。

　　摩梭人的家庭生活、經濟生活都是由婦女主導，由這個方向來思考，摩梭人的確是母系制，子女是從母居，父親對子女無撫養的責任，而這樣的母系制卻與是否走婚或偶婚無關。思考母系制社會，如果著眼於「只知其母，不知其父」的情況，似乎是一種相當片面的想法。

　　王瓊玲曾對中國文獻中所載女子國、女王國和古典小說中的女兒國神話傳說有精闢的闡述，她認為這是寄託各時代人們對荒遠地區的想像及記錄。[57]古典文獻中的女子國神話只單純描述一種傳聞、情境；而原住民族的女子國神話母題中，最後常以女子國消失作結，甚至女子全都慘死，似乎是對一非我族類民族的爭討，甚至是對非我族類的醜化。

────────────
[57] 王瓊玲：〈我國文獻所載女子國、女王國和古典小說中的女兒國〉，《東吳中文研究集刊》創刊號，1994，頁47-72。

五、有母系社會嗎？

　　除了女人島（國），許多民族也有男人島的概念，《山海經·海外西經》：「丈夫國在維島北，其為人衣冠帶劍。」（見右圖，明·蔣應鎬《繪圖本山海經》）丈夫國是《淮南子》所記海外三十六國之一，其民曰丈夫民。丈夫國全是男子，沒有女人，這裡的人衣冠整齊，身佩寶劍，頗有君子風範。郭璞注：「殷帝太戊使王孟採藥，從西王母至此，絕糧，不能進。食木實，衣木衣，終身無妻，而生二子，從形中出，其父即死，是為丈夫民。」《玄中記》、《括地圖》也有這樣一則故事，只是說產子的二人，一說「從背肋間出」，一說「從肋間出」；採藥者也有說名王英的。[58]

　　丈夫國的形成是因為殷王太戊派王孟等人去尋求不死藥，但因糧盡援絕其便在巫咸國南面自成一國。因為沒有女人，所以上天讓他們每個人都能生兩個兒子。劉育玲認為這個故事所提到丈夫國是在一種偶然的情況下才形成的，此與賽德克女人之地的形成係皆女巫之說，頗為相同。她舉了一個南投縣仁愛鄉採錄的男人之地故事：以前有一個地方全部都是男人，有一次他們抓到一個女孩，就爭著要與女孩傳宗接代，但是試了許多地方都未成功。後來有人說：「那個像斧頭砍過比較大的地方是我的。」才

---

[58]　馬昌儀前揭書，頁441。

找到方法，子孫就越來越多。故事中純女無男之地變成純男無女之地，被抓的男人換成被抓的女人；而為了後代，女人強與男人交歡則換成男人強與女人交歡。如果女人之地的形成基礎是受母系社會的影響，那麼男人之地的形成基礎豈非就是受父系社會的影響？[59]

　　劉育玲認為，以賽德克所流傳女人之地與男人之地的故事看來，是以男人之地的故事係受女人之地的故事影響而形成的可能性較大。因為女人之地的故事在賽德克社會是一個很特別的故事，故事中的女人不僅形象強悍，其性慾的表現方式更是強烈，這與賽德克傳統男尊女卑的父系社會有很大的不同。因此，如果說女人之地是母系社會向父系社會轉換過程中的一種產物是有可能的，但既已轉換成父系社會，便沒有再發展成純男無女之男人之地的條件。再者，如《山海經》所述之丈夫國，其之所以形成男人國也是在一種偶然的意外下再加上一點神話思維才形成的。現今世界各民族以父系社會居多，因此有關男人之地的故事便遠不及女人之地的故事普遍。此外，再從敘述故事的角度觀之，賽德克女人之地的故事是以男性的角度敘述的，主要是敘述男人誤闖女人之地的種種見聞，因此今之學者才會有父系社會之人誤入母系社會的解讀。[60]

　　現在賽德克人稱女人之地有Alang Mhahui與Alang Puuma兩種說法，所謂Alang是指故鄉、聚落、部落的意思，整句話的意

---

[59] 劉育玲：《賽德克族口傳民間故事研究》，頁225。
[60] 同前註，頁223。

思是指女人聚集的地方。據說如果有人以Mhahui來形容女人的話，意思就是諷刺這個女孩子的行為不檢點，就像女人之地裡的女人一般。由此看來，雖然一般皆認為女人故事與早期母系社會有關，但賽德克女人之地故事中所隱藏的現實意涵如女巫之說，也不容忽視。[61]我們或許應該這樣思考，女人之地是一個遠方他界，原住民族對遠方他界有美化有汙名化，並非著眼在母系社會這個概念上。

根據St.Thompson母題索引中F113古代愛爾蘭、北南美洲印地安人、大洋洲有關於男人島或男人之地（land of men）的神話概念。[62]可見純粹男人的地方不是沒有，即使不是像女人國或女人島神話那麼普遍，卻也見於許多民族。在St.Thompson的母題索引中，女人國神話與男人國神話同是一種神話母題，不必作過多的解讀。

俄國學者以為女子國神話產生的基礎是初民社會生產分工即男性狩獵、女性採集，而成兩個集團，特別分成空間上獨立的男人集團和女人集團，但這個解釋不太讓人信服，因為初民的社會男女分工及男女集團大概全世界都有，但女人部落（土、村、國）神話並非全世界普遍的，學者以為這類神話與女人宅（女人營）制度有關係，大洋洲、澳洲、亞洲、非洲從前有獨立的女人與男人會所；澳洲古代有女人營，那裡只住女人與小孩子，後來只剩下姑娘會所，男人禁止進去；初民或古代社會也有女人節，

---

[61] 同前註，頁224-226。
[62] 同註1，*Motif-Index of Folk-literature*, pp. 20。

男人不可以參加。學者也注意到，古代社會的女人狂飲節，這些節日是情色性的，男人若進來，狂怒的女人可以傷害他，在女人島神話中女人常常要傷害進來的男人。李福清認為，女人部落神話並不確定是在這類的觀念基礎上產生的，很可能由好幾種因素、或不同的初民生活特點引起，世界上許多地區，主要在亞洲產生了女人部落神話，古代希臘雖有亞馬遜神話，但西歐沒有同類神話殘跡。[63]女人部落神話的背景成因可能是相當多元的。

母系社會、母系制的論調影響許多學者對神話的詮釋觀點，而實際上女人國神話與母系社會、母系制似乎關係不大，許多有女人國神話的民族見不出有母系制遺跡。在《海外西經》、《大荒西經》與女人國神話相對應的有關於丈夫國的神話，但二者似乎只是一種現在看來性別上不同的情況而已，女人國神話或丈夫國神話好像是在形容異民族的現象，就像一目國、貫胸國、深目國等，只是一種對異民族的態度。

學者大都將古代「但知有母不知其父」當時一定有母系社會。《莊子‧盜跖篇》云：「神農之世，……民知其母，不知其父，與麋鹿共處，耕而食，」[64]《白虎通》：「古之時，未有三綱六紀，民人但知其母，不知其父。能覆前而不能覆後」；《路史》引亢倉子云：「几蘧氏之在天下也，天下之人惟知其母，不知其父。鶉居鷇飲，而不求不譽。」其實只知有母不知有父，應

---

[63] 李福清前揭書，頁210。
[64] 莊子著，陳鼓應譯註：《莊子今註今釋》（臺北：臺灣商務印書館，1987），頁847。

該只是在談論未有綱常的時期,或者,只是在強調一個人與獸居的時期,與所謂母系社會,似不相干。女人島或女子部落,是否與母系社會有關,應大有疑問。

　　即使臺灣阿美族被認為是從妻居的母系社會,雲南摩梭人被認為是從母居的母系社會,我們也無法找出女人國神話、女人部落神話與母系社會有關聯的證據。另外,對人類社會是否真是全由母系社會進入父系社會,是否有母系社會殘留的遺跡,是否真有那麼多的母系社會或女人國?也許是需要更多方面的比較思考。任何神話的成因或起源可能都是多元的,非一元的,女子國神話亦然。

參考書目

一、專著

小島由道主編：《番族慣習調查報告書》第一卷 泰雅族，1915年。

小島由道主編：《番族慣習調查報告書》第二卷 阿美族、卑南族，
　　1915年。

小島由道主編：《番族慣習調查報告書》第三卷 賽夏族，1917年。

小島由道主編：《番族慣習調查報告書》第四卷 鄒族，1918年。

小島由道主編：《番族慣習調查報告書》第五卷 排灣族，1920年。

佐山融吉主編：《蕃族調查報告書》第一冊 阿美族、卑南族，
　　1913年。

佐山融吉主編：《蕃族調查報告書》第二冊 阿美族，1914年。

森丑之助：《臺灣蕃族圖譜》，臺北，臨時臺灣舊慣調查會，
　　1915年。

佐山融吉主編：《蕃族調查報告書》第三冊 鄒族 卡那卡那富族 拉阿
　　魯哇族，1915年。

佐山融吉主編：《蕃族調查報告書》第四冊 賽德克族 太魯閣族，
　　1917年。

J.G.Frazer, *Folk-lore in the Old Testament,* Macmillan and Company,
　　London 191。

佐山融吉主編：《蕃族調查報告書》第五冊 泰雅族前篇，1919年。

佐山融吉主編：《蕃族調查報告書》第六冊 布農族前篇，1919年。

佐山融吉主編：《蕃族調查報告書》第七冊 泰雅族後篇，1920年。

佐山融吉主編：《蕃族調查報告書》第八冊 排灣族 賽夏族，
　　1921年。

佐山融吉、大西吉壽：《生蕃傳說集》，臺北：杉田重藏書店，

1923年。

J. G. Frazer, *Myths of the Origin of Fire*, Macmillan and Company, London, 1930.

移川子之藏：《高砂族系統所屬の研究》第一冊，臺北：臺北帝國大學土俗研究室，1935年。

小川尚義、淺井惠倫：《原語にとる台灣高砂族傳說集》，東京：刀江書院，1935年。

三吉朋十：《比律賓の土俗》，東京：丸善株式會社，1942年。

（日）鹿野忠雄：《東南亞細亞民族學先史學研究》，東京：矢島書局，1946年。

St. Thompson, *Motif-Index of Folk-literature*, Bloomington and London, Indiana University Press, 1955.

太安萬侶撰，倉野憲司校注：《古事記》，東京：岩波書店，1958年。

李亦園等：《馬太安阿美族的物質文化》，《中央研究院民族學研究所專刊》之二，1962年。

陳國鈞：《臺灣土著社會始祖傳說》，臺北：幼獅書店，1964年。

舍人親王等撰、大井家坂等校注：《日本書紀》，東京：岩波書店，1967年。

何炳棣：《中國農業的起源》，香港中文大學出版社，1969年。

Ho Ting-jui, *A Comparative Study of Myths and Legends of Formosan Aborigines*, Taipei, The Orient Cultural Service, 1971.

石田英一郎：《石田英一郎全集》，東京：筑摩書房，1971年。

大林太良編著：《日本古代文化　探究・火》，東京：社會思想社，1974年。

大林太良：《稻作の神話》，東京：弘文堂，1973年。

王孝廉：《中國的神話與傳說》，臺北：聯經出版公司，1977年。

陳奇祿：《臺灣排灣群諸族木彫標本圖錄》，臺北：臺灣大學考古人類學專刊第二種，1978年。

凌純聲：《中國邊疆民族與環太平洋文化》，臺北：聯經出版公司，1979年。

Kirtley B.F. A, *Motif-Index of Polynesian, Melanesian and Micronesian Narratives*, New York: Arno Press, 1980.

松村武雄編：《メラネシア・ミクロネシアの神話伝説》，東京：名著普及會出版，1980年。

劉其偉：《臺灣土著文化藝術》，臺北：雄獅圖書公司，1980年。

（俄）梅列金斯基：《世界各民族的神話》，蘇聯大百科全書出版社，1982年。

李亦園：《臺灣土著民族的社會與文化》，臺北：聯經出版公司，1982年。

許友年譯：《印度尼西亞民間故事》，北京：中國民間文藝出版社，1983年。

江應樑：《傣族史》，成都：四川民族出版社，1983年。

大林太良等譯著：《無文字民族の神話》，東京：白水社，1985年。

《中國神話與傳說學術研討會論文集》，臺北：漢學研究中心，1986年。

張福三、傅光宇：《原始人心目中的世界》，昆明：雲南民族出版社，1986年。

許木柱：《阿美族的社會文化變遷與青年適應》，臺北：中央研究院民族學研究所，1987年。

王孝廉：《中國的神話世界——東北・西南族群及其他創世神話》，臺北：時報出版公司，1987年。

（日）大林太良著，林相泰、賈福水譯：《神話學入門》，北京：中國民間文藝出版社，1988年。

葉世富、郭鴻才編:《怒族民間故事選》,昆明:雲南人民出版社,1988年。

AIan Dundes, *The Flood Myth*, California: University of California Press, 1988.

劉斌雄、胡台麗計畫主持:《臺灣土著祭儀及歌舞民俗活動之研究(續編)》,臺北:中央研究院民族學研究所,1989年。

(日)伊藤清司著,劉曄原譯:《山海經中的鬼神世界》,北京:中國民間文藝出版社,1989年。

劉其偉:《菲島原始文化與藝術》,臺北:臺北市立美術館,1989年。

金榮華:《臺東卑南族口傳文學選》,臺北:中國文化大學中國文學研究所,1989年8月。

石萬壽:《臺灣的拜壺民族》,臺北:臺原出版社,1990年。

白鳥芳郎教授古稀記念論叢刊行會編:《アジア諸民族の歷史と文化》,東京:六興出版,1990年。

李子賢:《探尋一個尚未崩潰的神話王國——中國西南少數民族神話研究》,昆明:雲南人民出版社,1991年。

袁珂:《山海經校注》,臺北:里仁書局,1992年。

陳奇祿:《臺灣土著文化研究》,臺北:聯經出版公司,1992年。

夏曼藍波安:《八代灣的神話》,臺中:晨星出版社,1992年。

(法)李維斯陀著,周昌忠譯:《神話學:生食與熟食》,臺北:時報出版公司,1992年。

華清、馬朝陽主編:《東亞東南亞神話故事》,西安:陝西師範大學出版社,1992年。

浦忠成:《臺灣鄒族的風土神話》,臺北:臺原出版社,1993年。

Dang Nghiem Van, *The Flood Myth and the Origin of Ethnic Group in Southeast Asia, Journal of American Folklore*, 1993, Vol.106.

洪英聖：《臺灣先住民腳印》，臺北：時報出版公司，1993年。

馬昌儀、劉錫誠：《石與石神》，北京：學苑出版社，1994年。

陳建憲選編：《人神共舞‧神話篇》，武漢：湖北人民出版社，
　　　1994年。

朱鳳生：《賽夏人》，新竹：新竹縣五峰鄉賽夏族祭典管理委員會，
　　　1995年。

劉斌雄等編著：《秀姑巒阿美族的社會組織》，臺北：中央研究院
　　　民族所，1995年。

吳振宇策劃：《布農：傳說故事及其早期生活習俗》，南投：玉山
　　　國家公園出版，1995年。

田哲益：《臺灣布農族的生命祭儀》，臺北：臺原出版社，1995年。

詹素娟等編著：《平埔研究論文集》，臺北：中央研究院臺灣史研
　　　究所籌備處，1995年。

諏訪春雄、川村湊編：《アジア稻作文化と日本》，東京：雄山閣
　　　出版株式會社，1996年。

馬昌儀：《中國靈魂信仰》，臺北：漢忠文化公司，1996年。

（日）宮本延人著、魏桂邦譯：《臺灣的原住民族》，臺中：晨星
　　　出版社，1996年。

浦忠成：《臺灣原住民的口傳文學》，臺北：常民文化公司，
　　　1996年。

奧威尼‧卡露斯：《雲豹的傳人》，臺中：晨星出版社，1996年。

王家祥：《小矮人之謎》，臺北：玉山社，1996年。

范純甫編：《原住民傳說》，臺北：華嚴出版社，1996年。

鳥居龍藏著，楊南郡譯註：《探險臺灣——鳥居龍藏的臺灣人類學
　　　之旅》，臺北：遠流出版公司，1996年。

李壬癸：《臺灣南島民族的族群與遷徙》，臺北：常民文化公司，
　　　1997年。

馬學良等編：《中國少數民族文學比較研究》，北京：中央民族大
　　學出版社，1997年。

陳枝烈：《排灣族神話故事》，屏東：屏東縣立文化中心，1997年。

馬昌儀：《鼠咬天開》，北京：社會科學文獻出版社，1998年。

余光弘、董森永：《臺灣原住民史：雅美族史篇》，南投：臺灣省
　　文獻委員會，1998年。

許功明、柯惠譯：《排灣族古樓村的祭儀與文化》，臺北：稻香出
　　版社，1998年。

（俄）李福清：《從神話到鬼話》，臺中：晨星出版社，1998年。

宋龍生：《臺灣原住民史卑南族史篇》，南投：臺灣省文獻委員會，
　　1998年。

宋龍生：《臺灣原住民史料彙編》第六輯 卑南族神話傳說故事集：
　　南王祖先神話，南投：臺灣省文獻委員會，1998年。

張玉安主編：《東方神話傳說》，北京：北京大學出版社，1999年。

鈴木質：《臺灣原住民風俗》，臺北：常民文化公司，1999年。

中尾佐助、秋道智彌編：《オーストロネシアの民族生物學：東南
　　アジアから海の世界へ》，東京：平凡社，1999年。

史仲文主編：《中國文言小說百部經典》，北京：北京出版社，
　　2000年。

（日）古野清人著，葉婉奇譯：《臺灣原住民的祭儀生活》，臺北：
　　原民文化公司，2000年。

施翠峰：《臺灣原始宗教與神話》，臺北：國立歷史博物館，
　　2000年。

胡兆華：《人類發展的過去現在及未來──農耕、文化、生態》，
　　臺北市：興大文教基金會，2000年。

鄧相揚、許木柱：《臺灣原住民史·邵族史篇》，南投：臺灣省文
　　獻委員會，2000年。

馬昌儀：《古本山海經圖說》，濟南：山東畫報出版社，2001年。

朱曉海主編：《新古典新義》，臺北：學生書局，2001年，頁30-31。

劉育玲：《賽德克族口傳民間故事研究》，花蓮師院民間文學所碩士論文，2001年。

林淑莉：《琉球神話與臺灣原住民神話研究——以兄妹始祖神話為中心》，臺北：中國文化大學碩士論文，2001年。

鹿憶鹿：《洪水神話——以中國南方民族與臺灣原住民為中心》，臺北：里仁書局，2002年。

林建成：《臺灣原住民藝術田野筆記》，臺北：藝術家出版社，2002年。

張百蓉：《高雄都會區臺灣原住民口傳故事研究》，中國文化大學中文所博士論文，2003年。

王馨瑩：《排灣與魯凱族圖騰故事研究》，國立臺東大學兒童文學研究所碩士論文，2003年。

胡台麗：《文化展演與臺灣原住民》，臺北：聯經出版公司，2003年。

史陽、吳傑偉：《菲律賓民間文學概論》，菲律賓華裔青年聯合會，2003年。

達西烏拉灣·畢馬：《卑南族神話與傳說》，臺中：晨星出版社，2003年。

葉舒憲、蕭兵、鄭在書：《山海經的文化尋蹤——「想像地理學」與東西文化碰觸》，武漢：湖北人民出版社，2004年。

施翠峰：《臺灣原住民身體裝飾與服飾》，臺北：國立歷史博物館，2004年。

陳泳超主編：《中國民間文化的學術史觀照》，哈爾濱：黑龍江人民出版社，2004年。

篠田知和基、丸山顯德編：《世界の洪水神話：海に浮かぶ文明》，東京：勉誠出版，2005年。

（日）百田彌榮子著，范禹譯：《中國傳承曼荼羅——中國神話傳說的世界》，北京：民族出版社，2005年。

奧威尼・卡露：《神秘的消失——詩與散文的魯凱》，臺北：麥田出版公司，2006年。

臧振華：《先民履跡——南科考古發現專輯》，新營：臺南縣政府，2006年。

陳崗龍、張玉安等著：《東方民間文學概論》第三卷，北京：崑崙出版社，2006年。

許端容：《臺灣花蓮賽德克族民間故事》，新北：中國口傳文學學會，2007年。

孫大川總策畫，簡史朗故事採集：《邵族：日月潭的長髮精怪》，臺北：新自然主義，2007年。

浦忠成：《臺灣原住民族文學史綱》，臺北：里仁書局，2009年。

吳佰祿：《采田福地——臺灣館藏平埔傳奇》，臺北：國立臺灣博物館，2009年。

（英）弗雷澤著，童煒鋼譯：《《舊約》中的民俗》，上海：復旦大學出版社，2010年。

史陽：《菲律賓阿拉芒陽人的神話、巫術和儀式研究》，北京大學外國語學院博士論文，2011年。

（英）弗雷澤著，葉舒憲、戶曉輝譯：《《舊約》中的民間傳說——宗教、神話和律法的比較研究》，西安：陝西師範大學出版社，2012年。

劉秀美整理：《火神眷顧的光明未來——撒奇萊雅族口傳故事》，新北市：中國口傳文學學會，2012年。

（英）弗雷澤著，夏希原譯：《火起源的神話》，北京：北京大學出版社，2013年。

楊利慧、張成福編著：《中國神話母題索引》，西安：陝西師範大

學出版社，2013年。

山田仁史：《首狩の宗教民族学》，東京：筑摩書房，2015年。

二、單篇論文

伊能嘉矩：〈台灣に於ける蕃人の想像する矮人〉，《東京人類學雜誌》13（149），1898年。

伊能嘉矩：〈台湾の土蕃に伝ふる小人の口碑に就きて〉，《東京人類學雜誌》22（240），1906年。

森丑之助：〈ブヌン族の傳說〉，《臺灣時報》52：29-32，1914年。

グス：〈タリリ社及かツリン社祖先傳說〉，柯環月譯，《南方土俗》2（2），1933年。

林衡道：〈臺灣山胞傳說之研究〉，《文獻專刊》第3卷第1期，1952年。

李卉：〈臺灣及東南亞的同胞配偶型洪水傳說〉，《中國民族學報》第1期，1955年。

許世珍：〈臺灣高山族的始祖創生傳說〉，《中央研究院民族學研究所集刊》第2期，1956年。

陳國鈞：〈花蓮吉安鄉的阿美族〉，《大陸雜誌》第14卷第8期，1957年。

何廷瑞：〈布農族粟作祭儀〉，《考古人類學刊》11期，1958年。

何廷瑞：〈臺灣土著諸族文身習俗之研究〉，《國立臺灣大學考古人類學刊》15期、16期，1960年。

任先民：〈臺灣排灣族的古陶壺〉，《中央研究院民族學研究所集刊》第9期，1960年。

文崇一：〈亞洲東北與北美及太平洋的鳥生傳說〉，《中央研究院民族學研究所集刊》第12期，1961年。

劉斌雄等：〈秀姑巒阿美族的社會組織〉，《中央研究院民族學研究所專刊》8卷8期，1965年。

陳奇祿：〈東南亞區的主食區和主食層——兼論臺灣土著諸族農作物的來源〉，《包遵彭先生記念論文集》，臺北：國立歷史博物館等編印，1971年2月。

宋龍飛：〈臺灣的小黑人〉，《藝術家》14卷2期，1982年。

劉魁立：〈歐洲民間文學研究中的第一個流派——神話學派〉，《民間文藝集刊》第3集，1982年。

蕭兵：〈盜火英雄：夸父與普羅米修斯——東西方英雄神話比較研究之一〉，淮陰師專編：《活頁文史叢刊》第198期，1982年。

杜而未：〈阿美族的傳說與故事〉，《考古人物學刊》44卷66期，1984年。

鈴木健之著，賴育中譯：〈《機智人物故事》筆記——試論其欺騙性〉，《民間文學論壇》1984年，第2期。

雷波：〈火種神話淺析〉，《山茶》第6期，1986年。

陳敏慧：〈從敘事形式看蘭嶼紅頭始祖傳說中的蛻變觀〉，《中央研究院民族學研究所集刊》第63期，1987年。

馬昌儀：〈文化英雄論析——印地安神話中的獸人時代〉，《民間文學論壇》1987年第1期。

周星：〈《女兒國》傳說的類式〉，《民間文學論壇》第31期，1988年。

小南一郎：〈壺型的宇宙〉，《東方學報》61集，1989年。

林道生：〈乘鯨到巴里桑：奇密社阿美族的教育故事〉，《東海岸評論》39期，1991年。

王瓊玲：〈我國文獻所載女子國、女王國和古典小說中的女兒國〉，

《東吳中文研究集刊》創刊號，1994年。

簡美玲：〈阿美族起源神話與發祥傳說初探〉，《臺灣史研究》第
　　1:2期，1994年。

大林太良：〈日本・中国・朝鮮の稻作起源神話〉，諏訪春雄、川
　　村湊編：《アジア稻作文化と日本》，東京：雄山閣出版株式
　　會社，1996年。

鹿憶鹿：〈臺灣原住民與大陸南方民族的洪水神話比較〉，《東吳
　　中文學報》第3期，1997年。

山田仁史：〈石井真二とJ. G. フレイザ―台灣原住民研究とギリス
　　人類學の出会い素描〉，《台灣原住民研究》1998年第3號。

（日）斧原孝守：〈雲南和日本的穀種起源神話〉，郭永斌譯，
　　《思想戰線》第10期 1998年。

駱水玉：〈聖域與沃土―《山海經》中的樂土神話〉，《漢學研
　　究》17卷第1期，1999年。

大林太良：〈オ―ストロネシア語族の作物起源神話〉，中尾佐
　　助、秋道智彌編，《オ―ストロネシアの民族生物學：東南ア
　　ジアから海の世界へ》，東京：平凡社，1999年。

黃智慧：〈南北源流交匯處：沖繩與那國島人群起源神話傳說的比較
　　研究〉，《中央研究院民族學研究所集刊》第89期（2000年春
　　季），頁207-235。

山田仁史：〈臺灣原住民の作物起源神話〉《臺灣原住民研究》，
　　2002年第6號。

劉付靖：〈東南亞民族的稻穀起源神話與稻穀崇拜習俗〉，《世界
　　民族》2003年第3期。

張光直：〈論中國文明的起源〉，《文物》2004年第1期。

胡台麗等編：〈賽夏族的播種祭歌與除草歌〉，政治大學原民中心，
　　2004年，12月。

鹿憶鹿：〈小黑人神話——從臺灣原住民談起〉，《民族文學研究》2004年第4期。

鹿憶鹿：〈女子國神話——從臺灣原住民談起〉，《民間文學研究通訊》創刊號，2005年。

浦忠成：〈蛇生神話與文化圖像：以排灣、魯凱族為例〉，中興大學中文系主編，《通俗文學與雅正文學—文學與圖像第五屆全國學術研討會論文集》，臺北：新文豐出版社，2005年。

山田仁史：〈發火法と火の起源神話〉，《東北宗教學》第2期，2006年。

黃樹民：〈東亞小米文化源流〉，中央研究院《知識饗宴》系列（4），2008年6月。

李毓中：〈洪水？海嘯——原住民洪水傳說與早期臺灣史研究〉，《臺灣學通訊》30期，2009年。

鹿憶鹿：〈臺灣阿美族洪水神話——兼論其中的木臼意象〉，南寧：廣洲民族大學，《廣西民族大學報》第34卷第1期，2012年。

鹿憶鹿：〈偷盜穀物型神話——臺灣南島語族的粟種起源神話〉，《西北民族研究》2014年第1期（總第80期）。

秀威經典　　　　　　　　　　社會科學類　PF0209　新視野27

粟種與火種
——臺灣原住民族的神話與傳說

作　　　者／鹿憶鹿
責任編輯／徐佑驊
圖文排版／莊皓云
封面設計／蔡瑋筠

出版策劃／秀威經典
發 行 人／宋政坤
法律顧問／毛國樑　律師
印製發行／秀威資訊科技股份有限公司
　　　　　114台北市內湖區瑞光路76巷65號1樓
　　　　　電話：+886-2-2796-3638　傳真：+886-2-2796-1377
　　　　　http://www.showwe.com.tw
劃撥帳號／19563868　戶名：秀威資訊科技股份有限公司
　　　　　讀者服務信箱：service@showwe.com.tw
展售門市／國家書店（松江門市）
　　　　　104台北市中山區松江路209號1樓
　　　　　電話：+886-2-2518-0207　傳真：+886-2-2518-0778
網路訂購／秀威網路書店：http://www.bodbooks.com.tw
　　　　　國家網路書店：http://www.govbooks.com.tw

2017年6月　BOD一版
定價：400元
版權所有　翻印必究
本書如有缺頁、破損或裝訂錯誤，請寄回更換

國家圖書館出版品預行編目

粟種與火種：臺灣原住民族的神話與傳說 / 鹿憶鹿著. -- 一
版. -- 臺北市：秀威經典, 2017.06
　　面；　公分. -- (社會科學類；PF0209)
BOD版
ISBN 978-986-94686-7-1(平裝)

1.臺灣原住民　2.神話　3.文化研究

536.33　　　　　　　　　　　　　　　106008245

讀者回函卡

感謝您購買本書，為提升服務品質，請填妥以下資料，將讀者回函卡直接寄回或傳真本公司，收到您的寶貴意見後，我們會收藏記錄及檢討，謝謝！如您需要了解本公司最新出版書目、購書優惠或企劃活動，歡迎您上網查詢或下載相關資料：http:// www.showwe.com.tw

您購買的書名：_____

出生日期：_____年_____月_____日

學歷：□高中 (含) 以下　　□大專　　□研究所 (含) 以上

職業：□製造業　□金融業　□資訊業　□軍警　□傳播業　□自由業
　　　□服務業　□公務員　□教職　　□學生　□家管　□其它_____

購書地點：□網路書店　□實體書店　□書展　□郵購　□贈閱　□其他

您從何得知本書的消息？

　　□網路書店　□實體書店　□網路搜尋　□電子報　□書訊　□雜誌
　　□傳播媒體　□親友推薦　□網站推薦　□部落格　□其他_____

您對本書的評價：(請填代號　1.非常滿意　2.滿意　3.尚可　4.再改進)

　　封面設計____　版面編排____　內容____　文／譯筆____　價格____

讀完書後您覺得：

　　□很有收穫　□有收穫　□收穫不多　□沒收穫

對我們的建議：_____

_____

_____

_____

11466
台北市內湖區瑞光路 76 巷 65 號 1 樓

秀威資訊科技股份有限公司　　　收
　　　　　BOD 數位出版事業部

....

（請沿線對折寄回，謝謝！）

姓　　名：＿＿＿＿＿＿＿　年齡：＿＿＿＿　性別：□女　□男

郵遞區號：□□□□□

地　　址：＿＿＿＿＿＿＿＿＿＿＿＿＿＿＿＿＿＿＿＿＿＿

聯絡電話：(日) ＿＿＿＿＿＿＿＿＿　(夜) ＿＿＿＿＿＿＿＿＿

E-mail：＿＿＿＿＿＿＿＿＿＿＿＿＿＿＿＿＿＿＿＿＿＿